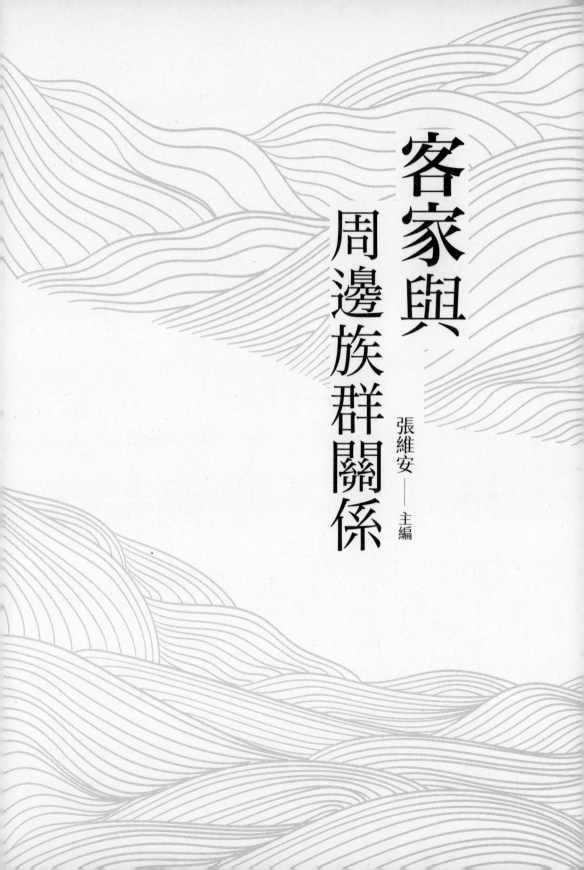

客家與周邊族群關係

張維安——主編

誌謝

本書為 2020 年 10 月 16 日、17 日在國立交通大學通識教育中心舉辦的「客家與周邊人群工作坊」部分成果。論文經過工作坊的討論、修改，以及兩位匿名審查人審查、修改後接受為本書的篇章。本書之所以能夠和讀者見面，首先要感謝國立陽明交通大學人文與社會科學研究中心周倩主任大力支持跨域客家研究為研究中心的一個研究項目，國立陽明交通大學高教深耕計劃辦公室在經費方面的協助，特別是陳信宏代理校長長期對客家計劃的支持。在編輯與出版過程中，朱泓諺先生與論文作者、審查人聯繫，與出版社的業務討論方面做了很好的溝通。此外，助理詹韻蓉、中文文字編輯謝麗玲小姐、英文編輯金映君小姐，陽明交大出版社程惠芳主編，人社中心工作坊夥伴高君琳、邱嘉鈴小姐，對於本書的出版功不可沒。值此書付梓之際，特以致謝。

推薦序
其實，我們都是客家人

周倩 *

　　認識張維安教授很久了。早期的他，主要進行資訊社會與科技產業的社會學研究，在各式的研討會、宴席或私下聊天中，常常聽他講起工業革命、科技創新的歷史與演變，令人折服於他古往今來的通達，還有對人情事理的透澈。其實我一直將維安老師視為大前輩，他的說故事能力，每次都讓我有「聽君一席話，勝讀十年書」的感受與樂趣。

　　沒想到維安老師後來做起客家研究，說起客家人的故事。他身為客家人（或稱之為客家之光），或許天命，或許因緣際會，或許覺得責無旁貸，也或許人隨著年齡增長會想落葉歸根……總之，他不但自己做起客家研究，還領導一群人一起做，一起說起客家故事。這會兒，我開始聽君一席客家話。

　　客家對我而言是什麼呢？樸實硬頸的精神、認真勤儉的生活態度、美麗的田園景色、注重教育的家庭、美味但稍鹹的菜餚、聽不懂但旋律優美的歌謠……我似乎和大多數人一樣有著刻板印象（或偏見？）。或許我可以問更深一點的問題：客家，到底是一個族群（而且還是臺灣第二大）、一種文化、一

* 國立陽明交通大學講座教授／人文與社會科學研究中心主任／教育研究所／師資培育中心教授

段歷史、一個地理區域、或一種語言？

　　維安老師說的一系列客家故事，似乎逐漸回答了我的問題，不但引領我超越了原先狹窄的市民想像，也引領我開展更寬闊的探索視野。繼 2021 年維安老師與本校人社系的潘美玲老師、許維德老師合編《客家與族群研究的技藝》後，2022 年維安老師再次領導客家系列研究，並由國立陽明交通大學出版社出版了這本《客家與周邊族群關係》。這樣一年一本的出書速度，我只能再次讚嘆維安老師對客家研究的勤奮治學精神。

　　這本《客家與周邊族群關係》的作者群，以社會學、人類學、歷史學、語言學、政治學、經濟學等角度敘說客家故事，不但有客家的歷史縱向研究，也有客家族群與周邊族群的橫向地理探索。12 篇論文中，從清代到現代，從亞洲到大洋洲、中美洲；從巨觀的文化信仰、政治參與，到社會上的經濟活動與產業，再到較微觀的家族通婚與日常生活……我看見客家的開枝散葉、淵遠流長、如何與其周邊族群互動與交互影響，我更驚見客家研究的豐富內涵與多元面貌。一則接一則的客家故事篇章，是學術的探索，也是人性與文化的深情展現。客家族群，如同其他族群，在歷史的滔滔洪流中，認真昂首地為了生存打拚，我在閱讀本書時，彷彿自己就是一個客家人，穿越在不同的時空，與不同的族群互動。我，是一個客家人嗎？

　　身為維安老師的同事與朋友，我誠摯地邀請各位有興趣的讀者來閱讀這本書，聽聽學者說的客家故事。讓我們沉浸其中，當一回客家人吧！

目次

導論
周邊族群帶來客家的異質性

張維安

一、從客家源流到客家形成

從羅香林以來,「客家源流」一直是客家研究中最常討論的議題。林正慧曾經提到,1920 年代,上海商務印書館出版《世界地理》課本,該書對廣東省的敘述中有「山地多野蠻部落,如客家等是」字句,引起客家方言人群不滿,北京、上海、廣州等地的客籍人士分別組織「客家大同會」,向商務印書館提出抗議,要求更正。爾後,眾研究者回應客家族群身分的時勢,開啟了「客家源流」的探索。在香港成立的「崇正總會」編考客系源流,以為正本清源,持續研究客家源流議題。1930 年,廣東省建設廳發行的《建設週報》出現污辱客族文字時,崇正總會選定代表檢附賴際熙所編《同人仁系譜》作為考證文字的協助,親赴廣東抗議。

從那時起,圍繞著客家之漢族身分的源流說,產生了許多研究成果。許維德整理出超過 400 篇的相關文獻,以連續體概念對相關文獻進行分析和回顧,並提出 9 個理念型(ideal types):北方中亞民族說、北方漢人說、南方土著說、南方漢人說、北方中亞民族主體說、北方漢人主體說、南方土著主體說、南方漢人主體說以及土漢融合說,每個類型都有經驗資料支撐其見解。客家源流是

一個迷人的議題，至今沒有定論，不過無論未來如何解謎，短期內似乎會繼續有各自的支持者。

「客家族群的源流」應該是階段性的議題，在人群互動頻繁的當下，任何一個族群都不容易維持純粹的族內互動，族群之間的接觸互相影響、學習日益頻繁，特別是通過遷徙而帶來的族群間接觸，例如通婚、教育、語言、傳播、物質生活、產業經濟的分工，甚至是信仰文化的交流，經常對於族群文化的變遷帶來或快或慢的變化，客家源流的問題終將換成不同地區客家社群特色形成的討論。正如我們在一條大河的出口舀起一瓢水，基本上已經很難分辨是從那一條支流而來的水。

在當代客家文化形成的過程中，絕對不能忽略客家和周邊族群的互動，而今日各地客家族群之所以各具特色，某個程度來說便是長時期和周邊其他人群互動的結果。本書收錄 12 篇客家與周邊族群關係的論文，有個人親身體驗的族群接觸，也有村落和村落之間的互動累積，有跨族群的選舉資源網絡，也有信仰文化的互相分享。

二、客家與原住民、其他族群的互動過往

彭欽清的〈身是客〉是一篇個人族群互動記憶的文章，從該文我們可以發現客家族群內部的相互影響，例如有些人原來講海陸腔調客家話，遷移到四縣腔的客家村落，數代之後成為講四縣腔的客家人。客家的語言與文化隨著遷移而與周邊產生互動與變化，有些遷移到非客家地區，數代之後也許記得祖先的客家淵源，但是已經不熟悉客家語言。就像作者家裡那樣，掃墓的時候有人講四縣、有人講海陸，也有人講 hoglo。作者也提到幾則客家人的結婚禮俗，隨著社會變遷也不得不做修改。

和原住民族的互動方面，因為彭出生在以原住民為主的鄉鎮，聽說過祖父

曾經因為和原住民打鬥而身亡，不過父輩卻仍是大半生和原住民生活在一起，自己也曾認原住民為義父，取原住民名字。不過本文也記載了幾件客籍漢人對待原住民的殘忍記憶，當時胡適也有相似的記載，現在這種族群間的歧視已日漸得到反省。

因為彭的住家鄰近有眷村，所以也有不少外省同學和朋友，他們當中也有人會說客家話。原本因為 228 事件，彭對外省人留下負面印象，不過成為鄰居之後大家都能和平相處，他甚至也向外省人學習如何做饅頭。彭欽清在政大讀書、服務，接觸過三教九流的外省人，有教授、高官、退伍老兵、反共義士、大陳義胞，他甚至還曾幫忙送外省老人最後一程，全都是人與人之間的交情，看不到族群之間的隔閡。

彭欽清到臺中的教會學校讀書時，因為有許多講閩南話的同學，所以他也開始學習閩南話的日常生活用語。親戚之間，也有許多 hoglo 底的，當時閩客通婚已經很普遍。另外在他大學時接觸到很多僑生，聽到僑生講廣東話、福建話、客家話、馬來話使他見識到華人的語言多樣性。作者似乎比一般人有更為豐富而全面的族群互動經驗，從其個人的族群互動經驗說明客家和其他族群的關係，對於理解一直以來的族群互動關係很有參考價值，為一篇非常值得用心閱讀的個人紀錄。

謝世忠和李慧慧的〈抱養的追憶〉則從傳說與事實的理論開始鋪陳，例如瑤族社區流行的傳說，採半融入華夏文化的敍述方式，謝、李沒有指明泰雅族與漢人群體之間關於抱養的傳說，是否和泰雅族人有意融入漢文化的方式有關，不過在 *Nokan* 的故事和相關傳說下，現在不少泰雅卡拉社和其他相關部落如長興社族人，會談起數年前曾受邀至龍潭拜訪當年 *Nokan* 原生家庭後代一事。

Nokan 的故事雖然有好幾個版本，不過皆是關於過去泰雅族出草客家時，

曾收養了一名客家男孩 *Nokan*，他在部落生活，娶妻生子，綿延後代，他和後裔都已成為泰雅族人。不過在泰雅卡拉社的 *Nokan* 後人中，始終有人非常關心自己具客家血統一事，甚至花時間考察研究、整理出詳細的族譜關係圖。泰雅卡拉社四姓系譜自客家祖先開始畫起，代表這份客家要素非常重要；族譜的現身又繼續引來注意，部分族親甚至常常抱懷引證，不斷確認自我身屬之族群身分，甚至還用一些客家族群好發的疾病來證實 *Nokan* 後人有客家血統。

本文的傳說與故事雖存在需要進一步討論的地方，不過傳說及其所引申的社會實踐，帶來泰雅原住民與客家許多交往與互動。這個個案雖與中港溪的黃祈英與南庄賽夏族的故事雖不相同，但也是客家與原住民通過「親屬」的關係互相連結的社會現象，或可互為參照探究之。

張維安〈雅悠圳與木魚禪音〉一文，以客家委員會在 2021 年所舉辦的「浪漫台三線藝術季」中「苗栗大湖穿龍圳地景藝術節」及「獅潭舊時光‧客漫步」為考察對象，立足於台三線這條客家和原住民族互動密切的歷史廊道，反省和探討原住民與客家族群關係。

過去關於台三線的歷史多從漢人為中心的拓墾角度來頌揚漢人的豐功偉業，而此次展出的「木魚禪音」可以作為反省客家與原住民關係之物件；雅悠圳做為這次藝術品展示的重要地景，也說明了客家與原住民合作經營的故事。

雅悠圳說明了大窩穿龍圳（實際為圳窿）開鑿過程中豐富的原漢族群關係，漢人通事陳履獻娶原住民女子雅優‧猶珍（漢名潘也欲）為妾，通過她的努力促成客家和原住民的合作，開啟兩個族群的友善往來，足見原客關係雖然有許多族群的衝突，但也有若干值得傳誦的記憶。2021 年為了感謝原住民協助漢人拓墾的歷史，客家委員會邀請原住民委員會一起為「雅悠圳」立紀念碑。

「木魚禪音」這件藝術品與羅成出家的石觀音廟傳說有關。羅成是台三線重要拓墾者黃南球的結拜兄弟，跟隨黃氏拓墾苗栗一帶。羅成練就一身武藝，

尤其善於槍法，狙擊敵軍彈無虛發，在征番途中屢建功勳，想像中羅成因此趕殺了不少原住民。羅成在 60 歲時突然醒悟，自己斬斷扣板機的手指，出家為僧，法號普雲，在頭屋四方石下創立了石觀音寺，喫齋念佛了卻殘生。此雖為一段民間軼事，仍為原客族群關係帶來許多反省。

三、親屬關係模糊了族群、語言、地區、血統的界線

　　王保鍵撰寫的〈客庄祭祀公業派下員之語言使用〉，當中所提祭祀公業是客家文化中深具特色的一項親屬關係組織，以祭祀祖先為目的。本文除了釐清祭祀公業的設立、公部門管理政策及其變遷的歷史背景外，亦說明此項制度是了解客家文化的一個重要窗口。在客家族群認同的要素中，共同血統、語言文化、歷史記憶、生活方式等分別具有重要的地位，其中客家語言的使用，一直是客家族群認同的重要（外顯）因素。

　　由於廣義的社會變遷因素，例如通婚、人口遷移、工作、教育等帶來的族群接觸，帶來同一個祭祀公業的族人，發展出使用不同語言的可能性，也就是說有一樣的客家血緣，卻不一定都使用客家話。在這個脈絡之下，該篇文章一方面討論客家人外顯識別的客語如何產生激烈的變化，另一方面則細緻地指出客家話在「客家人」派下成員中漸漸不復存在的殘酷事實。「客家祭祀公業」派下員客家身分的認同，從語言、血緣兼有的情形下，衍生出採用「血緣繼承」的模式，以血緣繼承為背景，浮現出使用閩南話的「客家祭祀公業」繼承人現象，具有客家血統但使用閩南話的客家人群。

　　除了祭祀公業成員從使用客家話轉換成使用其他語言的現象，在客庄的許多生命儀式，例如婚喪場合，客家話也有漸漸被其他語言取代的情形。有些直接被閩南話取代，而更多的情形是轉換成華語。如果語言是一個族群的外顯因素，當具有（全部或一部分）客家血緣的「客家祭祀公業」派下員長期不使用

客家話（例如改用閩南話或華語）之後，將逐漸喪失其客家認同。說閩南話的客家人出現在客家祭祀公業中，一是可能因為血緣關係，二是可能透過領養、捐贈的契約關係而成為祭祀的一份子。

　　由河合洋尚、吳雲霞撰寫，范智盈中譯的〈越南北部華人的移居及其社會網絡：以6個廣東／客家家庭為例〉是討論越南北部客家和廣府人之間的關係。該文以具有越南北部背景的6個家庭（其中包含4個廣東系、2個客家系）為研究對象，都是第二代、第三代移民。在討論多個華人研究案例後，作者提到越南北部華僑華人社會中有漢語系的山由族、艾族等族群。這個在越南國內外被稱作「艾」的客家人，並沒有艾族的民族意識，而認為自己屬於漢族、廣西人、儂族的華人，該文則稱之為艾人。

　　艾人主要分布在越南東北的廣寧省，法國殖民時期被歸在「儂族」，1954年從越南北部移居到南部的艾人，後來陸續移民至歐美國家，留在北部海寧省的艾人，在1970年代末期因為受到越南排華運動的影響，大多移民到中國南部各地的華僑農場。作者指出，越南北部幾乎已經沒有艾人的蹤跡，所以有些調查是在中國的華僑農場進行。E家庭男性艾人的結婚對象是廣西華人，其長子和越南人結婚、次子和潮汕人結婚，後來由香港移居加拿大。而他的長女與印尼歸國華僑結婚，小兒子則和廣州女性結婚。其長女並不知道父親是艾人，他自己也沒有艾人或客家人的認同，在他的眼中艾人是越南人，而自己則是漢人。

　　F家庭男性艾人，結婚對象是越南的京族，生有兩個小孩，家中日常使用的是艾話（語言學上屬於客家話），在外面則使用廣東話。母親一方有山由族親戚，日常生活也是使用艾話。長女後來嫁給馬來西亞的歸國華僑，是馬來西亞當地出生的客家人。F家庭男性艾人在年少時就有艾人認同，長女移民到中國華僑農場之前還不知道自己是客家人，後來受婆婆影響產生客家人認同。

　　越南艾人、儂人、客家人的研究相當複雜，艾人、儂人是否即為客家人？他們的客家話是從哪裡傳過去的？他們和周邊其他族群的互動，是一個非常有趣的問題。該篇文章提出的兩個艾人家庭案例，提供了具體的日常生活經驗供日後進一步研究。

四、信仰文化牽動客家與周邊族群的關係

　　劉麗川的〈濱海客家聚集區增城、霞涌跨族群和諧互動之成因析論〉，分析濱海客家的周邊族群關係，以增城和大亞灣畔的霞涌為討論範圍。雍正、乾隆年間，許多客家人口向廣州府東部遷移，其中肇慶府諸縣因其大方向位於廣州之西，歷史學家稱之為西路，廣州府以東諸縣則稱之為東路。咸豐同治年間的「土客大械鬥」，主要是發生於西路，劉麗川指出，西路現今已很少見到客家人，而東路番禺、東莞、增城、新安地區的「異質族群關係」一直共生共存至今。廣府東路粵客相處幾百年，早期在入籍、學額方面曾經發生過訟爭，也曾經發生過土地、水源的鬥爭，大多經紳耆調解得以緩和衝突。而這是該文討論客家和周邊族群關係的地理、歷史背景。

　　位於珠江三角洲的增城，原來是廣府人的地盤，其中以廣府人為主的白湖村出現和客家人的婚嫁，以客家人為主的棠廈村也出現和廣府人的婚嫁，舊時粵客不通婚，但現在似乎已經被年輕人視為不可思議。在這些村子裡，粵、客、普三種語碼間的轉換相當隨意流暢，兩族群在生活習俗上的相互影響更是隨處可見，不過有趣的是，作者發現通婚並沒有對各村所屬的母體文化板塊產生動搖，這點很值得留意。

　　霞涌客家與當地疍民之間的族群互動，則體現在疍民接受客家楊包真人信仰。傳說霞涌客家人把明末清初在大亞灣一帶救死扶傷的江湖郎中楊、包夫婦神化為海神，敬其為「楊包真人」，並建廟供奉。被稱作「水上人」的疍民們，

在精神上渴求神靈的庇護，因此也接受了對「楊包真人」的信仰，上岸向岸上
人開的漁行賣魚貨、交稅錢，到墟市購買生活日用品時，就會進廟叩頭跪拜、
添油上香。雖說疍民的社會地位低下，奉獻的香火錢也很微薄，兩族群仍漸漸
形成以「客家掌管寺廟，客疍共同祭祀」的供奉模式，後來甚至由疍民挑起重
建楊包真人廟的擔子，並主持廟務管理。在楊包真人廟的重修與擴建中，客疍
族群間的互動，實現的是「疍民族群主持，客疍共建寺廟」的社區公共行為。
其實，這樣的跨族群互動，不只是體現在楊包真人信仰，新港天后廟也有類似
的情況。廣府東路廣福人、客家人與疍民之間相安相處的歷史，也是當地族群
關係機制發生作用的證明。

　　張容嘉所撰〈人、神與幫群：從客家信仰看新馬社會裡的人群關係〉介紹
新加坡、馬來西亞客家人的移民歷史脈絡。作者提到在海峽殖民地分而治之的
移民統治模式下，早期客家多以開採錫礦為主，客家聚落主要集中在礦區周
邊，客家語言是社區共同性的媒介，以此為基礎建立會館組織、廟宇、義山，
不同方言群所建立的組織之間，通常有一定的界線，但是也有跨越族群合作的
現象，例如檳城的廣福宮就是閩、粵兩省人士所共建。義山的組成性質可說是
檢視當地幫群關係的指標，例如吉隆坡的廣東義山涵蓋不同幫群，檳榔嶼的閩
南幫群則排外性強烈，組成限定閩南幫群才能使用的義塚，非屬閩南幫群的廣
府、客家、潮州與海南幫群只好合作另組聯合的義塚組織。廟宇、會館和義山
成為移民社會分析族群關係的社會變項，該文針對多個具體事例有精彩分析。

　　信仰部分，除了從原鄉請來的神祇之外，還有一些是在移居地新創的信
仰，例如大伯公信仰。檳榔嶼丹戎道光的海珠嶼大伯公，表面上看起來是屬
於客家五屬，實際上客家五屬並不是一個單位，五屬祭拜伯公的時間各有不
同，分開舉辦的儀式也說明了五屬之間的關係，而每年正月十五還需要讓出來
給福建人所屬的寶福社舉辦秘密儀式（客屬社團不能參加），這裡不僅顯示出

大伯公信仰所意涵的複雜族群關係，也可以進一步了解客家和周邊族群互動的歷史。仙師爺信仰是另外一個客家和周邊族群互動的案例，特別是以吉隆坡仙師爺為例，已跨越原屬惠州客的方言群信仰的性質，從客家華人信仰發展成整體華人的信仰，甚至成為地方的公共財，柔佛古廟的遊神與由詩巫大伯公廟所主導的大伯公節，也具有類似的跨族群性質。

五、語言作為凸顯或鬆動客家族群的符號

簡美玲〈語言、姓氏與族群界線：閩西南山區閩客方言社群的親屬與婚姻初探〉一文，以閩西南漳州府、汀州府、潮州府與龍巖州三府一州的交界地帶為研究對象。從族群構成來看是位於福佬、客家兩大族群交界之處，在龍巖、南靖、平和、雲霄、紹安近 5 百里的山區地帶，長期存在同時講閩南話與客家話的雙方言區。

就語言因素來考量，如果原來有不同的族群語言，在長期的共同居住之後，可能會互相學習並使用對方的語言。簡美玲提到類似王保鍵論文所討論客家祭祀公業派下員分成兩種語言群體的現象，長教地區也有同一個大宗祠，男性祖先德潤公開基派下是一個說客家語以及說閩南語的簡姓家族（雙語家族）。從血統因素考量，姓氏是維持血統正統的象徵，通婚卻常是血統互相交流的基礎，這樣的親屬關係是一段族群、家族、村落、語言等交錯的複雜動態過程。族群的邊界、語言的差異、空間上的分布，全部都會消融在「親屬」這個關鍵字裡面。

閩西南山區族群及方言群關係具有流動與揉雜的特性，他們的婚姻選擇以同方言為主。從簡的這篇論文可以看出，有時候不同姓氏之間的聯姻或不聯姻，能體現出家族之間的關係；而家族和家族之間的關係，有時候也展現出不同語言人群之間的關係。換言之，在族群的認同上，有如崎嶇的岩石或多層的

地質，若堅實地以兩個民系來進行閩客比較，或是將他們完全推向單一的福佬客，都可能錯失對此地區的族群現象獲得較細膩與動態特性的描述和理解。在此山區閩方言群與客方言群之間的互動頻密，其所建立的邊界有時凸顯、有時鬆動，這才是族群得以長久生存的本質與需求。本文所討論的閩西南山區語言、多元族群文化與流動的特性和歷史性，對於客家或族群研究的論述具有相當的啟發與反思。

黃麗萍（Dr. Siripen Ungsitipoonporn）所撰的 Life-style and Social Interaction of Hakka People in the Context of Thai-Chinese Society（泰華社會脈絡中客家人的生活形態與社會互動），通過深入訪談收集來自 4 個地區的 20 名泰國客家人數據資料。結果發現，除了一些家庭不想讓別人聽懂他們的交談，仍在家裡用客家話外，過去所使用的客家語言現在正在轉向泰語。作者認為在「泰客」（Thai-Hakka，不同於「在泰國的客家人」）中，這是一個正常發展的現象。泰裔華人雖然是東南亞最大的華人社區，但大部分已與泰國人同化，新一代泰客多半以泰語為母語，即使沒有完全使用泰語，客家話和其他華語之間也有一定程度的競爭性，例如受潮州話或普通話的影響。

泰國客家人因所處社區人口的組成性質不同，而有不同的族群互動，在潮州人多的社區，客家人通常接受潮州語言和其文化傳統，但當客家人到曼谷工作，通常也會說上潮州話，這是因為不想被疏遠或被另眼看待，和臺灣一樣，都市客家人的身分逐漸地隱形。雖然也有例外，例如 Rathchaburi 省的一個名為 "Huai Kraboak" 的社區，因為客家人占該社區人口的 90% 以上，只有一些家庭是潮州人，因此社區的潮州婦女同時能說客家話和潮州話，但是在泰國，客家人口占多數的社區畢竟不多，客家話自然不容易保存，不過有些客家人仍努力想保存自己的客家身分認同，如參加客家協會或自行設計客家襯衫等，從穿著來表現自己的客家族群認同。

　　不同方言的泰裔華人普遍分享共同的文化元素，例如中國新年（春節）、清明節、4 月初的祭祖節、端午節、中秋節等，雖然每個群體之間的信仰和文化傳統存在一些差異，例如客家人有跟其他泰裔華人比較不同的葬禮儀式，客家人會請中國尼姑執行儀式，而潮州人則是聘請中國的僧侶來做法事，不過這些傳統現在已漸漸地被放棄，要從中明確區分出客家人的特色，事實上有一些困難。

　　該文也談到因為社會變遷而修正傳統做法。例如客家人在白天祭祀神靈和祖先來慶祝中秋節，已很少真正實踐客家傳統儀式；又因為若依循傳統舉行葬儀或清明祭典，耗時費錢，只好改成火葬。同樣地，一些與出生、婚姻、年節相關的儀式，也變得越來越簡化，甚至沒有去執行。

　　雖然傳統儀禮現已漸漸式微，泰國客家和其他華人的儀式區分也不再那麼明顯，不過卻有越來越多客家人以身為客家人為榮，會產生認同的原因可能來自召開客家學術研討會等帶來客家知識的擴展，促進泰國客家人想更了解他們的族群淵源，甚至到中國尋找親人等。當然，客家語言和文化復興的鼓勵也是一個動力。前述 Huai Kraboak 社區是泰國的客家人最著名的定居地區之一，那裡的人們試圖復興客家飲食文化，並向外推廣其他客家傳統，如服裝、語言和民族認同。這是一篇認識泰國客家很重要的研究。

六、客籍族群資本與周邊族群關係

　　蔡芬芳所撰〈印尼後蘇哈托時期的華人政治參與和性別秩序：以山口洋市長蔡翠媚的從政之路為例〉，討論印尼地方政治史上首位客家華人女性市長蔡翠媚，她的當選說明了客家華人和周邊族群關係的成功。

　　了解華人在印尼從被排擠到接納的歷史，以及女性在印尼參政的制度性脈絡下，作者仔細分析印尼地方政治史上首位客家華人女性市長當選的政治網

絡。在山口洋有眾多的廟宇（有千廟之城之名）、華人姓氏宗親會，其架構起的網絡可在選舉的時候轉化為政治動員網絡；另外，於 2015 年成立的客家公會，蔡翠梅擔任首任主席，足見華人的社會網絡資本對於蔡當選市長具有相當正面的意義。該篇論文指出蔡翠媚當選市長的關鍵因素是獲得雅加達地區華人的支持，他們不只是蔡選舉資金的來源，還更進一步對於山口洋的生意往來對象、親朋好友的投票行為產生影響。不過，就 2017 年市長選舉的成績來看，除了華人的支持外，蔡亦獲得達雅人、馬來人的支持。其中，獲得曾擔任西加里曼丹 PDI-P 黨部主席，同時擔任過兩屆西加里曼丹省長 Cornelis 的支持，即發揮了重要的影響力，亦可以視為傳統上達雅人和華人之間的良好合作。

另外一條族群關係的線索是與副市長 Irwan 搭檔。Irwan 具有的人際網絡成功為蔡翠媚吸引了馬來人與華人的支持，因此，蔡翠媚成功跨越了單一族群界線，並與達雅人與馬來人的關係良好。換言之，在政治上取得族群平衡相當重要，蔡翠媚能將過去華人與達雅人之間的權力共享，進而轉移到華人與馬來人之間，是其獲勝的重要因素。

陳愛梅所撰的〈梁桑南與《馬華日報》的創辦與停刊〉，雖在客家和周邊族群的關係方面討論得比較少，但聚焦在馬來西亞客家企業家辦報時，運用客家族群資本的故事。梁桑南是霹靂州最具影響力的客籍華人領袖，1880 年 4 月 20 日生於廣東梅縣大竹堡，先在祖籍客家之錫礦家梁碧如的錫礦場工作，1937 年開辦以霹靂州及客家人為主要出資者的《馬華日報》，此雖然是一份嘗試跨越籍貫和方言群的華文日報，包含廣東（廣府）、福建（閩南）、客家、潮州和海南五大方言群，但從 73 位英屬馬來亞的持有者來看，客家人最少有 20 位，各埠籌備委員也大多是客家人，社長吳少初、攝影師李彩生及發行人梁漢生都是客家人。

《馬華日報》雖得到馬來亞和新加坡各方言群的支持，但主要的支持者還

是客家人，尤其是梅縣客家人。梁桑南是梅縣客家人，又是霹靂州領袖，因此他帶領開辦的《馬華日報》，取得故國原鄉（梅縣）和移國在地（霹靂州）的大力支持，可說是一位善用客家族群資本的企業家。不過與「1920 年教育法令」立場和完全不同的鄭太平也是客家人，鄭太平的父親鄭景貴是廣東增城人，他所領導的海山公司，主要以客家人為主。

黃信洋所撰〈牙買加客家族群的經濟營生與網絡建構的一種媒介：以雜貨店經營為例〉，介紹牙買加「老華客」的移民背景，特別是殖民經濟脈絡下種植園移工歷史脈絡之後的「雜貨店」（唐舖）。19 世紀中期移民到牙買加的客家華人，在牙買加全國各地開設各式雜貨店，某種程度來說，幾乎主導了牙買加零售行業之發展。而牙買加客家人所開的雜貨店，更像是社區交流中心，江明月導演的《唐舖》紀錄片曾深入地描寫了雜貨店在社區所扮演的角色。黃信洋一文即針對探討牙買加雜貨店經營本身所體現的華人與周邊族群關係。

黃信洋指出，牙買加客家華人操持相同腔調的客家話，是成功發展零售業的因素之一。這個由市區往鄉村蔓延發展的雜貨店網絡，不管彼此之間是否具有明確的實質合作關係，卻都具有相同的地緣關係與語言，這個由客家文化構成的共同文化背景，為社群的社會關係發展提供了某種有利的背景因素。此種以族群關係與社會網絡為基礎的客家人雜貨店網絡，展現了「老族群性」觀念的重要利器，把族群關係視為經濟營生與網絡拓展的工具。都會的大型批發商供貨給小型的零售商或批發商，小型的批發商則向農村更小型的零售商提供商品，這意味著客家族群的社會網絡持續往偏鄉發展，以及客家族群與其他族群的接觸範圍日益擴大。某個角度來說，這也是一項客家華人社會資本成功發揮作用的案例。

雜貨店與所接觸的在地民眾之關係，是另外一種客家和周邊族群的關係。客家華人老闆可能有牙買加黑人太太，也與當地的消費者和店主通過賒帳建立

人情社會關係。這種現象也曾經發生臺灣早期社會，翁之鏞在《中國經濟探原》中提到的「鄉帳制度」亦具有這種特色。不同的是，牙買加雜貨店的消費者有一大部分是當地的土著，當中有剝削消費者的店主，也建立有彼此之間的信任關係。客家華人與很多周邊族群的關係，帶來了社會的穩定機制，雜貨店更提供了當地交流聯誼的空間。

七、結語

本書共有 12 篇論文，分別討論不同地區，甚至不同世代的客家和周邊族群關係。客家和泰雅族原住民、賽夏族原住民、閩南人、廣府人、疍民、艾人、土著等，這些族群間可能有和親屬結構有關的血統、婚姻方面的交流，在語言使用方面的互相影響，在文化信仰方面的互相分享，在日常經濟資源方面的共用與信任，甚至於在公共議題之選舉網絡的支持等。

過去的觀察告訴我們，血統、語言、物質生活、信仰文化、族群資本是辨識族群的重要指標；如果我們把社會切片放在顯微鏡下觀察，確實如此，不過，當我們引進長時段的分析，跨區域的觀點，就會發現族群之間的差異也經常是在這些變項中變得模糊，其中親屬關係可能最具有跨越、融解族群邊界的魔力，在親屬關係裡，語言所標示的族群特徵被稀釋了、生活習慣甚至於信仰文化也不再能夠作為某一個族群的標誌。即使不談通婚或親屬關係，人群相遇長期交融共處，也會在食物、物質生活、穿著、戲曲、喪葬儀式互相學習、引用。以語言的使用為例，如臺灣客語中有許多閩南語詞彙，東南亞華語中有許多馬來語詞彙。

全球各地客家族群之間固然有其共享的客家認同基礎，但在語言、血統、物質生活、信仰文化等許多方面，其相異性可能不低於其相似性。有些特徵在原鄉時期已經不同，例如惠州客家的譚公先聖，梅縣客家的慚愧祖師、汀州客

家的定光古佛，都是其他客家地區沒有的信仰。今日各地客家族群之特質大多是源自於與周邊族群互動的結果，特別是經過長時段的衝突、磨合、融合、涵化之後。本書所關注的這些和周邊族群的互動，可以讓我們更進一步認識客家族群的特性，以及客家文化內涵的意義。

身是客：
客家與周邊鄰居關係的個人所聞、所見、所學與所思

彭欽清 [1]

摘要

筆者祖先從廣東渡海到竹東，兩代後搬到苗栗，筆者曾認過原住民為義父，父母長期與原住民及日本人有來往。因為 1949 年國民政府撤退後，大湖街曾設有眷村，因此筆者也有不少小學和初中同學是外省人；高中及大學出外念書，接觸的則幾乎都是閩南人和外省人；大學時班上僑生比臺生多，其中不少是東南亞的客家人。

大學畢業後擔任公企中心英語訓練班助教，同訓練班的英美教師有些對臺灣族群很有興趣，筆者常被問及客家相關問題，故開始大量閱讀客家相關書籍；而後在美國進修碩士期間，正值美國人權運動高峰後期，看到美國社會對非裔族群及女權的重視，又常被問及臺灣客家人認同問題，遂開始認真審視臺灣客家問題。1989 年參加「還我母語運動」遊行後，更對客家面臨的危機有進一步瞭解。

---

1 國立政治大學英國語文學系及民族學系退休副教授。本文撰寫期間承蒙張正田博士提供寶貴意見及編輯技術協助，特此致謝。

本文是筆者就家族及個人和周邊人群接觸的所聞、所見、所學與所思之心得，或可作為客家人與周邊多元族群相處的例證。

關鍵詞：客家、族群關係、閩南人、原住民、外省人

一、引言

在 1960 年到臺中讀高中之前，筆者知道臺灣有很多外省人，但不知道閩南人比客家人多那麼多。筆者祖先從廣東陸豐五雲渡海到竹東，兩代後我們這支搬到苗栗，祖父輩都講海陸，但到了我們這輩幾乎都講四縣，所以祖父常說：「背祖一生人（一輩子）苦。」

筆者於 1944 年出生在泰安鄉的燒水（今泰安溫泉），認過原住民爲義父，父母長期和原住民及日本人有來往。1949 年國民政府從大陸撤退來臺，大湖街曾設有眷村，筆者的小學和初中同學有不少外省人。

高中及大學出外念書，接觸的幾乎都是閩南人和外省人，大學時班上的僑生比臺生多，其中不少是東南亞的客家人，筆者也開始閱讀客家相關書籍。

1989 年參加「還我母語運動」遊行後，對客家面臨的危機有進一步了解。內人是苗栗通霄人，我們結婚時還行彭家特有的「壓山水」儀式（見本文後述），讓她一生難忘。內人的祖先也來自陸豐，但祖父輩已不說客語，不過許多親戚都有客家淵源。

竹東親戚家有一本手抄本的族譜，封面是彭家迎親時「壓嫁」必備的行當及進行方式，此習俗在勞格文（John Lagerwey）主編的《客家傳統社會》叢書有類似描述；1934 年梅縣黃塘張祖基主編的《中華舊禮俗》也曾提到。

二、家族遷徙

清乾隆晚期，筆者的 22 世祖兩兄弟舉家從廣東陸豐五雲洞黃驚埔（今揭西縣五雲鎮京埔村）渡海到竹東。兩代後由於耕地不夠，我們這支輾轉搬到苗栗縣銅鑼和大湖交界的八燕坑。中間有 23、24 世兩代人祖墳不明；25 世的墳墓在柑仔樹下大姑家附近，很大穴，族人都以爲是來臺祖；筆者是第 29 世。

　　最初，「阿公婆牌」（神主牌）奉祀在八燕坑伯父的茅屋內，沒有電燈，我們也不敢隨意搬動。由於父親及兩位叔叔都居無定所，家中無設奉祀牌位，過年過節只是在廳下（客廳）牆壁上貼一條紅紙拜祭。1961 年伯父一家人搬到三義租屋住，要筆者父親將阿公婆牌請到我們家。我們將被香火燻黑的阿公婆牌細心擦拭，才發現牌上只有第 22、23、24 代的名諱諡號，牌位後方有一個可上下移動的木牌，上面書寫著祖先的生辰及忌辰。後來經家族商量將牌位換新，才將第 25、26、27 世的名諱諡號加上去。

　　早期若家有喪事，要找同姓人幫忙「打壙」（挖墓穴）、「抬重」（抬棺）等事，但同姓宗親少的人家常要找外姓人幫忙。大湖「彭屋人」（即姓彭的人）很多，只要知道某家有人過世，即會主動上前幫忙。幾個比較大的「彭屋」（彭姓人家）不是來自西湖鴨母坑，就是桃園伯公崗（今富岡），鮮少來自竹東。

　　1966 年左右，一位竹東族人帶著新出版的族譜騎摩托車到我們家，一直說「這次讓他們找到了」。據那位族人說，他們打聽到我們這支搬離竹東老家後住在附近的軟橋一帶，之後又搬離就沒消息，也沒人回去掃墓，他們找了好幾代，這次終於找到我們了。因此，那年之後，我們每年都會回竹東掃墓，也才知道大部分族人仍住竹東，都講海陸，掃墓時我們這支幾乎都講四縣，另有一支在臺北的講 hoglo。來臺祖生五子，族譜記載第五房到第 24 世就遷居他鄉創業，尚待考證。

　　筆者於 2013 年應廣州中山大學演講邀約，順道去五雲來臺祖父母墳前祭拜。祖父母的墳墓在嘉慶 23 年重修，墓碑上刻有來臺祖兄弟名字以及「女色」（客語「息」，即曾孫）雲萬同立，「雲萬」就是族譜上記載第 24 世遷居他鄉的五房雲字輩。現在每年幫家族掃墓的是第 28 世族叔，與我們第 20 世是共祖，但他們第 21 世祖墳多年未掃而失祖（按：找不到祖墳）。1920 年間，竹東有一位族人曾回五雲住過一陣子，因此我們當時請他父親每年代掃我們這

1 | 2

3

圖 1　筆者家舊阿公婆牌正面。
圖 2　筆者家舊阿公婆牌反面可移動的木牌。
圖 3　位於五雲鎮的筆者家族第 21 世祖墳。

房的墓。五雲是共產黨的老巢，1930 年間這位族叔的父親遭國民黨槍斃，他與堂兄兩人逃到臺灣，打零工爲生，暫居花蓮。後來他回五雲定居，其堂兄定居花蓮，娶妻生子，於 2014 年過世。想想我們這支渡海二百多年，第 21 世祖墳仍在五雲，而他們也住在五雲，卻尋不回第 21 世祖墳，令人感嘆。

三、與原住民接觸

筆者曾祖父有一晚在大寮坑守工寮，遭原住民以尖竹刺傷，曾祖父學過武，他奮戰之後負傷逃回家，數日之後身亡。而後，伯祖父出外當長工負擔家計，曾祖母與祖父在家耕種，相依爲命，直至伯祖父及祖父先後結婚生子，由於耕地不夠，曾祖母遂帶著祖父這支到大湖水頭寮，成為大湖四大墾首之一陳家的佃農。

圖 4　筆者的祖母與友人攝於水頭寮宅前。

　　祖父後來到另一墾首謝家所經營的樟腦酒保（補給站）當腦寮後勤補給，父親從「公學校」卒業後，進入庄役所，後轉到樟腦局出張所當巡山員，與家人住過苗栗泰安的司馬限、盡尾山、燒水等「結所」（宿舍），「結所」內有日本人及臺灣人。母親說在這期間發生「霧社事件」，當時日本人皆極為恐慌，好心的鄰居借臺灣衫給他們穿。

　　事實上，筆者這一代家族長輩都從事樟腦製造的相關工作，大伯父、三叔焗腦，四叔在樟腦局工作，後來大伯父因過繼給伯公，回八燕坑奉侍伯公與伯婆。三叔、四叔則遠赴宜蘭及蘇澳，三叔一家定居蘇澳，四叔夫妻光復後回苗栗泰安盡尾山耕園，並向原住民收購山產如野生香菇、乒乓仔（愛玉）、山門冬等，因無親生子女，筆者父母將筆者的二哥過繼給他，但實際上仍是跟我們一起生活，四叔母是冬山的閩南人，住羅東時抱養一個女兒為「花囤女」（童養媳），即後來筆者的二嫂。

　　母親家族在公館北河，母親說她大伯祖父當家，共有成員 7、80 人，吃飯時常常就是把切好的蘿菜放進大桶、倒入開水煮成湯。後來因耕地不夠，幾兄弟不得不哭著祭告祖先分家，外祖父母便帶著母親、二舅、大阿姨到東勢焗腦。母親說，她曾在東勢街上看到當地人為了報復出草，把原住民的首級泡在水裡，筆者原先不太相信，直至 1969 年在金華街政大公企中心上班時，常去旁邊的一家素食店吃飯，店老闆的父親是湖口人，80 多歲，他聽說筆者是大湖人，跟筆者說大湖人很「番」（野蠻不講理），因為他小時候去大湖看望叔叔，有一晚看到很多人舉著火把遊街——原來是當地人砍下一個原住民的頭，並插在竹竿上遊行。胡適先生的父親胡傳在《臺灣日記與稟啟》記載：

　　埔里所屬有南番，有北番。南番歸化久，出亦不茲事。北番出，則軍
　　民爭殺之；即官欲招撫，民亦不從……。民殺番，即屠而賣其肉，每
　　肉一兩值錢二十文，買者爭先恐後，頃刻而盡；煎熬其骨為膏，謂之

「番膏」，價極貴。官示禁，而民亦不從也。（胡傳 1997：31-32）

　　James W. Davison（1903）也曾在書中記載臺灣原住民出草獵首漢人，遭到漢人報復性殺害，漢人不僅食用原住民的肉及內臟，熬其骨，還販賣之，令人不忍卒讀。

After killing a savage, the head was commonly severed from the body and exhibited to those who were not on hand to witness the prior display of slaughter and mutilation. The body was then either divided among its captors and eaten, or sold to wealthy Chinese, who disposed of it in a like manner. The kidney, liver, heart, and soles of the feet were considered the most desirable portions, and were ordinarily cut up into very small pieces, boiled, and eaten somewhat in the form of soup. The flesh and bones were boiled, and the former made into a sort of jelly. The Chinese profess to believe, in accordance with an old superstition, that the eating savage flesh will give them strength and courage. For some this may appear as a partial excuse for this horrible custom; but even that falls through, if one stops to think that superstitious beliefs are at the bottom of cannibalism as practised by the most savage tribes of the world. During the outbreak of the 1891, the savage flesh was brought in—in baskets—the same as pork and sold like the pork in the open markets of Takoham before the eyes of all, foreigners included; some of the flesh was even sent to Amoy to be placed on sale. It was frequently on sale in the small Chinese villages near the border, and often before the very eyes of peaceful groups of savages who happened to be at the place… (1903: 254-255)

筆者翻譯如下：

殺死野蠻人之後，一般是先砍下頭展示給沒有在現場目睹宰殺的人
看。屍首或是分給獵殺者食用，或是賣給有錢的漢人，這些人也是
如此處理。腎、肝、心及腳掌被認爲是最受歡迎的部位，一般是切
成小片烹煮食用。肉和骨頭熬煮，前者（按：應爲後者，即骨頭）
煮成似膏狀。漢人據舊迷信，宣稱食用野蠻人的肉能得到力量和勇
氣。對某些人來說，這種說法似乎是對這種恐怖習俗的藉口，但如
果思考一下，這種迷信的信仰是世界上最野蠻的部落，進行食人行
爲的根源，此項藉口說不通。1891 年此陋俗橫行時，在大料崁的
露天市場，野蠻人的肉以籃子盛裝，然後在衆目睽睽下像豬肉一樣
賣出，還有外國人在場。有些人肉甚至送到廈門擺出來賣，也在
鄰近部落的漢人村落販售，而且性情平和的野蠻人往往也在現場目
睹……

　　母親說，自己曾經在部落遇到一位少女，說自己是「人」（這是相對於原
住民的「番」而言），只是很小的時候被原住民帶回來養。母親在腦寮附近看
到一隻鹿，大夥就捉來殺了吃，那天母親在「鑿樟樹疤」（砍樟腦樹）時，不
慎削掉左手指尖。他們一路南下焗腦，住過阿里山的畬箕湖（今阿里山奮起湖）
和十字路。

　　筆者的大阿姨嫁給嘉義後大埔的姨丈，閩南人，1950 年代初第一次回苗
栗娘家，帶了好多山羌脯當手信。二舅則在高雄六龜、甲仙焗腦，後來批發布
到附近庄頭叫賣，1956 年左右一家七口才搬回大湖。光復前外祖父母帶著三
舅、四舅、五舅搬回苗栗，住泰安八卦力，三舅在那邊娶妻生子，鄰居都是原
住民。

　　筆者於 1944 年出生於燒水（今泰安溫泉），當時正逢二次大戰末期，物質嚴重缺乏，加上瘧疾流行，母親染病時生下筆者，一出生即體質不良，算命的說要認義父才好養。據母親說，漢人認為認義子容易被剋，沒有人願意。父母就在家附近的部落找原住民朋友幫忙，好幾個人看了看筆者幼時樣貌，說筆者會 dugie（死掉）而沒接受，最後有一位看筆者可憐，願意認筆者為義子，還給取了原住民名字，之後每次打獵或捕魚有所獲，就會送到筆者家裡，給幼年時的筆者吃。

　　1946 年父親調職大湖樟腦局，我們全家搬離燒水，住在上坪一間虎尾寮。偶爾會有原住民朋友來訪，記得有一次來了 10 多位，在院子裡晚餐後邊唱歌跳舞邊喝酒，筆者於第二天醒來準備上學，他們早已離開，還把院子裡的一缸水喝個精光。有時筆者會在附近的路上看到打完獵要回高壠崎部落的原住民，黥面、腰佩獵刀、肩掛獵槍，牽著幾條獵狗，令人有些害怕；也常看到高壠崎、司馬限、細道邦附近的原住民男男女女用 "dagid e" 將山產背到街上賣，再買日用貨品背回去，大人都有黥面，口中幾乎都唧著自製的煙斗。

　　有天一早，鄰居看到路邊田裡的稻草堆旁有一大灘血，是一個原住民婦人晚間分娩，將生下的孩子用田邊的水溝水清洗過就回部落。母親說，原住民婦女沒有坐月子的習俗，生下孩子後，就要背著（原住民是將嬰兒前背，漢人則背在背上）上山做粗活，如抽黃藤。為了保護嬰兒，會用火灰（草木灰）拌水貼在他們的腦図（囟門）上，以免被尖銳的東西所傷。母親也說，以前在山裡的原住民鄰居告訴她「刺面」（黥面）的痛苦經驗，而且有很多禁忌，如刺後要待在室內，好幾天不能見光，須細心保養以免感染化膿。

　　1959 年，泰安鄉鄉長當選人是燒水附近部落的人，他聽說父親熟悉該鄉鄉情，又有公務經驗，商請父親擔任鄉祕書。父親每日從家裡走到位在高壠崎的鄉公所要 1 個多小時，有時還要去各村洽公。泰安鄉轄區廣闊，去北邊的村

落還好，去南邊的村落則異常艱難。高壢崎位居南北中央，當時交通不便，兩地居民要到鄉公所洽公非常費時費力。日後在鄉長及父親南北奔波協調，經鄉民代表會通過，報請縣政府及省政府核准，才將鄉公所遷到交通比較便利的清安村洗水坑，位於大湖去燒水的途中。父親退休時，新的鄉公所已在興建中。

四、與外省人接觸

　　1947年發生228事件時，筆者才3歲，雖長大後聽説苗栗地區比較不嚴重，但老一輩的人還是對外省人留下負面印象，稱之爲「阿山仔」。大湖除了少數公教人員外，庄裡還有幾位講客家話的外省人，以打零工過活。記得父親曾僱用過他們做山事，住過我們家，後來不知何故離開村莊。

　　懂事後第一次看到大量外省人，是在筆者讀小學前一年。1949年國民政府在大陸戰敗，有許多軍公教人員隨著政府撤到臺灣來。有一天筆者從大門望過去四寮坪方向，看到好多的阿兵哥，大哥說「是從大陸撤退來的，這一陣子會越來越多」。第二天，就有阿兵哥駐紮在我們上坪庄，背著背包、槍，纏著綁腿，有的在伯公樹下歇腳，有些在舊神社休息。

　　官階較大的帶著家眷來臺，他們不是住在人家家裡閒置的雜物間，就是住大戶人家的礱間（礱穀間）或牛欄。筆者家後面的人家正好有一間閒置的雜物間，那時有一個懷孕的婦人沒多久就要生了，一直求他們給暫住，但老人家深信「家裡可借人死，不借人生」的習俗，婦人只好到屋外的浴室生產。

　　有一次，有一個小兵聽說是要逃兵，部隊長派人去把他捉回來，用扁擔竿子狂打到剩下半條命，放在崗頂「鄧屋」（鄧姓人家）的牛欄邊。筆者和幾個同伴去偷看，看到那小兵趴著一直呻吟。筆者回家告訴母親，母親說那小兵還是少年，打到這樣實在是可憐。悲憫之心，人皆有之，不分族群。

　　先來的部隊後來移到其他地方，但又有更多部隊移來。筆者就讀的小學後

面，就建了一間軍營來安頓，還在市場旁邊一直到中學校的後面建了好幾棟軍眷宿舍。一兩年後不夠住，又在乾繭廠（焙蠶繭的工廠）後面延伸到日本宿舍前面擴建了好幾棟。筆者母親和庄裡婦人會擔菜去「兵舍」（官兵的宿舍）賣，有些阿兵哥的家人會做些包子、饅頭來賣，有時就拿菜換包子、饅頭，有一個軍人太太還教母親怎麼做。那時，大家的生活苦是苦，不過都能平安相處。

當時那些兵舍，40多年前已全部拆光，用來開闢馬路，路邊的地主開始建房子賣。母親還健在時，每當我們母子談起這些往事，她老人家都感慨萬千，也曾問過筆者，那個給部隊長打到半死的少年，還有那個在別人家浴室出生的嬰兒，不知還在否？

小學時有幾位同學是外省人，同學稱他們爲「阿山子」，沒有惡意，他們也不以爲忤。老師全都是苗栗地區的客家人，通常我們會在上課時說國語（精準地說應該是客家國語），下課說客家話，老師、學生都一樣。約到了三、四年級時才在校園禁止說方言的政策下，全面說國語。到了中學，老師絕大部分是外省籍，南腔北調都有，許多是廣東客家人，也說客家國語。

高中時筆者到臺中讀教會學校，一間天主教於1931年左右在中國東北設立的學校，1955年在臺中復校。學生以彰化、臺中、南投人爲多，老師絕大部分是外省籍，又以東北人爲多，還有不少是外國神父和修士，加拿大、美國、比利時籍的都有，講英語和法語，大部分都能講流利的國語。許多南投、雲林的同學在宿舍幾乎都說閩南語，筆者當時也趁機學了一些閩南語日常用語。

大學時同班同學有三分之二是僑生，以香港及東南亞爲多，聽他們講廣東話、福建話、客家話、馬來話，讓筆者見識到語言的多樣性，老師及職員則幾乎都來自大陸各省。

筆者在政治大學就讀及服務40多年來，接觸過的外省人三教九流，有學問淵博的名教授、曾任黨國要職的高官，而工友多是退伍的老兵，有些還是韓

戰反共義士，也有不少自大陳撤退來臺的義胞。每個人都有說不完的辛酸故事，由於工作關係常要麻煩他們，也建立很好的關係。

有一位老蘇，是寧波人，講寧波國語，就住在筆者辦公室大樓的置物間，隨時去找他都在。老蘇罹患氣喘，有時下樓聽他咳得厲害，會去探望他，退休後學校體恤他，仍然讓他續住。他在家鄉有侄兒，他時常寄送物質或金錢接濟，有時會請筆者協助。他 80 多歲時於榮總逝世，筆者去送他最後一程，後來接到他侄兒來信，要筆者幫他取得叔父的遺產，筆者向退輔會查詢後，得知要由他直接聯絡退輔會處理。

五、與閩南人接觸

大湖屬於苗栗山區，當地居民幾乎都講客家話，從後龍騎腳踏車到庄上賣魚或醃瓜的閩南人，都要用客家話做生意。庄上吳屋（吳姓人家）是大姓人家，長輩之間都講閩南話，母親說他們是從後龍搬來的，是 hoglo 底（按：hoglo 意指福佬）。大南勢的姨丈一年有好幾次要爸媽去「食忌」（在近幾代祖先忌日時祭拜祖先後請客），母親說他是 hoglo 底，有做忌，但客家人沒有。母親還說外祖母的妹婿（筆者稱其為丈公，即姨祖父）也是 hoglo 底，以前在家都講閩南話。

筆者念高中 3 年都住校，也和同學學了一些閩南話。大學在當時臺北縣的木柵鄉（今臺北市文山區木柵），在地人講的閩南話和臺中的差異滿大，而鹿港和南部同學講的閩南話又不一樣，筆者分別學一點他們的腔調，覺得有趣，但在學校主要還是講國語。

大學畢業後，認識內人，她是通霄人，在臺北上班。結婚時，時值初夏，天氣甚悶熱，偏偏我們這支彭家婚禮有「壓山水」的習俗，把當時做新娘的她熱得滿頭滿臉是汗，極為狼狽。

　　所謂「壓山水」，是娶親時由一位處事穩重的宗族長輩帶隊前去女家迎親，帶隊長輩隨身帶著一面鏡子、一支短劍，還有一張符誥（符籙）去「押煞」，等新娘上了轎，將符誥貼在轎門。同時家裡要先準備好一隻雄雞，等迎親隊伍一回到家，將雄雞宰殺，並將血滴在院子地上，這時候帶隊族人就要念制煞的話，而後旁人將雞用熱水燙過、拔毛，把整隻雞煮過，好給新人趕在吉時良辰拜祖先，這時新娘才能下轎。

　　我們結婚時不是坐轎，而是坐計程車，那時候車上沒裝冷氣，只有駕駛座前上方有一支小電扇，我們坐在車裡直冒汗。後來筆者向父親建議，這種習俗不改，怕以後沒人敢嫁給彭家人，父親也認為要跟上時代，之後侄兒們娶親就沒再「壓山水」。當時母親提到筆者父親兄弟娶親時，彭家還有另個陋俗就是媒人會遭親友戲弄，用火燂煤（大鍋底燻黑的灰）和水塗臉，幸好後來廢除了。

　　1980 年間，筆者託請竹東族人影印彭氏簡譜抄本，赫然發現封面竟然是「壓山水」的過程：[2]

　　敕封門首五道大將軍法開彭公
　　觀世音菩薩紫衣菩薩押娶新人回堂（百無禁忌）
　　敕封五顯靈官大帝法強彭公
　　右取（娶）親之時，用紅紙照此樣式寫二張，一張安奉，一張安轎門，隨去押嫁其安奉，一日請到座，安奉口教須用燒肝、炙肉、木兵梽（檳）榔、茶、煙、衣絲（？）口教厘稱、劍尺、水碗等，亦要雄雞坐坛（壇），又起身去到女家，要用雞酒下馬，其女家起身，要用燒香金請押嫁
　　回堂大吉

---

2 原文沒斷句，本引為方便讀者閱讀，自行斷句，但仍同原引文換行。

族譜中提到的法開及法強彭公，據譚偉倫在〈黃圃鎮傳統社會的宗族、經濟與宗教文化〉這篇論文指出，黃圃鎮（按：在廣東韶關市樂昌縣）有「祖先法師崇拜和祖神的宗教特色」，並舉戶昌山的李氏祠堂用紅紙寫上的神明爲例：

> 當中值得注意的是兩位法師的名字：李九萬郎和李玄三，他們均是
> 戶昌山李氏宗族的後人，前文引述《戶昌山李氏族譜》時已提及《廟
> 宇記》提到廟中神明有李法一郎，也是族中的法師。其中李玄三
> 名氣最大，祠堂神壇上至今還設有他的偶像，一手持法印，一手做
> 手訣。祠堂中被稱作三溪堂公。他有許多靈驗的故事……（譚偉倫
> 2017：116-119）

此外，作者在文中指出該地區的鄭姓和張姓家族，以及閩西有些地區也有此習俗。至於壓嫁的習俗則更常見，伊啓烈、謝雲吐、鍾晉蘭（2005：273）描述寧化縣河龍鄉的婚俗：

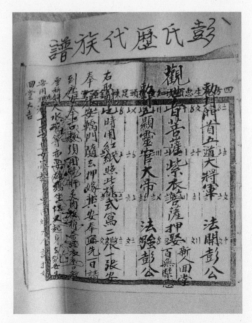

圖5　筆者族譜封面「壓山水」過程之記載。

迎回「新人」的隊伍快到家時，要在堂的大門楣最中心點掛一面銅
鏡（代寶鏡），一把尺子，一把剪刀以及一面米篩，以驅邪納吉，
還要在大門口，新房，廚房，大路邊掛豬肉，防止有白虎佔大門，
新房，廚房和大路，掛上豬肉使白虎去吃豬肉而不妨礙新娘子進門，
不會傷害所有的人，大家都很平安……下轎時轎夫要放鞭炮，殺雞
唱彩：「手拿金雞對鳳凰，好女配得好兒郎，今相喜偕百歲侶，他
年貴子登科場……」。

在江西銅鼓縣的永寧鎮亦有此壓嫁習俗，胡敦桃（2017：256-257）在〈永
寧鎮的婦女傳統習俗〉文章中說：

進轎時，新娘子的胸前要挂一面銅鏡，轎頂要放老尺，剪刀，鞋托
（鞋托上放一本通書），還有三支箭，這些都是壓邪物……花轎到
了男方，男方派人「斬轎煞」和「撒花米」。

張祖基（1928）主編的《中華舊禮俗》的「嫁娶介風俗，斬煞念咒」中又說：

（江西省）尋鄔縣介規矩，新娘下轎，愛先行斬煞念咒，正入屋，
即係愛請一隻老成介男人，愛好命介，用劍割死一隻雄雞，洒其血
在門坪來念咒：日吉時良，天地開張，陳家兒孫，娶媳歸堂，喜今
朝鸞鳳和鳴，見他年麟趾呈祥。噓！天煞歸天去，地煞歸地藏，凡
有凶神並惡煞，皆此雄雞來抵擋。[3]

---

3 《中華舊禮俗》為張祖基 1928 年自編，原書無頁碼，該段出自《中華舊禮俗（三）》第一集，
「嫁娶介風俗，斬煞念咒」。

馬之驌在《中國的婚俗》第23章中以江西省的吉安、萍鄉、永新、泰和
等縣（按：此地區有相當多客家人）的婚俗爲例，詳細描述拜堂儀式中除轎煞
的習俗：

花轎一到大門口，執事先生必趨前指示轎夫（人）將轎門停向吉
方……讚禮者一人，左手高舉雄雞，（俗名金雞），右手拿一把尖
刀（俗名寶刀），用以除去轎煞，同時要高唱「除轎煞讚」，讚詞
是：「伏以吉日時良，天地開張，某氏門中娶親歸郎，一要一品高
官做，二要百田進田莊，三要金銀堆百斗，四要人安谷滿倉，五要
五子與登科，六要金雞對鳳凰，左手執金雞，右手提寶刀，此雞是
非凡雞，正是龍王報曉雞；此刀是非凡刀，玉皇奉我斬邪刀，天煞
打在天上去，地煞打在地中藏，還有日煞時煞並轎煞，我有雄雞來
抵當，從今聽我祝贊後，夫婦齊眉天地長。」高唱讚詞之後，就把
雄雞殺掉，在地上繞三圈，在轉到轎門前，從轎頂上扔過去……。
（馬之驌 1981：351）

社群網站上也看得到現今贛南地區鄉下仍然有此習俗：

客家人結婚極講究吉利的禮儀，新娘下轎前要舉行開轎禮，俗稱「斬
煞」，又稱「宴轎」。
當喜轎到達男家時，要正向大門停轎。這時，由一禮生（司儀）左
手捉雄雞，雞頭向轎門，右手持七星寶劍，立於轎前。然後，雙手
舉起雄雞和寶劍，唱誦：「伏于吉日良時，天地開張。×家子孫娶
媳歸堂，鴛鴦對鴛鴦，鳳凰對鳳凰。弟子左手捉金雞，右手撿金刀，
此雞不是非凡雞，玉皇賜我報曉啼；此刀不是非凡刀，玉皇賜我斬

妖魔。天煞打從天上去，地煞打在地中藏。倘有凶神並惡煞，一律
雄雞來抵擋。」誦畢，即將雄雞交與旁立手持菜刀者宰割，並將雞
血滴地由右向左繞轎一周。接著擇請族中有福澤的婦人及男童各一
人，由婦人開啓轎門，男童則手捧紅漆木茶盤，盤中盛紅紙包好的
檳榔片一包，向新娘行一鞠躬禮，新娘伸手抾起檳榔後，遞一紅包
於盤中，俗稱「拜轎」。拜轎畢，由婦人牽引新娘出轎，這時，禮
生又高聲唱誦：「紅花落地，大吉大利；新娘入屋，全家發福；新
娘入房，金玉滿堂。」新郎從婦人手中接過新娘，在喜慶的鞭炮聲
中，牽引新娘跨火盆、入大門進祖宗廳堂，舉行隆重的拜堂禮儀。

（客家百科 2019）

六、結語

一百多年前，筆者曾祖父遭原住民傷害而過世，而父親卻大半生在山裡與
原住民生活在一起，踏遍泰安鄉原住民的各個部落。

在歷經近百年的文化彼此滲透，原住民與客家人在大湖已幾乎沒有心理距
離，許多原住民因工作及子女教育關係，遷出部落在我們村莊安居。老家隔壁
住了一對年輕的原住民夫婦，男主人是分局警員，女主人是家庭主婦，育有一
女孩，活潑可愛，與筆者的侄孫女念同一所幼稚園，常到筆者老家院子找侄孫
女玩耍。筆者幾次回大湖，看到她和幾位鄰居小孩及侄孫女一起玩跳繩及跳格
子遊戲，一片樂融融的樣子，不禁想起美國民權領袖金恩博士的演講詞「我有
一個夢」中的名句：

我有一個夢，有一天……黑人小男孩、小女孩可以和白人小男孩、
小女孩手牽手，如同手足向前走。

美國的種族歧視問題，現今已改善許多，筆者很高興看到臺灣版的「我有一個夢」在這塊土地上實現。但願在臺灣的各族群，原住民、hoglo、外省及新住民，能敞開心胸，相互接納，將過去的糾結去除，共創一個安康和諧的社會。很可惜，無論美國或是臺灣，由於意識形態的關係，加上政治人物的炒作，族群之間還是蒙上一層陰影，該如何徹底拆除族群間的無形之牆？是值得深思的問題。

參考文獻

伊啓烈、謝雲吐、鍾晉蘭，2005，〈河龍的宗族、信仰與婚喪習俗〉。頁 271-363，收錄於楊彥杰主編，《寧化縣的宗族、經濟與民俗（上）》。香港：國際客家學會。

胡敦桃，2017，〈永寧鎮的婦女傳統習俗〉。頁 256-257，收錄於勞格文（John Lagerwey）、譚偉倫主編，《跨文化研究叢書（第二輯）：中國客家地方社會研究（三）江西客家與非客的社會》。北京：中國人民大學出版社。。

胡傳，1997，《臺灣日記與稟啓》。南投：臺灣省文獻委員會。

客家百科，2015，〈客家風俗「宴轎」禮儀網址〉。《客家百科》，7 月 19 日。https://www.hakka.com/article-192-1.html，取用日期：2019 年 11 月 15 日。

馬之驌，1981，《中國的婚俗》。臺北：經世書局。

張祖基，1928，《中華舊禮俗》。苗栗：中原雜誌社翻印本。

勞格文，2005，《客家傳統社會》上下編。北京：中華書局。

譚偉倫，2017，〈黃圃鎮傳統社會的宗族、經濟與宗教文化〉。頁 116-119，收錄於勞格文（John Lagerwey）、譚偉倫主編，《中國客家地方社會研究（四）：粵東粵北社會》。北京：中國人民大學出版社。

Davidson, James Wheeler, 1903, *The Island of Formosa, Past and Present: History, People, Resources, and Commercial Prospects. Tea, Camphor, Sugar, Gold, Coal, Sulphur, Economical Plants, and Other Productions*. Macmillan & Company.

抱養的追憶：

從 *'msbtunux* 泰雅族 *qara'* 社 *Nokan* 家族談起 [1]

謝世忠、李慧慧 [2]

摘要

桃園市復興區石門水庫原址為泰雅族 *'msbtunux* 群之卡拉社（*qalang qara'*），族中流傳有祖先具客家血統之說。據傳祖先名為 *Nokan*，是泰雅族人到龍潭銅鑼圈出草時抱回來的小孩。*Nokan* 在部落生活，娶妻生子，綿延後代，其後人多非常關心自己具客家血統一事。卡拉泰雅─龍潭客家出草抱養過程在當下相關人等的話語間，似乎相當順暢無礙，不過，史載客家人入墾龍潭地區後，即與泰雅族人發生激烈衝突，族人面對此一存亡交關，當是採用激烈反制手段，又如何能生成出一件平和的收養情事？今日族人對此一抱養故事之所以津津樂道，實與小孩不受傷害，甚且獲悉心照顧養大的情節密切相關。畢竟，此一溫馨傳頌的感人故事，或可一掃對出草砍人頭殘忍野蠻指控的陰

---

1 本文撰寫期間承原卡拉社以及桃園市復興區奎輝里與長興里多位族人熱心指導協助，謹致謝忱。

2 謝世忠為國立臺灣大學人類學系兼任教授，李慧慧為國立臺灣大學人類學系博士，現任桃園市政府原住民族行政局原民福利科科長。

霾——因為兩方過去幾年有多次相互聯繫認親之紀錄，也象徵族群關係史最慘烈的一頁過去了。山上泰雅抱養山下客家幼童，繼而扶養長大，繁枝開葉，完好地展現出優質泰雅家族的故事。它被人傳頌追憶，實則兩個要素使然：出草與異族，一個是今日看來極度震撼的過往文化制度，另一是竟有極其稀有之敵方外族進入血統的事蹟。今天，部分泰雅收養方族人對於自身擁有的客家或福佬血統，顯得頗為珍惜，這或許是「逆同化」的一點證據，但，它更加凸顯在生存競爭激烈拔河時空上可貴的和平空檔，或許就是此份和平紀錄，才使得山上、山下兩方得以加速了解，繼而使出草抱養此一「非制度性情境行動」，成了族群文化史上的大事。今天泰雅族人與外族聯姻早已成習，家族中的各種族群血液融流通達，這是進階版的族群血統交流與文化對話，也承襲了極少見之古典版的抱養傳後模式。

關鍵詞：卡拉社泰雅族、龍潭客家、出草抱養、逆同化、非制度性情境行動

一、前言：傳說與眞實

社會生活中常見各種流傳說法，有的廣泛普遍，有的在特定區域聽聞，有的則只有家族親人間知曉。這些傳說凡有涉及其他群體者，它的標準重點往往與當下多群體間之關係模式有關，也就是說，現在如何訴說他族，事實上就代表我族對另方的習常界定，以及兩造間正負面心得的經驗往來情事。

漢人或華夏族系從黃河流域源起，繼而往外擴張，終至整個東亞大陸，包括部分島嶼區，全納入其人口和文化勢力範圍。各地原非屬華夏領域者，存有許多在地族裔群體（ethnic group）和文化團體，他們從歷史過往以迄今日，各自與漢人或華夏族系有著不等密度的互動。其間所發展形塑而成的族群文化印記（record）、印象（image）、記憶（memory）或對與他族關係之傳說（legend），已然構成豐沛的口語文史敘事或紀錄（oral tradition or literature）。一般而言，從對特定敘事或記載的探索裡，即可知曉華夏與非華夏族群文化往來的內在意義。

瑤族（Yao／多自稱 Iu Mien）是華南地區的在地族群，始終與華夏統治體系有密切的關係。除了該族採信道教並使用中文經書之外，更傳說古代中國皇帝統治過程曾遇上大難題，於是宣布誰可以救亡圖存，即把公主嫁給他。有一隻犬報名參加，還真的解決了國家困難，皇帝不得不將女兒嫁之。這對新人的後代就是瑤族 (Kandre 1976: 171-198)。此一傳說流行於瑤族社區，將自己推向一半華夏血統之境地，並主動接受宗教，以此來與統治者對話，果然獲得免徭役的優待。瑤族的瑤，即得自於免徭役賦稅的徭[3]。

比瑤族更偏西南方之今雲南西雙版納的傣族，歷史上與華夏族系人口接觸非常有限，該族對漢人所有印象皆建立於軍事力量為背景的壓迫，因此，

3　第 7 世紀中葉寫就的《隋書》〈地理志下〉即有記載。

對於漢族人的出現多所畏懼。只要小孩哭鬧，長輩喝斥以「漢人來了！」即刻停止嚎聲（謝世忠 1993，1997）。中國與東南亞接壤地區的族群，多稱漢人為 chin ho，亦即「叫做 ho 的中國人」。什麼是 ho 呢？陸續有一些說法，但都指向一種負面的意涵。筆者推測，19 世紀時漢人商隊往返雲南、西藏之間，總是武裝騎馬載貨，相當兇悍，紀錄上甚至曾有侵犯寮國在永珍的大金佛寺（That Luang）(Askew, Logan and Long 2007)，掠奪一空而去。馬匹英文為 horse，而泰語各方言均唸不出 s 尾音，因此就成了 hor 或 ho。騎著馬的中國人就是 chin ho。「漢人來了」的傣語就是 chin ho ma 或 ho ma ！

　　瑤族位處之廣西地區接近中國帝國，採行半融入華夏文化方式，在巨大統治壓力下求得生存，而遠距中國的傣族對華夏相對陌生，只能躲怕。從兩族生活中的漢人印記，即可看出端倪。臺灣近世數百年間存有「熟番」與「生番」的原住族群類分範疇，前者部族大多與漢人毗鄰甚至混居，後者則在政府和民間雙重機制下，二者隔閡遙遠，彼此陌生。那麼，被類分為「生番」者，正是以一非漢族群之姿，面對著華夏的壓力，他們族內的回應敘事或紀錄又如何？這是一個值得探索的課題。本文以長久被視為「兇悍生番」代表的泰雅族，與漢人群體尤其是客家之特別接觸例子為本，敘述雙方在互動印記上的作用情形，其中的關鍵要素就是嬰兒的抱養。

二、*Nokan* 的故事

　　桃園復興區石門水庫原址為泰雅族 ‘*msbtunux* 群之卡拉社（*qalang qara’*）[4] 的分布地（圖 1 與圖 3）。政府為了水庫興建之需，將該社人口遷往大溪中庄，繼而輾轉遷徙至觀音鄉大潭村（圖 2）。其中有不願續遷者，分別

4　*qara’* 原意為樹枝、分枝，推測當地或有不少枝幹分歧散落或河道分叉如枝狀而得名。

回居山上或者散處其他地方（李慧慧 2007）。卡拉社蘇家人丁頗盛，他們流
傳有祖先具客家血統之說。據傳祖先名為 *Nokan*，是泰雅族人到龍潭銅鑼圈（今
桃園市龍潭區西南的高平里和高原里一帶）出草時抱回來的小孩。*Nokan* 的後
人，兒子有蘇、林二姓，女兒則按照嫁入夫家姓氏而有林、王和簡姓。也就是
說，今天蘇、林、王、簡四姓泰雅族卡拉社人，多自認為 *Nokan* 子嗣之後。[5]

　　Nokan 的故事在不同族人描述中有部分特有內容，其他人並不一定知悉。
有的人指出，當時出草後，看到小孩 1 男 1 女，不忍殺害，於是放回女孩而抱
走男孩；有的說男女都抱回，女孩長大後染病過世，男孩則在山上成家繼而開
枝散葉；有的則只有 1 名男孩被抱養，而沒有女孩的說法。無論如何，至少都
有這麼 1 名客家男孩，他就是 *Nokan*。至於為何取名 *Nokan*，是因為不少泰雅
人稱呼客家人 *mukan*，[6] 於是就以接近的音 *Yukan* 命名之。*Yukan* 過世後，依照

圖 1　已沒入石門水庫底的卡拉社。
　　　（國立臺灣大學圖書館臺灣舊照片
　　　資料庫數位影像）

圖 2　卡拉社泰雅族人遷移到桃園觀
　　　音鄉大潭村生活照。（吳雪梅提
　　　供）

5　*Nokan* 生了 5 個女兒和 1 個兒子，兒子為 *Lesa Nokan*。*Lesa* 生 5 個兒子，前 2 個姓林，後 3 個
　　姓蘇。
6　另有一些泰雅族人認為 *mukan* 是福佬人，而客家是 *ngayngay*。

圖3　自桃118線（習稱羅馬公路，
正式街道名稱為羅馬路）51.5K
處眺望湖下，即原卡拉社位置
所在。（李慧慧攝於2021年7月
3日）

泰雅習俗，名字必須改為 *Nokan* 以表敬意。[7]

　　Yukan 或後來的 *Nokan* 在部落生活，娶妻生子，綿延後代，他和後裔都已成為泰雅族人。不過，卡拉社的 *Nokan* 後人中，始終有人非常關心自己具客家血統一事，甚至花時間考察研究，整理出詳細族譜關係圖。族譜的現身，又繼續引來注意，部分族親甚至常常抱懷引證，不斷確認自我身屬之族群身分。

7　例如泰雅作家瓦歷斯・諾幹原名瓦歷斯・尤幹，後來不知為何改為諾幹，他也未多作說明，畢竟一般人難以了解泰雅習俗。事實上，就是他父親名為 *Yukan*，其子採父子連名即成瓦歷斯・尤幹，*Yukan* 過世後被尊稱 *Nokan*，瓦歷斯的父親連名跟著改成諾幹。復興區長興里前考試委員 *Iban Nokan*，也有同樣經歷，筆者認識他時，名為 *Iban Yukan*，後來也轉成了現今名字。

不過，也不是人人都清楚詳細系譜關係，多數人只知道其中某些人物，僅有極少數非常關心者完整知悉。但是，無論關心程度多寡，大家或多或少都知曉一些已經連上線的客家資訊，例如，部分族人的親人有蠶豆症，甚至醫生也覺得怪，疑惑原住民怎會得此病，後來才知道這是客家人常見疾病，而這正是自己有客家血統之證據。另外，某些族人認為自己身材較高大，主要是因有客家血統，畢竟泰雅族人都不高。多數族人表示，自己習慣了當原住民，說自己是客家，或要過客家生活，實在難以適應。有的說，客家人拿香、泰雅信仰基督，兩不相容，卻也不能勉強。不過，各姓氏的態度或表現仍有差距。有些早已習得漢人風俗，設祖先牌位，燒香拜拜，或者講究風水，有人甚至出家建寺。他們與奉行較嚴謹基督規矩的親人，雖均具備客家感知，卻有不同對應方式。

　　大家都知自己屬 Nokan 後人，這不僅被認為是原客關係史上的事實，更是卡拉社蘇家、林家、王家和簡家對祖先來源的基本常識。但，幾位熱心整理族譜者，都以 Nokan 開始畫表，至於之前世代何人，好似不甚關心。因此，當筆者問到 Yukan 當時由誰養大，亦即他養父母是誰時，多數人都不知如何回答。不從第一代遠祖卻以 Nokan 開始寫族譜，有點類似清代中葉臺灣的閩南移民，所祭拜的先祖從唐山祖轉為開臺祖一般（陳其南 1987），顯示群體認同內涵已有轉換。泰雅卡拉社四姓系譜自客家祖先開始畫起，代表這份客家要素非常重要，它將泰雅卡拉社世系一分為二，前段泰雅純血，後段客家混血，前段非漢異族，後段融入華夏（圖 4）。然而，事情也絕非如此二分，因為最為熱心 Nokan 傳家世系的族人領袖，自己也在家設案香燭崇拜 'msbtunux 泰雅族系的開拓祖先 kButa（圖 5）。[8] 也就是說，他一方面從族系中段起始，積極

8　據傳，Buta 和其兄弟 3 人帶領族親自南投瑞岩一帶原鄉遷出，Buta 到了復興區域定居，另兩個兄弟則走往宜蘭和烏來。Buta 過世後，為表敬意，稱呼他時會於名字前加上 k 音，而成 kButa。後人有將之中譯成卜大者。

圖4　卡拉社林家祖宗世系表。
（*Masa Watan* 提供，攝於 2021 年
7 月 9 日）

圖5　卡拉社族人祭拜泰雅卜大（即
kButa）之神位。
（*Masa Watan* 提供，攝於 2021 年 7
月 9 日）

宣揚 *Nokan* 客家系譜，另一方面又自族系前段先祖開始，以華夏籠統同宗或
同族祭祖方式對待之。這其實是將未有漢人之時代的祖先，一併融入華夏信仰
方式之作為。

三、幼兒如何？泰雅出草記事

　　卡拉社蘇姓等 4 家為何有機會在超過百年前獲得客家血液？答案就在 1 名
客家小孩的出現。出草現場若只有成人，故事就不會有續集，但，因為小孩在
同一地點，才有原民勇士不忍取其性命而抱回養育。然而，傳統出草對於對象

年紀真有規範？日治較早時期文獻，可以提供些許線索。

　　日本臺灣總督府於 1919 與 1920 年分別發行由佐山融吉主編之《臺灣總督府臨時臺灣舊慣調查會蕃族調查報告書第五冊大么族前篇》和《第七冊大么族後篇》，已於 2012 與 2010 年經中央研究院民族學研究所中譯《泰雅族前篇》與《泰雅族後篇》出版。後書較薄可能因比前書早兩年問世。前後兩篇的第五章均寫泰雅各社出草。原居今復興區石門水庫地點的卡拉社屬於大嵙崁蕃，書中寫到大嵙崁蕃獵首返回部落後，家中老人會唸出一段話：「你已落入我手，來到此處。下次出草，也讓我們輕鬆獵獲你的雙親和兄弟的首級吧！」（佐山融吉主編，中央研究院民族學研究所編譯 2012[1919]：104）其他各社蕃也都有類似做法。馬利古灣蕃（今復興區與新竹尖石鄉界族人）的唸詞甚至包括兒子，亦即「把你的父親和兒子也都叫來吧！」對此一期望將來獵首順利的說詞，似乎是縱使全家陸續被取首級，對出草部落族群而言，都是理所應該的，即使念詞中的「兒子」，或許年紀仍很輕。不過，族人也可能根據首級當事者之年紀推算，來認定他的父與子都是成年。換句話說，「兒子」一稱並不代表年少，甚至是小孩。這點後面會再討論。

　　原住民族委員會和宜蘭縣縣史館共同翻譯發行的《臺北州理蕃誌舊宜蘭廳》，是日本領臺以迄 1920 年宜蘭地區原住民族治理紀錄，資料不可謂不豐，也值得參考。稍整理書中所錄之「蕃害」事件，絕大多數均不能確定造成傷害的蕃人群體從何而來，按理，既然在宜蘭地區，南澳和今大同鄉部落可能性最大，但如 1901 年 5 月和 6 月之紀錄卻懷疑是大嵙崁蕃的行動（波越重之主編，莊振榮、莊芳玲譯 2014[1920]：491，499）。也就是說，族人出草團可以自復興區出發，越過重重山嶺來到宜蘭平原獵取首級。無論如何，日治初期泰雅族與各地漢人間之衝突仍舊劇烈，顯見當時原住民族領域受到侵擾的嚴重性，漢人總體來說都是威脅族人生存的外敵。

　　明治 37 年（1901）10 月 27 日「在二結堡的四結庄，有 5 名蕃人趁半夜侵入民宅，在寢室裡馘殺 1 名農夫及 1 名幼兒」（波越重之主編，莊振榮、莊芳玲譯 2014[1920]：542）。同年 11 月 25 日「有 14 名蕃人，夜襲擁有 400 名庄民的茅仔寮堡民宅，馘殺 8 名男女老幼」（同上：550）。至此，我們可以看到前舉《臨時臺灣舊慣調查會蕃族調查報告書》提及被獵頭者的兒輩亦為出草對象，而此宜蘭廳內資料，更有不只一回幼童受害，那麼，是否證成「兒子」一稱的確是指小孩，而卡拉社和龍潭客家的抱養故事愈顯極不尋常？畢竟，文獻在在顯現族人的出草襲擊，必然只為頭顱目的，亦即均為馘首而來，不太可能有如搶奪財物或擄掠生人回山上等其他額外作為。如真有像帶走 *Nokan* 的非常態作為，出草團自抱起來的第一時間，就勢必面臨強大的文化挑戰，從同團夥伴至部落大眾以及祖靈等等，或許都會給予巨大壓力。然而，此份卡拉泰雅—龍潭客家出草抱養過程似乎相當順暢無礙，後續敘事均屬溫馨傳頌，著實令人更感困惑。

四、養子如何？泰雅家庭組成

　　泰雅族語養子稱作 *qinyatan*，一般可引伸為「可憐蟲」或可憐兮兮的樣子，甚至家戶所養之禽畜也是同一用詞。那麼，養子地位是否就是卑微？一位關西錦山客家約莫 50 歲女子，自小被復興區高義泰雅族人收養。她告訴筆者，自己最不喜歡看到客家原生家庭兄長前來探視，每次都躲遠遠，深怕被人看到。為何如此？她說自幼被遺棄，很不想當客家人，因為在學校一直被泰雅同學指指點點，說她是 *mukan*，雙方甚至引發衝突。那麼，她是不願承認客家血統，還是不想讓養女身分不斷被曝光？客家家人每來一次，就強化她的身分一回，是否在養子女與「可憐蟲」等同的社會裡，當事者自然亟想迴避？《泰雅族前篇》寫到大嵙崁蕃的理想男女條件時，提及「男子大多不願意到人

數眾多的家庭入贅或當養子」（佐山融吉主編，中央研究院民族學研究所編譯 2012[1919]：206），是不是也同等意思？同書的白狗蕃（*hakul*，今南投瑞岩部落屬之部分），也說遠親、養子和奴婢屬三等親以外的人（同上：48），非常疏遠。

泰雅族命名方式為父子連名，也就是假設某人名為 *Temu Walis*，那 *Temu* 即為他的名字，而父親的名字是 *Walis*。《泰雅族前篇》、《泰雅族後篇》所見資訊中，養子均為泰雅族人，而且都有生父名與自己名相連的名字，不會因被收養而改承養父名再加上自己名而成新的名字。換句話說，例如合歡蕃（*gogan*，復興區後山，與前山大嵙崁均屬賽考列克群）有一家夫名 *Singaw Yayut*、妻名 *Hemuy Pawan*，長女承母名而為 *Atay Hemuy*，次女、三女及四女均承父名而分別為 *Pisuy Singaw*、*Hayhay Singaw* 及 *Yaway Singaw*。可能夫妻倆因沒有兒子，所以就抱 1 名養子，名為 *Losing Nawi*（同上：213）。很顯然地，*Losing Nawi* 的生父為 *Nawi*，而被 *Singaw Yayut* 收養後，仍維持原名。若依此一習慣，小孩子長大後必定知道自己不是原生於這個家庭，因為名字已經告知了一切。我們無法得知該家庭實際生活情形，養子是唯一兒子，但不承接父名，他的地位變得珍貴，還是如前所述，仍與一般養子像「可憐蟲」和家畜家禽的位階？泰雅族人遇到新朋友，總會問說祖父是誰（*ima lalu yutas su*），藉此來了解彼此的親疏關係。那麼，*Losing Nawi* 雖被 *Singaw Yayut* 收養，一旦被人問起，卻也只能申明自己和生父一方的關係了，因為名字才可相連至祖先數代。在此一景況下，*Losing Nawi* 或許就只能孤立終身了。

不過，對養子的更精確理解，則可直接化解前段所提之疑問。按，*qinyatan* 是「可憐蟲」，主要指被遺棄之事實，收養家庭每每見之，就同理感受其所受之苦難，因此，會以「可憐蟲」或「可憐兮兮的孩子」來形容當事者的不幸。至於為何畜禽也叫 *qinyatan*？那是表示一種餵養關係。換句話說，包

括養子女和家畜家禽在內，都是養育之家的非血親，但彼此間的養與被養關係緊密，與位階高低無關。這份養的過程，對受養者而言均是一份恩惠。甚至，族人對被收養的小孩，還會生成一種感謝的心意，也就是感念他願意委身此地作為被收養者，畢竟，當事者除了犧牲自家血統，更且一輩子將為養育之家付出。也就是如此，前述錦山客家受養女性，念茲在茲的是自己的養育之家，反而閃躲原生之家的關心。文獻上的養子不從承接生父名字改換為承接養父名，可能是對原生家族的尊重，更可能是為提醒日後婚配需求時的禁忌考量，也就是屆時生養雙方的親族都必須算得精準。我們雖難以得知兩家的確切關係，但或許雙方即藉此以人丁相互支援。

今日田野中族人多表示，養子女被收養後，會改承接養父名字。*Losing Nawi* 在當時是否為特例，尚待考證。或者也有可能是日人調查者登錄之時，還沒正式改為承接養父名。至於承接原生父親名字的養子，到底歸屬於血緣親等內或外，需要進一步的探詢。畢竟，當家人有婚配之需時，遠親可以是候選人，而近身血親則必然被排絕於外。不過，泰雅族無漢人童養媳制度，不可能將養子視為女兒婚配候選人，因此，縱使承接原生父名，該位養子在大家默契理解下，應是以自家兒子的身分參與親屬文化的規範。至於有研究者寫到族人多表不願入贅至大家庭或在此當養子一事，很可能是調查者以自身大家庭文化經驗來詢問對方所獲得的回應。泰雅高山的居住形態，部落規模小、建屋空間有限，基本上難以發展出大家庭生活模式，所以，以入贅或當養子來與大家庭發生關係之機率恐怕很低。大家庭不是常軌家庭組成方式，當詢問者詢問此一問題時，受訪人對於陌生情境或難以有正面的想像，於是就直接搖頭。

五、重看 *Nokan* 的故事

為了解泰雅族傳統的出草和收養習慣，我們再回頭看一次 *Nokan* 的故事。

根據《桃園縣龍潭鄉誌》整理的資料顯示（桃園縣龍潭鄉公所 2014：129-
136），客家人入墾原本土地貧瘠的龍潭地區後，即與泰雅族人發生激烈衝突，
尤其原本在平地耕種田地維生的移民，禁不起入山擷取資源以及從事開發樟腦
事業以獲更多財富的誘惑，有愈來愈多客家人往山區發展，而首當其衝者，就
是靠近關西，以及過溪即至龍潭的賽考列克群（squliq）諸部落[9]卡拉社（qalang
qara'）。泰雅族出草的方式，依照《蕃族調查報告書泰雅族前後篇》和《臺
北州理蕃誌舊宜蘭廳》所述，包括突襲路過者、逮住正在田裡工作者、追擊放
牧者、摺倒掃墓人、埋伏割草者、阻攔撿拾漂流木者、截斷採薪人退路、攻入
村社人家等。這些對族人而言，龍潭地區均合於條件，現在又加上對付入山採
樟腦丁口、砍藤樵夫、尋覓珍貴藥材之商人，甚至隘勇等，他們無時無刻不在
進逼泰雅族領地。族人面對此一存亡交關，當是採用激烈反制手段，許多史料
顯示當時族群關係慘烈景況，實非一般語詞足以形容，只消簡單翻閱《臺北州
理蕃誌舊宜蘭廳》，即有所感。

　　Nokan 故事有兩個特點，其一他是幼兒時被抱養到山上，其二他有完整的
承襲父名之泰雅名字。前者為其後人所相信的情形，後者則有《臺灣原住民族
系統所屬之研究》一書所載為證（移川子之藏、宮本延人、馬淵東一原著，楊
南郡譯 2011[1936]）。依照卡拉社熱心族人所製系譜，以現在約近 50 歲的蘇
姓後裔作為標竿的一代往前推，七代前為 Yukan Kawin，身後尊其為 Nokan，
因此其子為 Shetz Nokan。八代前，即 Yukan Kawin 的養父是 Kawin Nao（見附
表 1）。以一代 30 年計算，八代約為 240 年，但，原住民有早婚習慣，因此
一代 20 年仍屬保守估算，大概約 160 年。換句話說，若一個世代再減 1 至 2

9　泰雅族在民族學分類上主要有 c'oli 與 squliq 二大群，其名稱原意皆為他人或人的意思，前者 q
　音失落，而作如是發音，基本上二字出自同源。

年，[10] 也就是 150 年前來看，即是約在 1870 年前後。19 世紀中葉客家人開始在山邊與泰雅族人硬碰硬接觸，所以，1870 年左右的估算，大致可信。不過，泰雅林家製作族譜者認為應是 1835 年左右（楊明峰 2013b），與筆者估算落差一個世代，無論如何，19 世紀的 100 年間幾無安寧歲月，因此，30 年的推斷差距，並不會影響本文的論述（參見註 10）。[11]

Nokan 故事的兩個特點均引人好奇。按前引宜蘭地區在 20 世紀初飽受蕃害之紀錄，基於維護本土及傳統宗教文化之需求，泰雅族不論何一社群，只要有出草行動，即會出現相當慘烈的狀況，亦即全家老小可能無一倖免。當時紀錄者就曾提及蕃人顯然痛恨漢人，才會屢下毒手。按常理，龍潭地區和宜蘭情況類似，也就是泰雅領地備受外來威脅侵犯，族人極可能常常處於高度憤怒緊張狀態，對於出草路途遇到的幼兒，到底會如何處理，*'msbtunux* 卡拉社戰士做法是否與南澳族人相異？前者抱回，後者盡戮？我們難以回答。有一個思維是，敵人雖年幼，惟長大即成為威脅我之成人，何不趁早去之？但，當然也可能有特例出現，亦即真的不忍而抱回小孩。那麼，不忍之情事，會只有這一件？難道還有其他原因？抱養者可能如前舉例子自己無子，因此抱來一名養子？但是，前例養子身分同樣是泰雅族，而今這個 *Yukan* 為入侵外敵人口集團之子，這又如何向祖先解釋？*mgaga*（出草）的結果是如此，合於 *gaga* 的規範嗎？更何況，*Yukan* 直接承接養父名字，這又與前例養子不更改名字相違背。從我們當下思維論之，難道不怕敵人小孩長大知悉原委後，會如電影情節般陷入養父母殺生父母而復仇與否的兩難？還是，族人文化觀念並非由此入手來付諸實

---

10 傳統時代在部落中，17 至 19 歲甚至更早完婚，都屬正常，可參見謝世忠（2001：35-54）。

11 依照《台灣原住民族系統所屬之研究：第一冊本文篇》所載，*Nokan* 系統至今，多出兩個世代，也就是說，卡拉社族人記憶以及寫下之族譜世系相較於《系統所屬》一書的紀錄，一 8 代、一 10 代，顯然日本人認定 *Nokan* 比今天族人所論早約 30 年就出現在部落了。本文暫不以考據何者屬真為題，日後或可再論。

踐？問題值得繼續討論。

　　容我們再次整理一下提問。當然，客家小孩沒有泰雅名字，因此會給予一個名字，這也說得過去。但是，寧可混入敵人外族血液，而不設法在我族範圍內找到養子，道理何在？在決定抱養回去之際，獵首團成員間有無爭執反對？回到部落，又有無族人有異見？如果這是首次外族抱養，那在完全沒有前例之情況下，小孩如何被祖靈接納？人們以何理由說服祖先？有無經由任何儀式以表認可？[12] 給予一名敵人外族小孩泰雅名字，大家都同意？*Yukan* 在成長過程中有無如前舉錦山客家女孩在養子女身分間感到困惑的情形？當然，*Yukan* 在部落結婚生子，想必有如前述因受養情分所生成的親子緊密關係，這對泰雅部落族人而言，當然是正面的。另外，我們或也可以想及，抱回小孩會不會是泰雅針對宿敵大舉入侵的潛意識回敬手段？而給予泰雅名字以及予以泰雅化，是否更像是象徵性的同化對手策略？凡此，都是文化間距的問題，我們幾乎可以繼續問個不停。也就是全屬文化深度作用的範疇，欲獲答案，或也有一定難度。不過，今日族人對此一抱養故事之所以津津樂道，實與小孩不受傷害，甚且獲悉心照顧養大的情節密切相關。畢竟，那是一個溫馨感人故事，更可以一掃出草被認為砍人頭殘忍野蠻指控的陰霾。當前族人總會說：「我們 *gaga* 不會殺小孩，我們 *gaga* 對養子女更是疼惜。」康培德（2009：129）專書中由李慧慧負責調查撰寫的章節裡，也有提及疼愛孩子是泰雅族根深蒂固的觀念。這些均是以統論式傳統價值來解釋出草抱養，很容易就可說通故事始末。只是，前舉文獻上那些發生於桃園和宜蘭之族群暴力接觸的慘重生命犧牲紀錄，仍然留下不少難解之惑。

12　前舉東南亞和中國南方的瑤族，即有對養子女接收入族的完整儀式 (Kandre 1976)，而從當代泰雅族生活觀之，似乎僅需由族長簡單向祖先報告家裡多了一個人即可，而不必舉辦特定複雜儀式。

六、客家邀約與泰雅回應

現在卡拉社和其他相關部落如長興社族人，多在講述數年前曾受邀至龍潭拜訪當年 *Nokan* 原生家庭後代。例如，對方也姓蘇，為何都姓蘇，也就是說，泰雅蘇家的漢姓如何獲得，而且剛好與平地遠祖同裔同姓，多數族人也頗好奇，卻說不出理由。部分族人說是巧合，也有可能是當初給予漢姓時，戶口人員必定知道山上、山下兩家族同宗，所以才給與正確姓氏。若此事可信，那就表示國民政府在 1940 年代中期過後幾年間，正忙於賦予原住民漢姓時，龍潭和卡拉社蘇家人已經聯繫並取得同宗共識，而此事也被政府機關所了解。不過，這還待更多證據支持。

從 1870 年左右到 1940 年，約莫 70 年，已傳了至少 4 代。*Nokan* 入山之後，他的原生家庭孫子或曾孫輩成員，應還保有阿公被強拉至山上的印象或口傳記憶，因此決定出發尋親。日治時期 1908 年復興前後山和三角湧大豹社聯合抗日之大嵙崁事件（傅琪貽 2019）結束後，復興區至大溪龍潭一帶，就不再出現出草行動，所以，若蘇姓客家成員表現積極，或許 1910 年之後即可能上山找人了，而那會比 1940 年早 30 年，也就是距 1870 年事發之時約 50 年，運氣好的話，*Nokan* 本人甚至可能還在世。

當代蘇家長輩對此事頗為關心的一位，已於幾年前過世（圖 6）。他是虔誠基督徒（圖 7），因此堅決要求後輩家人受邀至龍潭蘇家聚會時，絕不能配合其認祖歸宗儀式而拿香拜拜，而多數子女孫輩也都能確實遵行。他們說，見到要拜拜了，大家就分別開溜。不過，誠如前節提到，泰雅信仰多元，同樣的 *Nokan* 後人，非常虔誠的基督徒家庭至少有 1 戶，其他難免也有採行漢人拜祖先、甚至出家。基督徒家庭成員名字亦已被列入銅鑼圈蘇家族譜宗祠內。部分家人說，大家習慣山上泰雅的一切了，因此，只知道有客家這麼一件事，但它對自己日常生活並無大影響。有的族人說，蘇、林、王三姓曾分別作東請客龍

圖 6　曾與龍潭客家人認親的 *Hajun Lesa* 榮獲縣級模範父親。（蘇秀娟提供，攝
　　　於 2021 年 7 月 9 日）
圖 7　*Hajun Lesa* 生前曾於大溪曠野教會傳道。（李慧慧攝於 2006 年 1 月 22 日）
圖 8　原卡拉社部落遷移大潭新村協會辦理 2020 參訪活動。（李慧慧攝於 2020
　　　年 8 月 27 日）
圖 9　桃園市原住民原卡拉社部落遷移大潭新村協會辦理 2020 中秋晚會。（李
　　　慧慧攝於 2020 年 9 月 28 日）

潭族親，就在長興部落擺桌，或者中秋團圓活動，以及共同掃墓。但近年都沒
舉辦，泰雅方也很久沒去龍潭了。不過，原卡拉社後人自己的團聚聯繫則從未
間斷（圖 8 與圖 9）。

　　一位最為關心自己與龍潭客家有血統關係，並畫出詳細族譜圖的卡拉社成
員在接受媒體採訪時，曾感慨現今年輕人不曉得 *Nokan* 的故事，忘記祖先，

很令人遺憾。他認為應該發揚光大此一歷史事實，讓大家見證泰雅與客家的互動歷史（楊明峰 2013a）。

七、故事傳頌與族群關係

卡拉社原屬長興里，後遷至低窪水邊建立部落，惟兩社區親族聯繫仍多，這也就是為何現今長興里仍有長輩知悉並參與龍潭客家聯繫事宜的原因。至於與長興里距離不遠的奎輝里，村民對於 *Nokan* 事蹟幾乎毫無所知，反而都知道村內李姓家族與大溪福佬人李家有血統關係一事[13]。這位被抱養者名叫 *Shong*（見附表 2）。

奎輝李家和大溪李家早期講好共享接連 5 個相同男丁的姓名第 2 個字。目前山上有一家庭遵行原則，已有第 5 個名字單字的後代出現，山下方面則至少確認到第 2 個用字均按照名制。泰雅族親擁有第 5 字名者約 20 歲出頭，而第 1 字高祖已接近冥歲上百了。換句話說，高祖約莫 1910 年出生，還是日治時期，應該沒有漢名，直到國府來臺，這時高祖 30 歲多，或許已經知曉自己與大溪李氏之關係，也有名譜知識，於是戶口人員要訂下漢名，高祖直接拿出與大溪共識之姓名中字或第 2 字命之，更不用說姓氏也使用李了。不過，高祖兄弟的傳家，都未依據此一名制，換句話說，就這麼一個家庭與平地李家最為密切。

李家高祖之 4 代前的 *Shong*，也一樣因出草緣故被帶回山上，[14] 由 1910 年往前推至少 60 年，即為 1850 年，比龍潭事件的 1870 年（泰雅林家製作族譜者認為應是 1835 年左右）稍早，不過，那也就是福佬漢人陸續聚集大溪且開

13　至於是大溪何處的李家，至少有月眉、內柵和頭寮之說。這 3 地距離頗近，都屬泰雅族人下山接近平地區域的聚落。傳說敘事往往以一個現代定點代表過往發生之地，所以，分歧的看法並不表示誰對誰錯，無論所指何處，均是一個籠統範圍的指涉。

14　另一說是 *Shong* 上山交易，與泰雅女子相戀繼而成婚，自己也留在山上（康培德 2009：128）。

始嚮往山上資源之時。1900 至 1908 年大嵙崁事件正炙之際，泰雅族出草腦丁頻率大增，紀錄上顯示，出草團見到漢人，殺戮慘烈，連懷孕的女人都不放過（傅琪貽 2019：111）。不過，縱使當時傷亡事況悲悽，但至少出草抱養成真，兩個李家的確也已連上了線，那應早於 1940 年中期，距離抱養事件發生的 1850 年代，已經是 90 年之後的事，而 1940 年代或只是出現雙方認知同宗一事，一直到擁有漢名之後的第 3 代，也就是 1980 年代，都還有與大溪宗親會面的紀錄，只是雙方關係越來越淡薄。當年竟然有共識，生子姓名同有第 2 個字，表示宗親情感多麼密切，但，一不留意，尤其是積極性高的代表性成員因故不再維持熱度，一切就可能散掉了。

不過，關係淡掉是一件事，泰雅李家有福佬 *mukan* 血統 [15]，卻無人遺忘。這在奎輝，乃至更往大溪的沿路各村裡，幾乎成了族人普通常識（圖 10 與圖 11）。李家不像卡拉社蘇、林、王、簡等 4 家有特定幾位熱心製畫族譜並極力宣揚的成員，但，*mukan* 血統一事照樣傳頌。畫族譜或許僅是一件強調性作為，而非必要性條件，也就是說，縱使沒有一份族譜出現，卡拉社的客家血統之說，或許也會如奎輝李家有福佬血統情形一樣，人們日常話題總會有它。此等景況在在反映了無論是客家還是福佬，對泰雅而言都非常特殊，尤其是它與出草有關。然而，事情似乎也不是如此自然順暢地發展，這其中還需要依靠擁有政治經濟資源之特定領袖人物的引導，下節會有說明。

泰雅賽考列克群居於復興區前山的 'msbtunux 族系成員中，其原居中區（卡拉社與長興部落）和南區（高遶部落）者，與客家龍潭聚落相近，而南區亦與更南的另群（馬武督）與客家關西相鄰。位居北區（奎輝至復興中心區澤仁村一帶）者，則與大溪福佬人相望。這南北兩大群在與漢人族群關係最惡劣的世

---

15 泰雅族各村稱呼漢人名稱不一，*mukan* 有的認知是客家，如龍潭例子即是，而奎輝里則以之為福佬人。

圖 10 奎輝部落族人經常提及李家的 *Umay Azitz*（右 2 高大男子）有福佬人的血統，是福佬人的孩子。（李慧慧提供）

圖 11 *Shong* 子嗣 *Umay Azitz*（右 2）在世時，經常在公部門辦活動時，受邀以流利泰雅族語祈福。（李慧慧提供）

紀裡，留下了一南一北的客家與福佬出草抱養的經典故事。此等兩個族群關係既暴力又溫馨的典故，被具體地實踐並持續流傳，時而熱烈凸顯，卻也不時黯淡低調，但，總有特定時間點會被提到，繼而喚起人們記憶，並出現一連串的敘事傳說。當初南北兩群各有專人引導，奎輝這邊有大溪李家人縣議員（後任至監察委員）奔走考察，安排雙方族親會面，後來終成奎輝李家有福佬血統之定論。龍潭銅鑼圈方面，有蘇姓地方民意代表努力促成，卡拉社一方則是曾任議員鄉長之領袖成員發表族譜，開始以漢人樣式祭拜祖先，並據此確認或強調客家入泰雅一事並不假。

　　無論如何，此等故事的特殊性，具有一種原生的新奇要素，略知者很想多聽聽，並見證實際人物樣態。曾參與過認親往來歷程者，各自留下印象，感到很親者有之，也有覺得不親之心得。目前兩邊的親人關係正處於黯淡期，主要是歲月久了，一旦缺乏熱烈興致之族內成員起而呼籲領導（如前之議員、監委、代表、鄉長等），必很難再維持往來。不過，縱使如此，那一滴外族甚至歷史宿敵血液的注入，卻為泰雅留下永遠的印記。

八、討論與結論：珍惜不同的那一塊

　　族群關係史最慘烈的一頁過去了。泰雅與客家的恩怨，似乎隨著石門水
庫建壩導致卡拉社村落流失隨水而逝。然而，卡拉社歷經艱苦遷徙（李慧慧
2007），迄今的人口組成和彼此往來，依舊完整密切。多年來縱使分住幾個地
方，卻都能凡有號召、就集合團體活動。半世紀前的大水沖不走認同意識，反
而讓大家對歷史多了一份信念（圖 12 與圖 13）。那份歷史當然有被迫遷離家
園的悲哀，但也包含了族群混血他族的生動敘事。出草與開墾的衝突，血跡斑
斑記錄了數百年，相關情事文獻有載，卻漸漸淡忘於人們記憶之外。現在少有
人可以清楚講述兩方較勁的歷程，也鮮少聽聞誰主動提及此等激烈慘痛關係。
剩下來的，似乎只有一份溫馨感知，那就是山上泰雅抱養山下客家幼童，繼而
扶養長大、繁枝開葉，完好地展現出優質泰雅家族的故事。而之所以一直被人
傳頌追憶，應該就是兩個要素使然：出草與異族，一個是今日看來極度震撼的
過往文化制度，另一是竟有極其稀有之敵方外族進入血統的事蹟。奎輝李家與
福佬之情事亦然。

　　族人在敘說兼具事實與傳說本質的故事時，筆者並未感受他們有因而沮喪
（因混入宿敵血液）或驕傲（因混入漢人文明血液），也不見有質疑其真假的
想法。大家就是淡淡感知，沒有據此而強調具有組織潛力之族群意識或行動的
打造（Barth 1969; 謝世忠 1996：25-42）。泰雅縱有展現族群性（ethnicity）
之需求，也不會拿納有客家或福佬血統一事，來增添說法或批判既有對泰雅的
界定。今天，泰雅繼續復振播種祭（sm’atu’）和祖靈祭（smyus），大家都盡
力參加，其中當然包括據信擁有客家或福佬血液者。在平日，少有人會沒事拿
之當作求取利益的話題，縱使人人皆知這等歷史情事，而具有血統者，也與大
家一樣都是泰雅子弟，傳承與創新樣樣來。

　　瑤族有抱養外族的文化傳統，小孩進來必須有一祭祖尋求同意的儀式。該

圖 12 　「石門水庫的原鄉敘事」常
設展中，李慧慧與蘇姓長輩
Hajun Lesa 合影。（謝世忠攝
於 2013 年 7 月 20 日）

圖 13 　「石門水庫的原鄉敘事」常設
展中，謝世忠教授受邀致詞。
（李慧慧攝於 2013 年 7 月 20 日）

族主要之大宗教為中國道教，但此一祭祖儀式全程使用瑤語，而且道士不參
加，只有家族長輩領銜。儀式結束之後，小孩正式成為瑤族，一生無人會質疑
他的身分 (Kandre 1976)。泰雅族與瑤族不同，他們缺乏明顯抱養外族小孩之
文化制度，因此，基本上，各部落泰雅血統可謂單純。血統單純之群體是否敏
感於外族血液的混入？這對日本人而言答案是肯定的，所以北海道愛努族人縱
使 2007 年已被承認為日本先住民，迄今仍遲遲難以被日本人接受，因為單一
大和民族不容混有他族，其他如在日朝鮮人低下地位的處境，也與之相關（謝
世忠 2013a，2013b）。在此一理解前提下，好似泰雅也會具有排斥他族血統的
意識，但事實上卻難以獲得證據。日本的單一血統認同有國家之國族建造的斧
鑿斑斑，反之泰雅卻是自然形成的純血族群。他們是客觀純血，卻不具有文化
上的排他傳統，因為，生活上根本不存有催促此一制度形成的條件和理由。所
以，客家和福佬小孩進入部落後，縱使有前舉之被不懂事的同學或同儕指指點
點，一般收養家庭心疼於養子的出身不幸，多會加以憐惜。從 *Nokan* 和李家祖
先都順利傳宗接代迄今的事實來看，他們整體家系成員的日子，應是正常而美
好的。

　　前言提到的瑤族與傣族，一近中國一遠中國，臺灣「熟蕃」平埔族近漢人區，同化速度之快，有如瑤族採信道教半邊被同化一般，而被類歸「生蕃」的泰雅族各社群，並不像傣族一樣以跑躲應對之，而是與漢人激烈鬥爭直到非常晚近。這種硬碰硬族群接觸史上，卻跑出了幾則抱養情事，那是雙方的突出點，印記永遠留存。不過，瑤族的收養制度造成了部分漢人經由程序變成了瑤人，這是一個常續性的作為，可視為對華夏統治方之實質兼象徵性的逆向同化，或說是一種令對手摸不著頭緒的抵抗機制。簡單地說，就是在瑤族被華夏同化之前，前者已經先同化後者了。泰雅之例僅是個案，而非如瑤族的制度傳統，但個案或能成為開端，有意無意間點燃了「逆同化」的火苗，而這對一漸趨弱勢的族群而言，深具意義。今天，部分泰雅收養方族人對於自身擁有的客家或福佬血統，顯得頗為珍惜，這或許是「逆同化」的一點證據，但它更加凸顯出在生存競爭激烈拔河時空上可貴的和平空檔，或許就是此份和平紀錄，才使得山上、山下兩方得以加速了解，繼而往共榮前途邁進。

　　「非制度性情境行動」的存在，亦即出草抱養一事，成了族群文化史上的大事，因為不但注入新血，促成了山上、山下聯繫尋親，更介紹了彼此文化的點滴。今天泰雅族人與客家、福佬甚至外省聯姻早已成習，家族中的各種族群血液融流通達，這是進階版的族群血統交流以及文化對話。[16] 他們承襲了極少見之古典版的抱養傳後模式，幾百年來，族與族交往分頭演進，各類故事亦正於適當時機出頭亮相，大家珍惜那一塊文化史之外的特殊經驗，也好好說一下值得記憶懷念的過往雲煙。

16　在激烈衝突的時日裡，雙方不可能有諸如通婚或交友共事，或制度性的文化採借或密集商貿往來的可能。該等交流的出現，均為對立關係底定後許久的極近代時間點上，才可能見到之景象（李慧慧 2007，2019）。

附表 1

卡拉社 *Nokan* 家族系譜表

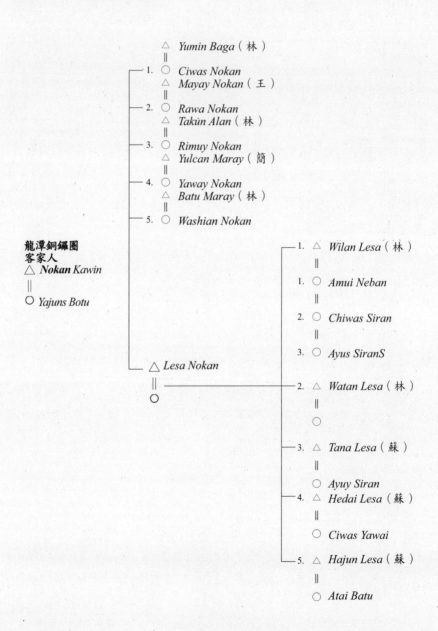

附表 2

奎輝 *Shong* 家族系譜表

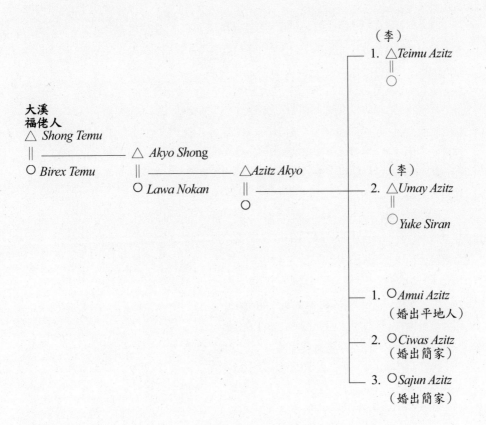

參考文獻

李慧慧，2007，《社群經驗與文化變遷：石門水庫淹沒區泰雅人移民史》。國立政治大學民族學系碩士論文。

______，2019〈一個完美女性教育家的形構：角板山 *msbtunux* 泰雅族 *Yayut Blyeh* 的墓後故事〉。《桃園文獻》7：47-67。

佐山融吉主編，中央研究院民族學研究所編譯，2010[1920]，《臺灣總督府臨時臺灣舊慣調查會蕃族調查報告書第七冊大么族後篇》。臺北：中央研究院民族學研究所。

______，2012[1919]，《臺灣總督府臨時臺灣舊慣調查會蕃族調查報告書第五冊大么族前篇》。臺北：中央研究院民族學研究所。

波越重之主編，莊振榮、莊芳玲譯，2014[1920]，《臺北州理蕃誌舊宜蘭廳》。臺北：原住民族委員會 / 宜蘭：宜蘭縣史館。

桃園縣龍潭鄉公所編，2014，《桃園縣龍潭鄉誌》。龍潭 : 桃園縣龍潭鄉公所。

康培德，2009，《泰雅族 msbtunux 的美麗與哀愁：頭角與奎輝 KButa 世系群家族史》。臺北：行政院原住民族委員會 / 南投：國史館臺灣文獻館。

移川子之藏、宮本延人、馬淵東一原著，楊南郡譯註，2011《台灣原住民族系統所屬之研究：第一冊本文篇》。臺北：原住民族委員會 / 南天。

陳其南，1987，《臺灣的傳統中國社會》。臺北：允晨。

傅琪貽，2019，《大嵙崁事件 1900-1910》。臺北：原住民族委員會。

楊明峰，2013a，〈年輕人不識挪幹 長者憂心〉。《中國時報》，6 月 30 日。

______，2013b，〈出草因素 漢童變泰雅大頭目〉。《中國時報》，6 月 30 日。

謝世忠，1993，《傣泐：西雙版納的族群現象》。臺北：自立。

______，1996，〈兩個「祖裔共同體」界定傳統的再思考：北東南亞與西南中國的跨國境新議題〉。《考古人類學刊》51：25-42。

______，1997，〈Sipsong Panna 傣泐政權辨析：一個歷史民族誌的研究〉。《文史哲學報》46：199-241。

______2001，〈少年婚、文化、與傳統力量：一個花蓮太魯閣部落的例子〉。《考古人類學刊》57：35-54。

______，2013a，〈鬚髯的能與藝：北海道愛努族的兩性與儀式〉。《民俗曲藝》182： 99-148。

_____，2013b〈「挫敗」、「歧視」與「控訴」的永續言說：北海道愛努族人的第四
世界參與〉。《文化研究》15：432-453。

Askew, Marc, William Logan, and Colin Long, 2007, Vientiane: Transformations of a Lao
Landscape. London: Routledge.

Barth, Fredrik, 1969, Introduction. Pp. 9-38 in Ethnic Groups and Boundaries: The Social
Organization of Culture Difference, edited by Fredrik Barth. Boston: Little, Brown and
Company.

Kandre, Peter, 1976, Yao (Iu Mien),Supernaturalism, Language, and Ethnicity. Pp. 171-198
in Changing Identities in Modern Southeast Asia, edited by David J. Banks. Berlin: De
Gruyter Mouton.

雅優圳與木魚禪音：
原住民族與客家族群關係的展示 [1]

張維安 [2]

摘要

本文以客家委員會在 2021 年所舉辦的「浪漫台三線藝術季」中,「苗栗大湖穿龍圳地景藝術節」及「獅潭舊時光・客漫步」為考察對象,考察主題為兩處地景藝術及展示處所人文歷史空間中的「族群關係」。首先,簡短介紹台三線的前世今生,從自若自在的原民蹊徑發展成民選總統的浪漫大道;其次介紹國家級客庄浪漫大道政策誕生的背景及族群關係的反思。第三,在前述背景下進行浪漫台三線藝術季的說明,並分析苗栗大湖穿龍圳地景藝術中的「編織族群」及獅潭舊時光地景藝術中的樟之昇華、樟腦分子與木魚禪音,特別分析木魚禪音藝術展示所蘊含的族群關係。

關鍵詞：原客族群關係、羅成、黃南球、雅優公主、陳履獻

---

1 本文為科技部計劃（MOST 107-2410-H009-039-MY2）之部分成果。
2 國立陽明交通大學人文與社會科學研究中心研究員。

一、國家級客庄浪漫大道的誕生

　　台三線為臺灣西部內山的縱貫公路，由地區原有片斷道路逐步打通連結而成，身分上也從日常生活的道路發展成國家級浪漫大道。此路之前世今生，初步看來最早應該是「自若自在的原民蹊徑」，是安居於此的原住民走出來的片斷化生活蹊徑；之後是「漢人拓墾的族群地景」，漢人移民到臺灣拓墾之後，原本片斷化的道路之間被連結起來，光緒 10 年（1884）黃南球為了開墾大河底、獅潭、桂竹林，所以修建了由三灣經大河底入獅潭百壽，再經永興、新店、和興、八角林到桂竹林與「蛤仔市（公館）－大湖道」相接，今日客庄浪漫大道的雛形，至此大致完成其輪廓。此後台三線扮演過「國際經貿的剝削鍊索」的角色，通過焗腦、茶葉、焗香茅、蠶絲、竹林資源產業連結國際市場，前述當地農業產品乃以國際貿易項目的身分存在，促進這條道路進一步蛻變、發展（何家齊 2019；張維安 2021）。

　　再來是作為「統治政權的戰備道路」，清代、日本時代和民國時期的國家政策都分別因需要而促進台三線上長寬不一、規模不同的各段道路轉型。例如，作為鞏固國防戰備道路的角色，從日本時代以來逐漸具有其重要性，往後發展出來的「連結城鄉的中豐公路」，因社會治理需要聯絡城鄉，中豐公路使龍潭與豐原之間諸鄉鎮得到進一步的連結。1970 年代基於山區客貨運輸的需要，將台三線拓寬工程列入國建 6 年計畫，讓往來的車輛方便許多，對農產品的外運也具有莫大助益，四線道的中豐公路成為在內山南北縱貫的重要民生道路。隨著臺灣產業結構逐漸改變，在農業經濟轉型為工商業發展的過程中，許多傳統農業受到衝擊，而以傳統農業為主的客家鄉鎮，也因此面臨青壯年人口大量外移至都會區的危機，1998 年實施「隔周休二日」後，觀光產業便逐漸發展，此路周邊環境扮演了「周休兩日的生態地景」，不僅帶動了竹苗內山聚落的文化產業，也為當地帶來發展文化觀光的契機。此時台三線，不只是一條

公路，而是一個個的生態區域，是周休二日生態旅遊的重要去處。再下來，才
是「民選總統的浪漫大道」（何家齊、張維安 2019）。

今日「國家級台三線客庄浪漫大道」之名，始於蔡英文 2016 總統大選客
家政策。其背景與理念析述如下：

> 2000 年民進黨執政期間，推動客家桐花祭，帶動桃竹苗地區餐飲、
> 民宿、客家美食品牌等觀光產業的蓬勃發展。當時是以節慶行銷為
> 主軸，思考如何帶觀光客進入客庄。2011 年 11 月中旬，當時民進
> 黨總統候選人蔡英文於台三線行程之旅，針對下一階段的客家文化
> 經濟新方向，拋出將台三線打造成「客家浪漫大道」的政見主張。
> 這是「台三線客家浪漫大道」政策的首次提出。又經過 4 年，2016
> 總統大選客家政策，蔡英文正式提出「國家級台三線客庄浪漫大道」
> 政策。此一政策的目標是結合產業經濟、生活科技、文化記憶與自
> 然地景、環境教育、農業生產等多元面向的客家文藝復興。簡而言
> 之，是一項客家文藝復興政策。（楊長鎮、劉慧真 2015）

楊長鎮、劉慧真也提到：

> 要讓台三線客庄浪漫大道，成為客家文化邁向世界舞台的最佳櫥
> 窗，展現客家人與自然融合的傳統智慧，讓人們感受到客家文化的
> 傳統和創新，進一步結合意氣風發的客家青年，共同探索未來的客
> 家文化、音樂、藝術發展等方向，全力支援客家青年放手創造在地
> 經濟、開創新的生活風尚。（楊長鎮、劉慧真 2015）

這應該是原汁原味的國家級台三線客庄浪漫大道政策意涵。目標與做法列有以
客家美學投入公共設施，調和自然、人文地景維護並發揚在地景觀資源與生態

特質，以及藝術文創進駐客庄的構想，這些可視為後來舉辦藝術節的脈絡。

二、台三線上的族群關係

　　國家級台三線客庄浪漫大道政策提出後，受到各方的檢視，特別是「客庄浪漫大道」之名好像客庄很浪漫，或客家人很浪漫，還是這條路的歷史很浪漫？的確在今日看來，這是一條在各方面都很浪漫，具有客家文化的廊帶，正如李永得所說，這是一條歷史大道、產業大道、軍事大道、人文大道，一條具有豐厚的人文歷史產業的廊帶（天下雜誌編輯部 2017）。浪漫，有一部分是因為蔡總統取喻於德國結合 26 個城鎮，連綿 400 公里的「羅曼蒂克大道」（Romantische Straße）。羅曼蒂克就是浪漫，大家都喜歡，也會有商機。不過回顧這一條歷史大道、產業大道、軍事大道、人文大道，浪漫在哪裡？什麼是浪漫？誰的浪漫？甚至於，某些人的浪漫會不會成為他人的不浪漫？

　　在諸多討論之中，一個比較嚴肅的反思是關於原住民與客籍漢人之間的族群互動，最根本的原因是台三線的居民，除了客家之外，還有其他族群，特別是此處原來的主人：原住民族。從原住民族的角度，Kaisanan Ahuan(2016) 指出，「也許對某些族群而言，浪漫台三線是一個很棒的憧憬，但對平埔族群來說卻是血淚交織的歷史痕跡」。與台三線相當有關甚至重疊的土牛紅線、土牛藍線與隘勇線，這「三條線」更是直接說明了原住民族與漢人（或客籍漢人）之間，對歷史詮釋的不一致與族群矛盾。Kaisanan Ahuan 說：

> 臺灣民番界址圖卷上從南到北繪有一條蜿蜒不斷的紅線與藍線，線以西的平原地帶為漢人或平埔族群地區，線以東為生番界。此界線以天然山區則沿山形或坑谷，有河流以岸為界，至於平原地帶則挖溝堆土成為土牛溝為分界，另沿界設隘察，住隘勇，定界址、立界

碑，防止原住民越出平原，也禁止漢人入山越墾，並搭望高樓看守。
紅線為舊定界，藍線則為乾隆 25 年的新定界，臺灣的中部紅藍兩線
並存，從兩線分布來看，顯示出當時的漢人不斷向內移墾，也造成
了平埔族群 4 次大遷徙。(Kaisanan Ahuan 2016)

此處所指為全臺現象，「台三線從桃園至苗栗路段與過去殖民者區隔原漢的土
牛（番）界與隘勇線常重疊」(Kaisanan Ahuan 2016: 編註 1)。CH LEE 在《原
視界》中，以〈浪漫台三線，你的筆路藍縷，我的顛沛流離〉說明了原住民的
心聲。他說：

> 作為現今政府主力推動的觀光政策，浪漫台三線成為新興的觀光名
> 詞，但對於原住民族而言，在「浪漫」的另一面，但是一條侵略
> 其生存空間的族群劃分界限，也是充滿血淚記憶的地景空間。(CH
> LEE 2018)

他也對台三線的浮現做了說明：

> 台三線並非完全以歷史上原漢邊界的土牛紅線、藍線及隘勇線重
> 疊，進一步說原漢界線隨著帝國的統治而調整，但始終沒有脫離族
> 群邊界以及軍事的用途與象徵。到了日本時期，這些奠基於清朝，
> 卻呈現零星分散的戰備道路與產業道路持續闢建，變成了台三線
> 的前身——一條充滿臺灣歷史上族群消長與衝突的現場。(CH LEE
> 2018)

文末 CH LEE 提醒讀者再思考：

當我們開心的暢談浪漫台三線、漢人的勤勉時，有多少人還記得，
這條路也代表了原住民族顛沛流離，被外來殖民者逼迫、遷徙、同
化，甚至發生戰爭衝突的歷史記憶？(CH LEE 2018)

原漢歷史的反思，漸漸地成為討論漢人開墾時的基本族群素養。2017 年
時任客家委員會主委的李永得，在「2017 天下經濟論壇」中提到建設浪漫台
三線的初衷，不只從漢人角度，還要從原住民角度來做：

浪漫台三線，是從桃園大溪到臺中新社全長 150 公里的文化廊道。
這裡在清朝是漢番開墾的地界，日據時代是軍事治理和產業發展的
道路。作為一條「歷史大道」，台三線最早期是漢人和原住民的分
界線，這段歷史代表了臺灣整個文明發展史，更是漢人跟原住民之
間的血淚歷史。這段歷史也是我們做為漢人需要做的一些反省。我
們建設浪漫台三線的初衷，不只從漢人角度，還要從原住民角度來
做。（天下雜誌編輯部 2017）

接續李永得為客家委員會主委的楊長鎮，更進一步表現出對歷史上原漢關係的
反思。從客委會網站上可看到，2020 年 8 月 1 日原住民日「客家向原住民族
致敬」系列活動消息，當日發表客家委員會徽改為融入祖靈之眼元素的會徽
（潘乃欣 2020）（圖 1），並向原住民表示承蒙（謝意）（圖 2）。楊長鎮表示：

臺灣社會過去因為拓墾而造成不同族群關係間有衝突、有悔恨，產
生所謂「你的族群開發史，就是我的族群被侵略的歷史事件」，為
了推動轉型正義與還原歷史，客委會推動逆寫思維，用原住民族的
角度來重新詮釋原客間的歷史事實，促使臺灣族群間更加和諧。為
了研究逆寫開發史，客委會委託交通大學客家學院邀請原客學者規

劃「向原住民族致敬：逆寫臺灣客家開發史」學術文化運動計畫，
以逆寫爲態度，建構以原住民爲中心之敘事史觀，重新譜寫開發時
代的歷史。另外，依照研究結果之「人名、地名與重大歷史事件專
題資料庫」，未來將與相關單位及地方政府合作推動客庄道路及地
名正名作業，與修正客庄地區原住民族記事碑文內容。（客家委員
會 2020b）

　　浪漫台三線的族群關係，在原住民與漢人（客籍漢人）之間都有積極的反
思。在 2019 浪漫三線藝術季中，有一些作品也蘊含著類似的意義。

圖 1　客家委員會的會徽融入祖靈之　圖 2　客委會於原住民族日向原住民致
　　　眼元素。（潘乃欣 2020）　　　　　　敬。（潘乃欣 2020）

三、浪漫台三線藝術季

藝術季把台三線打扮得美麗、浪漫。從大湖與獅潭兩處的大地藝術來看，作為一個參訪者，感覺到策展者深刻體會了台三線上原客關係的深度，詮釋了客籍漢人與原住民在「開發史」過程中的一條曲路。選定大湖的大窩，這個充滿原住民與客籍漢人互動的空間展示水路，多條穿石水路（圳圳），「以人力穿山鑿洞引水灌溉農田，並先於日治時期的水利工程，早期客家移民為臺灣寫下的翻翻歷史，猶在穿龍圳裡川流不息」（左腦創意 2019），這是山路也是水路，通過大地藝術編織族群記憶，重遊原客關係的歷史現場。幽靜小路，「溝通山與平原的樟之細路，曾經險絕，如今以 Raknus Selu Trail（樟之細路）結合泰雅、賽夏、漢、日命名，承載滿滿的臺灣命題，有跨時間的主人，有跨空間的生存」（左腦創意 2019）。楊長鎮主委在命名「Raknus Selu」時，充分包含了歷史上樟樹產業及其所衍生的原漢關係，這裡有複雜的宰制、衝突、合作與反思。選定獅潭具有豐富原漢關係傳說的地方展示「樟之昇華」、「19世紀繞世界一圈的樟腦分子」，特別是「木魚禪音」凸顯台三線樟之產業在世界經濟的重要性和在地連結。在樟之產業的場景氛圍中，隱約帶出當時原漢關係的細節及樟樹產業在全世界的地位，特別是在一河之隔有黃南球雕像的地方展示「木魚禪音」，[3]特別呈現出客籍漢人開發史和原住民族之間的張力以及當代的反思。此處是鳴鳳古道入口，也是通往石觀音拜訪羅成的入口。

這次的浪漫台三線藝術季成果，後來獲得了 2020 年日本國際級設計大獎 Good Design Award。浪漫台三線藝術季跨越五大縣市 10 個區域的客庄，以「有的是時間」為策展主題，集結超過 70 位國內外藝術家，以水路、公路、細路探討客家歷史、人文、生活，讓全世界透過客庄藝術策展，發現臺灣的客家文

3　圖 12 的木魚禪音是在展後才遷移到與義民廟同一岸。

化之美（吳欣絃 2020）。客家委員會的「浪漫台三線藝術季工作亮點執行成效」資料顯示，苗栗大湖穿龍圳地景藝術節共有 2 萬 6 千人次參與，獅潭舊時光客漫步有 8,000 人次參與（圖 3 及 4）（客家委員會 2020a）。這是 2021 年 10 月 19 日至 12 月 15 日的人數統計，由於 12 月 15 日之後還在現場展示，所以實際上觸及的人數應不止此數。

圖 3　苗栗大湖穿龍圳地景藝術節。（客家委員會 2020a）

圖 4　獅潭舊時光客漫步。（客家委員會 2020a）

四、原住民族與客家之間與之外

本文以大湖與獅潭兩處的展示作品，說明自有原客歷史以來，原住民族與客家族群一方面有許多衝突、妥協，另一方面也有合作、共生的關係。具體的族群互動有社會經濟生活的交織、共榮，也有剝削與懺悔。除了作品以外，本文認為藝術季所選定的人文空間所具有的歷史脈絡，也是一種展示。

（一）苗栗大湖穿龍圳地景藝術節

1. 雅優圳與大窩

大湖穿龍圳周邊被選定為地景藝術所在，與其自然、人文生態環境有密切的關係。大窩文史生態園區有觀魚亭、螢火蟲、大石壁、奇藤，特別是先民親手鑿石建造的水利設施穿龍圳（穿過大石頭徒手鑿出水圳），附近還有客籍作曲家涂敏恆故居，平時或過去舉辦桐花祭時期，常吸引不少遊客。環繞著穿龍圳（實際為圳隆）豐富的原漢族群關係的傳說，在今日原漢族群關係的反思中，格外引人注意。

這個故事可以從 2021 年 8 月客家委員會設立「雅悠圳」紀念碑（圖 5）談說起。

> 苗栗大湖鄉有一條水圳，是百年前嫁入客家聚落的原住民女子「雅悠」（編按：泰雅族名為 Yayud）居中協調開鑿完成的一條水圳，她不只促成客家和原住民合作，開鑿水圳，也開啟兩個族群的融合與往來，客委會為了感念這位先民的努力，特別邀請原民會，一起為「雅悠圳」立紀念碑。雅悠圳大概是全臺灣目前所知道的客家人開的水圳，以原住民來命名的。藉由雅悠圳立碑，告訴大家，我們有共同的歷史，在客家人心中永遠有原住民，也感謝原住民。[4]（巫召清、王美雅、陳信仁 2021）

圖 5　客委會、原民會所立「雅悠圳」
紀念碑。（張維安攝）

　　通事陳履獻和雅優公主的後裔羅文賢，在《通事陳履獻與大湖開拓》一書
指出：

　　陳履獻入墾大湖後，在大湖與林潘楊結婚。他吧賴社與漢人墾民關
　　係良好，陳履獻於同治 11 年（1872），5 月 25 日 25 歲時，再娶他
　　吧賴社公主，原名雅優・猶玠，漢名潘也欲爲妾。（羅文賢 2017：
　　38）
　　潘也欲嫁給陳履獻後，努力融入客家人的生活習俗，受陳家全家上
　　下及親友尊重，是一位慈祥有愛心的人。陳家附近的大窩溪是個不
　　可得的好水源，位於隘勇線外原住民狩獵區，陳履獻在開闢水圳時，
　　仍不時有被原住民破壞之情形發生，每次遭原住民破壞時，陳家都

4　文獻上多使用「雅優圳」，客委會所立紀念碑為「雅悠圳」，本文沿用文史學界慣用的「雅優
圳」行文。

會由潘也欲出面溝通解決，大窩地區開鑿岩石圳窟多處，於取水口
處有一段岩石圳窟，開鑿時曾多次遭受破壞，都是由潘也欲出面向
原住民同胞解決，因次將此圳窟稱為雅優圳窟。出了雅優圳窟，水
流經水頭寮上圳，灌溉水頭寮梯田「三坵仔」（客語），和水頭寮
的稻田。（Ibid. 2017：88）

大湖的原住民因潘也欲的關係而與漢人關係良好，物品交易的信
任，二次大戰糧食管控期間，他吧賴社提供獵獲的野物補充養份。
陳家在秋收後，也會邀請他吧賴社潘也欲親友或其他原住民部落友
人，到大湖水頭寮老宅一起辦理收割祭同歡。陳履獻也會仿效泰雅
文化習俗，在自己稻田裡辦起原住民收割祭儀式，用鐮刀割起四穗
新穀，懸於田中的樹頭頂，使前來的泰雅原住民有一家人的感覺。
（Ibid. 2017：88-89）

以泰雅族公主，雅優・猶玠為主角，顯現出原客關係雖然有許多族群的衝
突，但也不失若干值得傳誦的記憶。

2. 編織記憶（安聖惠（峨冷・魯魯安））

「編織記憶」是一套由來自屏東好茶部落藝術家 Eleng Luluan（安聖惠（峨
冷・魯魯安））創作的地景藝術（圖 6、7、8）。展示的地方「大窩」紀念著
客家和當地原住民族泰雅族攜手共同打造家園的「優雅」記憶。

100 多年前在此地開墾的客家人、泰雅族人，兩族聯姻後和平共榮
的結果。當年在臺灣各地都有原住民和漢人為了搶奪土地、爆發衝
突的情況，但是在大窩地區，幸虧有泰雅族公主雅優•猶玠與客家拓
墾者陳履獻，在同治 11 年（1872）聯姻，才讓兩族融合，一起在此
開墾與生活，讓後來的世世代代維護至今。（林育綾 2019）

6 | 7
| 8

圖6　編織記憶（一）。（張維安攝）
圖7　編織記憶（二）。（張維安攝）
圖8　編織記憶（三）。（張維安攝）

　　當地最有名的穿龍圳，本身就是一個在地的展示項目，是一項被讚嘆的水利工程，同時也是一項原住民族與客家攜手共創的見證：

　　開發「水圳」是因為山地地形取水不易，為了農耕和飲水之便，在
　　百年前沒有炸藥或其他工具的情況下，由客家先民辛苦「手鑿」開
　　挖引水。現在大窩還保有的其中一條水圳古道，就是以當時和客家

先民陳履獻聯姻的泰雅族雅優公主命名，稱爲「雅優圳」。（林育綾 2019）

雅優公主正是調停原客紛爭，並成為編織原客關係故事的主角：

> 話說陳履獻等人開鑿這條通往水頭寮的水圳時，一度引起欲捍衛土地的原住民不滿，幸得雅優公主居中調停，與族人溝通後雙方達成和解。後來秋冬豐收時節，兩族也會共同慶祝。（周玉珠 2019）

「編織記憶」這件地景藝術座落在當地伯公廟的百年伯公樹下，是生於舊好茶部落的安聖惠（峨冷・魯魯安）運用棉繩、鐵打造而成。

> 回想回家路上一顆紅櫸木，樹下是人們休息和等待的路口，同時也是部落的心靈寄託。來到苗栗大窩時，瞧見村民信仰中心「伯公廟」旁有著方便農人小憩的伯公樹，宛如故鄉中的相同連結，特別與大窩居民一起織作展品，希望透過彼此的手、與在此的回憶，共築對家的意象與念想。(alice.peng 2019)

> 她回憶到樹下是人們休息與交流之處，更是居民們成長的共同記憶，便將樹幹的紋路、蜘蛛網的脈動都勾織於其中，成爲堅韌的網絡，讓人或躺或臥於此互動，創造大樹下的美好回憶。而四周向上的枝幹，則象徵在樹下的公民討論，都能持續發芽。（劉秣綖 2019）

從這些線索來看，安聖惠（峨冷・魯魯安）創作動念，是源於地景勾起的地方記憶，選在客家人連結最深的伯公廟和伯公樹旁，以真正的編織為象徵，啟動人們各自關心的記憶，從歷史到當代，集體到個人，若要把地方的記憶呼

喚出來的話，以雅優公主為核心的原客關係，一定是編織地方記憶最重要的素
材。實際上，最後呈現的編織作品並沒有提到本文前述的雅優圳及其故事，將
這些故事、原客關係引入並加以詮釋的是文史工作者、媒體報導、地方導覽員，
這就前文所謂「選定的人文空間所具有的歷史脈絡，也是一種展示」。

（二）獅潭舊時光客漫步

與樟腦產業相關的地景藝術共兩件，分別是「樟之昇華」（蔡育田）及「19
世紀繞世界一圈的樟腦分子」（林秉鈞）。兩者都連結上臺灣曾經繁榮發展
的樟腦業。而以今天的角度來看，也可連接到另一件作品「木魚禪音」（沈宏
錦）。

1. 樟之昇華

蔡育田的「樟之昇華」欲彰顯：

> 樟樹產業是過去獅潭發展的核心，這之間發生太多的血汗歷史，面
> 對不可逆的過去，我們期許愛與貢獻走向獅潭的未來，願樟樹及先
> 人之靈得到安詳……樟樹產業發展的過程有太多議題可以思考，我
> 想引出遊客對於樟樹與獅潭關係的好奇，進而思考如何從過去的經
> 驗與教訓中，昇華獅潭的未來？自然資源再豐富再多，用盡了就沒
> 了，我們必須珍惜什麼，讓代代傳承下去？（引自展示牌說明）

該作品意涵著樟樹產業的發展，也突顯產業、資源與地方發展的關聯，特
別是其間所隱含的多重族群關係。

2. 19 世紀繞世界一圈的樟腦分子

林秉鈞的「19 世紀繞世界一圈的樟腦分子」說明：

圖9　樟之昇華。（張維安攝）　　圖10　樟之昇華與19世紀繞世界一圈
　　　　　　　　　　　　　　　　　　　　的樟腦分子。（張維安攝）

　　樟腦在19世紀是工業發展重要的原料，也就是賽璐珞的原料，火
　　藥、攝影底片……各種生活用品都用得上它，臺灣的樟腦產出量成
　　績世界第一……作品收集長短大小不一的樟樹枯幹，匯集組合成大
　　樟樹幹迴圈，象徵獅潭過去製腦產業蓬勃發展，出口到世界各地又
　　回來臺灣的迴圈經濟型態，同時迴圈又象徵時空的通道，可以串聯
　　現在、過去與未來。（引自展示牌說明）

　　樟腦產品的用途與對地方發展的重要性，可以在戴寶村（2009）教授的書
中得到詳盡解答，其中論及日本時代的全球銷售網，說明了樟腦產業在臺灣產
業全球銷售網中所扮演的角色（圖11）。

　　清朝時代，樟腦、蔗糖、茶葉是臺灣三寶，在臺灣樟腦為世界第一這方面，
戴寶村有專書闡述。其中樟腦業和客家人有特別密切的關係：

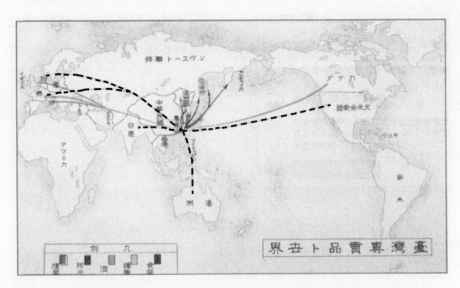

圖 11　日治時期臺灣轉賣品的全球銷售網（虛線部分為樟腦）。（戴寶
　　　　村 2009：75）

清帝國在 1725 年（雍正 3 年）在臺灣開設軍工廠修造戰船，南北
設立軍工料館，並在近山地區設立軍工匠寮，由軍工匠負責採伐樟
木及其他木料，此時客家人就在樟腦事業中，扮演不可或缺的角
色。……在清代的臺灣社會中，客家人的地位相對之下是比較弱的，
也許正因為如此，他們甘冒生命危險深入森林，擔任匠首、腦丁，
從事樟腦製造工作，進而參與開墾。（戴寶村 2009：32）
由於臺灣的樟樹都是原生於中央山岳地帶，如此必須進入番界，常
受到原住民的攻擊，所以進出深山伐木的「腦丁」應運而生。腦丁
即私人武力，專門為伐樟樹防止原住民的攻擊。（郭弘斌編著 n.d.）

　　清代製腦事業的從業人員，以客籍為多數，經營隘墾區墾務的工作人員，
也多是客籍墾戶。隨著隘線向內山推進，漢人拓墾的範圍更加擴大，客家人、

平埔人和高山原住民間的互動更趨密切,不只是平埔族漢化或客家化,還可以
看到高山族原住民「熟番化」、客家化的情形(戴寶村 2009:33)。由上可
知製腦事業牽涉到複雜的原住民族與客家的族群關係。

> 南庄賽夏族南獅里興社頭目日阿拐,自清末投入製腦業以來,從製
> 腦業者取得的山工銀累積數萬金,並役使漢人開墾水田,擁有漢人
> 佃戶數十戶,然而,臺灣總督府透過法令,將製腦原料的樟木,與
> 製腦權利接收歸國有。樟腦製造業者只要取得官方許可,不需要再
> 和原住民商討和協議付給酬金山工銀。(戴寶村 2019:29)

通過政府的安排,原住民原來擁有的製腦權被改變了,更重要的是原住民
從清廷官方所承認的土地所有權,也一併遭到否定,進一步引發原住民族和漢
族、日本人彼此關係之變化。1902 年以日阿拐為首,聯合賽夏族、泰雅族及
桃竹苗地區部分漢人的武裝抗日行動及其結果,是這個重要改變的關鍵事件。
就族群關係來說,有原住民族和客家人的合作關係,也發生原住民內部嫌隙的
現象。其中樟之產業看似輝煌地連結全球,然就在地的生產關係來看,原住民
族與客家人的族群關係卻醞釀著複雜的變化,漢人、拓墾、全球樟腦產業的對
應面是原住民、土地流失、生存空間受擠壓。

3. 木魚禪音

臺灣樟腦產業的脈絡,是一條探究原住民族與客家族群關係的線索,大衛
遜(Davidson)在《臺灣島的過去與現在》一書中認為:「樟腦的代價就是人
血」(Price of camphor is blood)。這句話便說明了樟腦開採過程中的艱辛。
「原本山林地帶為原住民居住之地,客家先民入山採樟,便威脅了原住民的居
住地,進而經常發生衝突」(王政文等 2020)。另一個原住民族與客籍漢人
族群衝突最激烈的地方是獅潭。「木魚禪音」放在「獅潭」展示,可用以突顯

圖 12　木魚禪音。（張維安攝）　　圖 13　木魚禪音。（張維安攝）

原住民族與客籍漢人之間的族群關係，以及隨之而來的反省。

　　木魚禪音中的族群關係，需要回到黃南球和羅成之間的傳說來理解。

> 黃南球生於楊梅壢，同治 4 年隨爲父遷居苗栗。當時三灣之大河底，
> 至獅潭之百壽、和興、新店、八角林一帶，爲高山泰雅族所居住，
> 黃南球率壯丁入山，經歷複雜的漢原族群互動，從漢人的角度來說，
> 墾闢農田、建設腦寮，製造樟腦，伐林製材，建築糖廊製造赤糖，
> 建設道路，以利交通等等，遂使今日之獅潭鄉，水村山郭，雞犬相
> 聞，人煙繁稠。（鍾建英、劉頌蟠編 1974：14）

　　黃南球創辦黃南球墾號、金萬成墾號及金協成墾號等開發苗栗大湖一帶，
是一位跨時代的臺灣貨殖家（黃卓權 2004）（圖 14）。黃南球「拓墾」獅潭、
大湖一帶的過程中有不少族群互動的傳說，有傳言黃南球「武功高強，有人說
他根本就是獅子精，出戰的時候會化成一隻兇狠的獅子」（李喬 1981：111）。
比較常聽說的還有「屙屎嚇番」。劉俊雄指出李喬在《寒夜》一書巧妙地運用
「屙屎嚇番」傳說，滿足讀者大眾期待黃大獅如何運用以智取勝、文明戰勝野

蠻的他者想像。黃大獅（南球）為了嚇跑兇番，要求隘勇們以麵粉、地瓜、香蕉等混煮成黏稠狀，再以竹筒擠成條狀物表面灑黑糖粉形成巨大糞便，最後隘勇穿著巨大草鞋來回製造大鞋印，藉此阻擋內山生番不敢到南湖出草（劉俊雄2017：77）。此外，更有在這個故事的基礎之上，延伸出其他類似「以計制番」的傳說，例如：〈打鍋丬〉、〈邀宴番人〉、〈空轎避番〉等，[5] 在傳述的過程當中，（客家）漢人傾向於被塑造成一個充滿機智的人物。這些傳說中，充滿著以漢人為中心的原漢族群關係之敍述。

　　羅成的故事，應屬前述傳說的一部分（圖15）。在苗栗縣頭屋鄉觀光旅遊網中，〈石觀音寺〉簡介指出「傳說石觀音寺是當地富豪黃南球的助手羅成修行之處，羅成於60歲時剃髮修行，法號為普雲，石觀音寺為一處天然的石洞，觀音菩薩就供奉於石洞之中，因此得名為『石觀音寺』」。[6] 維基百科的介紹指出：「羅成（1839年－1918年），臺灣苗栗縣人，為苗栗拓墾首富黃南球的部將、是當時知名的神槍手、狙擊手，60歲時出家為僧，法號普雲，創立了頭屋石觀音寺，奉祀觀音菩薩」（維基2020b）。頭屋鄉誌也有關於羅成的記載。

　　雖然羅成與石觀音都能證實其歷史的存在，不過以下傳說仍有待多方討

5　〈打鍋丬〉的故事是描述黃南球辦貨墾民時，在「打鍋丬」這個地方和原住民交戰。彈盡援絕時，他靈機一動，教人將煮飯的大鐵鍋敲碎充作子彈，將原住民擊退。後人便將此地起名為「打鍋丬」。見臺灣省文獻委員會採集組編校。〈邀宴番人〉則是說黃南球入墾時，馬拉邦及武榮的番人聯合起來相抗，黃南球一度敗戰。後來，黃南球在尾牙時設酒宴款待番人，表示欲和平解決。第1年赴宴的番人不多，第2年增加，到了第3年，番人幾乎傾巢而出赴宴。黃南球趁機誘使番人在宴前放下武器，待將其灌醉後逐一擊敗，結果番人死傷殆盡，兩社殘餘的番人則逃往今泰安鄉蘇魯部落及士林部落。〈空轎避番〉大要是講他把石頭放在轎子中，自己不坐，番人要暗殺他，就只打到石頭，沒傷到他半分。（鄭美惠2006：127-128）

6　〈石觀音寺〉https://www.touwu.gov.tw/touwu_travel/News_Content_Travel.aspx?n=4347&s=145905。檢閱日期：2022年7月10日。

圖 14　黃南球雕像。（張維安攝）

圖 15　石觀音寺中的羅成（號普雲）
　　　遺像。（張維安攝）

論。維基這樣描述：「羅成是黃南球的結拜兄弟，跟隨黃氏拓墾了苗栗一帶；
為了防備生番出草（臺灣原住民獵首的儀式），羅成練就一身武藝，尤其善於
槍法，狙擊敵軍彈無虛發，在征番途中屢建功勳，黃南球亦將愛女許配給羅成
之子羅春桂，結為親家。後來因為清朝政府與日本政府簽訂馬關條約，臺灣割
讓給日本，羅成也參與了乙未戰爭，一同抗日。60 歲時羅成突然醒悟，斬斷
扣板機的手指，出家為僧，法號普雲」（維基 2020b）。在頭屋四方石下，創
立了石觀音寺，喫齋念佛了卻殘生，80 歲時圓寂。其中關於羅成斷指出家的
說法繁多，據《頭屋鄉誌》記載：

> 石觀音位於飛鳳村、鳴鳳村與公館鄉北河村界上。黃南球昔日開墾
> 時，曾與神槍手羅成結拜為兄弟，不料在開墾成功後，黃南球卻違
> 背誓言將墾地據為己有，羅成憤慨之餘，也對自己多年征討殺人無

數感到罪孽深重，遂自斷右手食指，向黃南球辭退隱居於此天然石
洞中，法號普雲。（頭屋鄉公所 1996：92-93）

　　二說，羅成槍法絕倫，殺敵無數，心中懊悔，時常禮佛以贖罪孽，最後在
四方石下頓悟十二因緣，拔刀斬斷開槍的手指（另說左手指），僅帶著飼養多
年的鸚鵡出家為僧，不再過問屯墾殺敵之事（維基 2020b）。

　　羅成斷指的傳說有不同版本，甚至斷了幾隻手指也有不同的說法，[7] 不過
有一個共同的解釋就是懊悔雙手做過的殺戮之事，斷指修行，甚至成為石觀音
寺的「開山始祖」（石觀音寺 n.d.）。石觀音寺外有塊石觀音「古蹟軼事」，
所謂軼事之意，乃正史上沒有記載的鄉談傳聞。[8] 碑文使用軼事，傳遞了「歷
史事實」的不確定性，不過其故事在鄉民之間流傳，在維基百科中成為明顯的
條目，在藝術季中被用藝術品的方式來傳遞，使我們留意其「歷史真實」的效
果。「古蹟軼事」碑文是：「石觀音古蹟軼事。民國前 30 年，黃南球開發獅
潭鄉，其主力助手羅成是一個神槍手，戰功彪炳，後因故頓悟，切斷手指遁入
空門。石觀音寺為一天然岩洞，洞中有石宵觀音像，羅成遁居洞中修行數十載，
與世隔絕，後人感其志堅，建寺流傳至今」。

　　浪漫台三線藝術季在 2019 年底開展之後，獅潭義民廟旁的「木魚禪音」
藝術品隔著大東勢溪和黃南球的雕像隱約有一股張力，木魚禪音這一邊（岸）
好像象徵著羅成的反省和懺悔之心？另一邊（岸）拓墾開發者黃南球石材雕
像，是紀念漢人成功開拓此地的功績。讀者通過歷史的了解，不僅可以反省羅
成和黃南球之間的關係，也一定程度的反省了當初原住民族與客籍漢人之間的

7　在石觀音寺的羅成畫像中，他的右手是放在袈裟裡面，無法確定其斷指的情形（參見圖 15）。
　　2020 年 10 月 2 日訪問該寺修行師父時，聽言另外一種說法，是斷三指。

8　〈軼事〉，《教育部重編國語辭典修訂本》，https://dict.revised.moe.edu.tw/dictView.jsp?ID
　　=151114&la=0&powerMode=0。檢閱日期：2022 年 7 月 10 日。

族群關係。這種關係在木魚禪音從原來的「彼岸」移到黃南球雕像的正對面時，進一步提升羅成和黃南球之間的緊張，也將原住民族與客家族群關係推到不能不面對的境界（圖16）。

五、結論

浪漫台三線，原來是原住民居住的空間，客籍漢人在這裡的開墾、發展帶來了當地原住民族的顛沛流離。過去這裡只有漢人的開發故事，偶而才聽到漢人學者帶有原住民觀點的反省。國家級客庄浪漫大道政策推出之後，相關的做法不斷地被提出來，從樟之細路到浪漫台三線藝術季，無一不碰觸到客籍漢人和原住民族的歷史。在這裡有許多客籍漢人開發過程中的汗水，和原住民之間有更多的血汗關係，在當今臺灣推行轉型正義的時刻，漢人與原住民攜手共創的美事，或漢人應有的謙卑和懺悔，如果通過各種方式例如研討會、工作坊或者大地藝術的展示表達出來，有助於我們反思合理的族群關係，邁向理性社會的建構。

圖16　木魚禪音移到黃南球雕像前方。（張維安攝）

　　2019 年 10 月至 12 月之間,浪漫台三線藝術季通過公路、水路、細路的策展理念,轟轟烈烈地在凱達格蘭大道、桃園、新竹、苗栗與臺中展出 50 件藝術作品。本文的取材範圍是苗栗縣部分的兩個客庄,獅潭鄉的舊時光、客漫步,與大湖鄉大窩口穿龍圳地景、水織路。走近這些藝術品,讀其解說,未見創作者闡明本文所討論的原客族群關係,也未見其說明通過藝術品進行臺灣原客關係逆寫(write back)的意圖。不過地景、藝術作品與地方歷史放在一起卻引來更多彼此間的對話,創造出更豐富的導覽敘述。浪漫台三線的文化底蘊,歷史記憶會自己說話, 在這個特殊的地景和歷史脈絡中,藝術作品有機的長出了作者未曾賦予的意義。本文以大湖大窩、獅潭新店溪畔為場域,將雅優圳、水編織和獅潭的樟腦、木魚禪音作品鑲嵌到原住民族與客家在這塊土地上共同編織的歷史故事,藝術作品從外地藝術家手中,轉身連結在地的脈絡,帶來藝術季和地方脈絡的對話。第二屆台三線藝術季預計在 2023 年登場,期許會有更多藝術作品和地方進行對話。

參考文獻

alice.peng,2019,〈今年最 chill 活動在苗栗!「大窩穿龍圳地景藝術節」以在地文化打造 4 大亮點作品、8 種五感體驗,療癒到需要奔來!〉。https://www.mingweekly.com/culture/art/content-19208.html,取用日期:2020 年 10 月 2 日。

CH LEE,2018,〈浪漫台三線,你們的篳路藍縷,是我們的顛沛流離〉,《原視界》,https://insight.ipcf.org.tw/article/67,取用日期:2020 年 10 日 9 日。

Kaisanan Ahuan（漢名王商益），2016，〈台三線上還真的有三條「線」，而且一點也不浪漫！臺灣史上的「台三線」是如何影響平埔四次大遷徙的？〉。https://www.matataiwan.com/2016/05/25/the-3rd-taiwan-provincial-road/，取用日期：2020 年 10 月 9 日。

天下雜誌編輯部，2017，〈李永得：一條台三線，看見你不知道的台灣血淚〉。https://www.cw.com.tw/article/5084006，取用日期：2020 年 10 月 9 日。

王政文等，2020，〈樟腦與客家社會的變遷〉。《教育大市集》。提供者：教育部歷史文化學習網（教育部）https://market.cloud.edu.tw/resources/web/1658406，取用日期：2020 年 10 月 2 日。

左腦創意，2019，〈浪漫台三線藝術季〉官網。https://www.romantic3.tw/about，取用日期：2020 年 10 月 10 日。

石觀音寺，n.d.〈財團法人石觀音寺簡介〉。

巫召清、王美雅、陳信仁，2021，〈向原住民致敬！苗栗雅悠圳立紀念碑〉，《華視新聞》（2021-8-4），https://news.cts.com.tw/cts/local/202108/202108042051736.html，取用日期：2022 年 7 月 12 日。

周玉珠，2019，〈穿龍圳、水織路：順遊地景藝術結合五感體驗！浪漫台三線藝術季之苗栗小旅行〉。https://smiletaiwan.cw.com.tw/article/2457，取用日期：2020 年 10 月 2 日。

林育綾，2019，〈苗栗百年秘境「大窩穿龍圳」！罕見古道限 1 人穿越、4 座地景藝術免費體驗〉。https://travel.ettoday.net/article/1554382.htm#ixzz6Zfjzq7e6，取用日期：2020 年 10 月 2 日。

客家委員會，2020a，〈浪漫台三線藝術季工作亮點執行成效〉資料。

_____，2020b，〈8 月 1 日原住民日，「客家向原住民族致敬」系列活動開跑〉https://www.hakka.gov.tw/Content/Content?NodeID=34&PageID=42799，取用日期：2020 年 10 月 9 日。

黃卓權，2004，《跨時代的台灣貨殖家：黃南球先生年譜（1840-1919）》。臺北：國立臺灣圖書館。

楊長鎮、劉慧眞（匯稿），2015，「國家級台三線客庄浪漫大道」政策。2015 年 8 月 18 日修訂資料。

維基百科，2020a，〈黃南球〉，https://zh.wikipedia.org/wiki/ 黃南球（本頁面最後修訂於 2020 年 8 月 3 日），取用日期：2020 年 10 月 2 日。

_____，2020b，〈羅成〉，https://zh.wikipedia.org/wiki/ 羅成 _(臺灣)（最後修訂於 2020 年 9 月 14 日），取用日期：2020 年 10 月 2 日。

劉俊雄，2017，〈論李喬《寒夜》中的客家史事傳說與原住民所說的分歧〉，《中國文化大學中文學報》，33/34：69-86。

劉秌綖，2019，〈苗栗「大窩穿龍地景藝術節」作品亮點！在浪漫台三線秘境感受水織路的客家之美〉。https://www.wowlavie.com/Article/AE1901948，取用日期：2020 年 10 月 2 日。

潘乃欣，2020，〈向原民致敬，客委會徽融入祖靈之眼元素〉。https://udn.com/news/story/7314/4748519，取用日期：2020 年 10 月 9 日。

頭屋鄉公所，1996，《頭屋鄉誌》。苗栗縣：頭屋鄉公所。

戴寶村，2009，《世界第一．臺灣樟腦》。臺北：雅凱電腦語音。https://taiwanebook.ncl.edu.tw/zh-tw/book/NCL-003845437/reader，取用日期：2020 年 10 月 9 日。

鍾建英、劉頌蟠編，1974，《台灣省苗栗縣志（全一冊）》。苗栗縣：臺灣省苗栗縣政府民政局。

羅文賢，2017，《通事陳履獻與大湖開拓》。苗栗：苗栗縣政府文化觀光局。

客庄祭祀公業派下員之語言使用 [1]

王保鍵 [2]

摘要

以祭祀祖先為目的所設立獨立財產之「祭祀公業」（包含「人」及「物」兩個要件），客家人以「祖嘗」、「嘗」稱之。祭祀公業之設立人、享祀人為客家人者，為「客家祭祀公業」，其後代子孫（派下員）依據戶籍登記資料具客家血緣，但因散居各地，許多派下員已無客語使用能力。本文以文獻分析法及深度訪談法，運用行政法學及族群理論，探討臺灣各族群身分法制及祭祀公業法令規範，並訪談客家文化重點發展區內之祭祀公業。本文研究發現：(1) 客家人身分繫屬可分為「語言使用」及「血緣繼承」兩種脈絡，客家祭祀公業以血緣繼承為準據，派下現員依語言使用習慣，產生「使用客語的客家人」及「使用閩南語的客家人」。(2) 客家祭祀公業之派下員大會或掃墓祭祖（掛紙）活動，逐漸以華語為活動進行語言；但高客家人口比例

---

1 本文為客家委員會客家知識體系發展獎勵補助研究計畫「臺灣客家祭祀公業之男女平權與語言使用」（HAC-109-IR-0008-01）部分成果。筆者非常感謝兩位匿名審查人對本文提供的寶貴意見。

2 國立中央大學客家語文暨社會科學系教授，並兼語言平等及政策研究中心主任。

地區之祭祀公業管理委員會議，尚能以客語為會議進行語言。本文政策建議為：以「尋回客家認同、找回客家母語」思維，規劃適當的政策工具，推行於「血緣為客家人，但不會使用客語」之客家祭祀公業派下員。

關鍵詞：客家祭祀公業、祖嘗、客家基本法、使用閩南語的客家人

一、前言

　　1874 年牡丹社事件及 1885 年中法戰爭後，清朝政府警覺到臺灣的重要性，設置臺灣省，並任命劉銘傳為首任巡撫，劉銘傳到任後，於 1886 至 1892 年間，清丈全臺土地，繪製相關清丈圖冊，編訂魚鱗冊作為賦稅之原簿；但清朝治臺時期，僅建立賦稅及地籍圖冊，土地管理制度未臻完善（北斗地政事務所 2014：3）。1894 年中日甲午戰爭，清朝戰敗，1895 年兩國簽訂馬關條約，割讓臺灣予日本。日本治臺，為稅收需要，臺灣總督府於 1898 年以《臺灣地籍規則》及《臺灣土地調查規則》進行土地調查。土地調查結束，總督府於 1905 年公布《臺灣土地登記規則》實施土地登記，開啟臺灣土地登記制度。

　　日本總督府採取「接收官有、保障私有」方式，具民有證據者，私有產權受保障（張安琪 2016）。在私人產權之土地登記，除自然人及法人外，臺灣的「祭祀公業」及「神明會」亦以權利主體登記為土地所有權人。有別於「類宗教團體」性質的「神明會」（客家人稱「神明嘗」）[3]，以祭祀祖先為

3　臺灣宗教團體約可分為 3 類：(1) 依《民法》成立「宗教性財團法人」，如具國家二級古蹟身分之「財團法人臺北市艋舺龍山寺」，(2) 依《監督寺廟條例》及《辦理寺廟登記須知》成立「寺廟」，如臺北市大同區迪化街以拜月老、求姻緣聞名的「臺北霞海城隍廟」，(3) 依《人民團體法》成立「宗教性社會團體」，如臺北市佛教青年會、臺北市道教會等；至於神明會，不屬於上開 3 類宗教團體，可視為「類宗教團體」。神明會為信眾共同出資置產所組織的團體，以崇拜特定神明為目的；臺灣神明會源自先民由大陸來臺開拓，面對生存困境，以宗教信仰來維繫團體成員互動及共同意志，並購置田產以其收益供作祭祀神明及其他公用，為清朝或日治初期設立，留存至今（桃園市政府民政局 2014）。實務上，土地權屬為神明會者，常見為「保生大帝」、「天上聖母」、「觀音佛祖」、「玉皇大帝」等；以臺北市為例，土地所有權人為「保生大帝」的土地約有 28 筆，市值超過新臺幣 3.32 億元（陳韋帆 2019）。因組織團體設立登記與土地登記，兩者制度有別，土地登記為神明會者，可能出現：(1) 神明會土地上並無寺廟，(2) 神明會產權與寺廟組織糾葛不清。事實上，臺灣社會高度崇敬祖先，不論有無宗教信仰，皆會依習俗科儀祭祀祖先，使得「祖先崇拜」幾乎等同於「宗教崇拜」，祭祀公業已然近於宗教團體（司法院釋字第 728 號解釋陳新民協同意見書）；就此，國家法律對祭祀公業之規範，尚涉及《憲法》第 13 條宗教信仰自由保障之議題。

目的之「祭祀公業」（客家人稱「祖嘗」）[4]，在於教化子孫慎終追遠，即以
一人或多人共同捐獻所設獨立財產，以每年所生孳息供祭祀活動經費，對於
宗族制度的維繫，具有物質與精神之實質功能（林桂玲 2014；彰化縣政府民
政處 2011）。臺灣祭祀公業可分為「鬮分字」、「合約字」兩種類型（法務
部 2004：756）。[5]1922 年，日本臺灣總督府發布敕令第 407 號第 15 條規定，
自 1923 年 1 月 1 日現存祭祀公業，依習慣存續，禁止新設祭祀公業。1949 年
國民政府治臺後，延續日本舊制，禁止新設祭祀公業；嗣後，以清理祭祀公業
土地為目的，訂定《祭祀公業土地清理要點》及《臺灣省祭祀公業土地清理辦
法》；惟因上開要點（辦法）為行政命令，未具法律位階且祭祀公業錯綜複雜，
致清理效果未臻理想，政府於 2007 年 12 月 12 日制定公布《祭祀公業條例》。[6]

　　漢人早期由中國大陸來臺時，多數僅打算暫時居留，祭祖多由在臺宗族成
員集資派員攜往本籍為之，但來臺者長期定居後，宗族中有能力或有功名者，
倡建祠堂，設公業；隨著臺灣祭祀公業大量增加，顯示漢人土著化速度加快（陳
其南 1990：85-86）。[7]戴炎輝（1979：770-771）指出，祠產在大陸稱為祭田、

4　祭祀公業包含「人」（享祀人、派下員）及「物」（獨立財產）兩個要件（王保鍵 2005）。
　　依法務部出版《臺灣民事習慣調查報告》指出，祭祀公業淵於中國大陸之「祭田」，宋代祭
　　田之設立，是基於崇拜祖先之倫理觀念，但特別組織團體及設置財產，主要因為：(1) 防止子
　　孫延誤或推諉祭祀祖先，(2) 當時社會環境迫使各親屬團體自衛（法務部 2004：733-737）。
　　惟亦有認為祭祀公業可將非血親關係者列為派下員，為祭祀公業不同於祭田之特徵（劉瑞華
　　2001）。又依《祭祀公業條例》第 3 條規定，「祭祀公業」指由設立人捐助財產，以祭祀祖先
　　或其他享祀人為目的之團體；「設立人」指捐助財產設立祭祀公業之自然人或團體；「享祀人」
　　指受祭祀公業所奉祀之人；「派下員」指祭祀公業之設立人及繼承其派下權之人。
5　鬮分字祭祀公業，以血緣關係為基礎，享祀祖先多為世代較近之「開臺祖」；合約字祭祀公業
　　所祭祀祖先，世代較遠，以利包容更多成員（陳其南 1989：143-144）。
6　依行政院 2006 年 1 月 19 日函請立法院審議《祭祀公業條例草案》總說明指出，臺灣祭祀公業
　　土地約有 6 萬 4 千餘筆，土地面積逾 1 萬 3 千 9 百公頃。截至 2019 年 1 月底，全國祭祀公業
　　有 1 萬 1426 家，完成清理 5,288 家，土地有 9,200 多公頃，已完成處理有 6,400 公頃（呂雪彗
　　2019）。

祭產、族田、族產、大公田等；在臺灣，閩南裔稱為祭祀公業或公業、祀產，客家裔稱為「祖嘗」。依《臺灣省祭祀公業土地清理辦法》第 2 條，依本辦法清理之土地，是指土地登記簿以祭祀公業、公業、祖嘗、嘗、祖公烝、百世祀業、公田、大公田、公山等名義登記者。對客家社會而言，祭祀公業多稱為「蒸嘗」或「祖嘗」（莊英章、林桂玲 2010：6）。實作上，許多客家裔所設立之祭祀公業，以「祖嘗」或「嘗」稱之；如「祭祀公業法人桃園縣鍾姓祖嘗」（楊梅區）、「祭祀公業法人新竹縣李興嘗」（新埔鎮）、「祭祀公業法人新竹縣楊家公嘗」（芎林鄉）、「祭祀公業法人新竹縣正尊嘗」（關西鎮）、「祭祀公業法人苗栗縣涂姓五代祖嘗」（苗栗市）等。

又祭祀公業實作上，客家人或閩南人都會設立祭祀公業，但客家人的祭祀公業多建有宗祠（公廳）及祖塔，作為祭祀祖先及放置先人骨灰的場域，因而具有祖產性質之祭祀公業成為理解客家地方社會的重要元素（羅烈師 2013）。特別是祖塔的設置，顯示客家與閩南間之明顯差異，反映出客家人極為崇敬祖先的文化（廖倫光、張泓斌 2015：19）。因此，基於《客家基本法》第 2 條第 1 款所定義「客家人」、祭祀公業在客家社會獨特性，並參照《祭祀公業條例》第 3 條規定，所謂「客家祭祀公業」是指捐助財產設立祭祀公業之「設立人」為客家人，受祭祀公業所奉祀之「享祀人」亦為客家人。「客家祭

7　林端（2000）指出，清代臺灣祭祀公業設立有兩波高潮，第一波在嘉慶、道光年間以後，移民生活安定，逐年增加；第二波在 1895 年甲午戰敗，臺灣割日，人民思念祖先，遂有廣建祭祀公業之舉。日本治臺，為推動皇民化，打壓神明會，許多神明會管理人紛將財產冠上祭祀公業名義（彰化縣政府民政處 2011），亦可能是祭祀公業數據攀升原因之一。又神明會之申報，依《地籍清理條例》第 19 條，應提出「原始規約」（無原始規約者，得以該神明會成立時組織成員或出資證明代替），但原始規約或出資證明多已佚失，致神明會申報不易。相對地，申報祭祀公業較神明會容易，主管機關對於權利主體為神明會或祭祀公業，具有認定裁量權，而易生弊端。如新北市汐止區「祭祀公業保儀大夫」之土地，市價逾新台幣 10 億元，在申報清理過程中，出現公務員收受賄賂弊端（黃捷 2017）。

祀公業」之後代子孫（派下員）為具客家血緣之客家人，散居各地，與其他族群通婚者眾。本文以文獻分析法及深度訪談法，運用行政法學及族群理論，探討臺灣各族群身分法制及祭祀公業法令規範，並就客家文化重點發展區[8]內之祭祀公業探討：(1) 客家人身分繫屬之「語言使用」及「血緣繼承」兩種脈絡為何？(2) 客家祭祀公業派下現員[9]存有多元語言使用者（使用客語的客家人、使用閩南語的客家人），渠等在祭祀公業祭祀相關活動使用什麼語言？

二、概念分析

王甫昌（2003：57）以原漢、省籍、閩客之分，識別 4 大族群。在漢人與原住民族人群分類下，漢人因省籍登記制度而區分為本省人及外省人，本省人又因語言使用而有閩南人及客家人之別。臺灣客家祭祀公業派下員，在血緣繼承上為客家人，但語言使用上卻可能使用其他族群母語。

（一）臺灣族群類屬

對於族群身分的認定，較為人所熟知者為「原生論」（primordialism）及「工具論」（instrumentalism）兩種論述；前者是基於共同之血統、語言、文化之「外觀」上「與生俱來」的特徵，又稱之為本質論；後者則基於共同歷史、經驗、記憶之「主觀」上的「自我認同」，因主觀自我認同可以後天「社會建構」，又被稱之為建構論（王甫昌 2003：10；施正鋒 1998：68；劉阿榮 2007：6）。

---

8 依《客家基本法》第 4 條第 1 項，客家人口達三分之一以上之鄉（鎮、市、區），由客家委員會將其列為客家文化重點發展區。目前客家委員會公告有 70 個客家文化重點發展區。

9 依《祭祀公業條例》第 3 條第 4 款規定，派下員為祭祀公業之設立人及繼承其派下權之人；其分類如下：(1) 派下全員：祭祀公業或祭祀公業法人自設立起至目前止之全體派下；(2) 派下現員：祭祀公業或祭祀公業法人目前仍存在之派下員。

　　臺灣開始有制度化的政權統治為荷蘭、西班牙殖民時期，鄭成功於 1662 年取代荷蘭統領臺灣，至 1683 年由清朝治理臺灣。清領臺灣時期，大量福建省及廣東省居民渡海來臺，因土地、資源之爭，閩粵械鬥時有所聞。日本治臺，實施戶口調查登記，以內地人、本島人、外國人三大類型進行臺灣人群分類。[10] 國民政府治臺後，許多軍公教人員隨著政府遷臺，這批戰後移民及其後裔（外省人），因《戶籍法》的「省籍」（本籍）之籍別登記制度，與清領時期來臺的本省人（閩南人與客家人），形成外省人、本省人之人群分類。1980 年代臺灣民間社會力解放，第三波民主化浪潮驅動臺灣原住民運動、臺灣客家運動，「族群」概念興起，四大族群的人群分類漸成為臺灣族群政治的支配論述（張茂桂 2003：232）；迄今，亦漸將新住民（外籍配偶）納入，[11] 出現五大族群之論述。原住民、外省人、閩南人、客家人之四大族群人群分類，揉和了血緣、省籍、語言使用等多元指標，如表 1。

表 1　臺灣各族群身分法制規範

個人身分			族群身分			
身分別	身分認定	身分登記	族群別	身分認定	次類型	身分取得
閩南人	N/A	N/A	閩南族群	《國家語言發展法》第 3 條，臺灣各固有族群使用之自然語言[12]	N/A[13]	N/A

10　1907 年出版《臨時臺灣戶口調查集計原表》，劃分臺灣人群為：(1) 內地人（日本人）；(2) 本島人，日本統治臺灣之前即定居臺灣者，分為漢人、熟蕃、生蕃 3 種，並將漢人再細分為福建、廣東、其他 3 種次類型；(3) 外國人，日本統治臺灣後移入者，細分為清國人及其他兩種次類型。

11　目前政府所界定的新住民，是指國外來到臺灣結婚、移民而定居者，如《新住民發展基金收支保管及運用辦法》，或《新住民基本法草案》（立法院總第 1722 號，委員提案第 21217 號）。

個人身分			族群身分			
身分別	身分認定	身分登記	族群別	身分認定	次類型	身分取得
客家人	《客家基本法》第2條第1款，客家血緣或客家淵源，且自我認同為客家人者	N/A	客家族群	《客家基本法》第2條第2款，客家人所組成之群體14	《客家基本法》第2條第2款，客語包含四縣、海陸、大埔、饒平、詔安等客家腔調	N/A
外省人	舊《戶籍法》第5條15	舊《戶籍法》第8條，籍別登記	外省族群	《國家語言發展法》第3條	N/A	N/A
原住民	《原住民身分法》第2條，依日治時期戶口調查簿登記　《原住民族基本法》第2條第2款，原住民族之個人	依《戶籍法》第14條之1辦理身分登記	原住民族	《原住民族基本法》第2條第1款，既存於臺灣而為國家管轄內之傳統民族	行政院依《原住民族基本法》第2條第1款核定16族16　《原住民身分法》第2條，山地、平地原住民	依《戶籍法》第14條之1辦理民族別登記

註：因新住民之身分認定及取得，依《憲法》增修條文前言及第11條規範，視其原居國（地），分別以《國籍法》、《臺灣地區與大陸地區人民關係條例》、《香港澳門關係條例》予以規範，事涉《憲法》增修條文前言及第11條，非單純族群法制，故本表暫不納入。

資料來源：筆者整理

12　2000年公布《大眾運輸工具播音語言平等保障法》第4條規定，本法稱語言者，係指國內各不同族群所慣用之語言。同法第6條規定，大眾運輸工具除國語外，另應以閩南語、客家語播音。其他原住民語言之播音，由主管機關視當地原住民族族群背景及地方特性酌予增加；但馬祖地區應加播閩北（福州）語。

13　實務上，閩南語可分為南部腔、北部腔、內埔腔，海口腔等4種腔調；但法制上，尚無明文規範。

14　按《國家語言發展法》第3條，指涉所有臺灣各固有族群，亦包含客家族群及原住民族；惟因同法第1條第2項除外規定，本表涉及客家族群及原住民族者，仍以各該族群性基本法為準據。

15　《戶籍法》於1931年制定公布，1946年1月3日修正公布，以第5條規定，中華民國人民之籍別，以省及其所屬之縣為依據；同法第17條規定，中華民國人民之本籍，以其父母之本籍為本籍之原則，且一人不得有同時兩本籍。而現行《戶籍法》已無籍別（省籍）制度。

　　受國家法制框架影響，臺灣族群類屬除存有血緣、省籍、語言使用等多元指標外（王保鍵 2022：95），更尊重個人的自我認同與選擇，而兼具「原生論」及「工具論」的概念。在不同法律規範下，出現：(1) 族群身分認定未具排他性：因族群類屬標準的多元性，同一人可被認定具有兩個以上之族群身分，如 1945 至 1949 年隨國民政府來臺的「外省客家人」，或因婚姻由印尼客家地區（如山口洋）移居臺灣的「客籍新住民」等。(2) 族群身分取得寬嚴差異：不同法律對於族群身分取得，採取不同強度規範，如原住民身分須辦理戶籍登記，以茲確認；[17] 但客家人身分則無庸以戶籍登記加以確認。(3) 族群身分選擇是否反映族群認同：按跨族裔通婚之子女，渠等族群身分選擇，應反映出個人的自我認同；然而，族群間存有社會福利措施之差異性（如原住民身分所享有的社會福利），致使族群身分選擇究竟是族群自我認同，或是福利政策取向，出現模糊空間。

　　事實上，不同族群混居地區亦可能出現多族裔族群認同情形。以原住民、客家族群聚居的「客家及原住民複合行政區」之苗栗縣泰安鄉為例，[18] 依客家委員會 2016 年客家人口推估調查資料，泰安鄉客家人口比例為 74.43%（客家委員會 2017a：36）；但依戶籍統計資料，該鄉 2016 年 12 月人口數為 5,930

16　就語言別，原住民約略有 43 種語言別，各語言別分布，可參閱原住民族委員會「原住民族14 族語 43 個方言別分布參考表」https://www.cip.gov.tw/portal/getfile?source=79ADDDD9195DB0E52610217BBF0B058FA9DAB2A97BBE1DD069833B4B7E17A57D389E12AFDAE276507B0099E12E7586F9873AE3D07AC7BC906C3D6F10A5A8284E&filename=6650D72E0C97122448890E9F5D529C0769CF2DC1BF1142A086676FF4406511417BA7D678DA63A49C

17　如客家男子與原住民女子通婚，其子女如欲取得原住民身分，須依《原住民身分法》第 4 條第 2 項規定「從母姓」，惟憲法法庭 2022 年憲判字第 4 號認定本條項違反憲法保障原住民身分認同權及平等權意旨，違憲。

18　苗栗縣泰安鄉為山地鄉，與客家人口聚居之大湖鄉、獅潭鄉接壤，並為共同生活圈。苗栗縣大湖鄉、泰安鄉、獅潭鄉、卓蘭鎮為同一個警勤區，皆為苗栗縣警察局大湖分局所轄；又大湖鄉、泰安鄉、獅潭鄉、卓蘭鎮亦皆為苗栗縣大湖地政事務所所轄。

人,其中原住民為 4,263 人,占全鄉人口數的 71.89%(苗栗縣戶政服務網
2016),出現泰安鄉之客家人口逾七成,原住民人口亦逾七成的弔詭情況。上
開情況之可能解釋,似為泰安鄉居民存有多族裔認同,同時自我認同為原住民
及客家人。意即,原住民與客家人身分採取不同標準,客家委員會進行客家人
口推估統計以較寬鬆標準(兼採「客家血緣」與「客家淵源」),致使戶籍資
料註記為原住民身分,但具有多族裔族群認同者,亦被納入客家人口數統計。

(二)祭祀公業法制與客家祭祀公業

臺灣繼受西方法律,對於既存祭祀公業之定位,約略有「享祀主體說」、
「日耳曼法之法人說」(或稱「實在綜合人說」)、「羅馬法之法人說」(或
稱「習慣法人說」)、「公同共有說」、「分別共有說」、「非法人團體說」
等(林端 2000)。日本治臺,總督府發布敕令第 407 號第 15 條規定「本令
施行之際,現存之祭祀公業,依習慣得以存續,但得準用民法施行法第 19 條
規定視為法人」,意即,自 1923 年起,臺灣不得新設祭祀公業,已設立及
既存的祭祀公業,即以舊習慣法為依據,承認其為習慣法上之法人(法務部
2004:747-748);即採「習慣法人說」。

1945 年第 2 次世界大戰結束,國民政府於 1945 年 10 月 25 日正式統領臺
灣,揚棄日治時期視祭祀公業為「習慣上法人」做法,而視祭祀公業為「某死
亡者後裔公同共有祀產之總稱」(最高法院 1950 年臺上字第 364 號判例);
即採「公同共有說」。國民政府早期視祭祀公業為私權領域,不介入管理,未
有法制規範;民政機關僅延續日治時期之行政慣例,受理祭祀公業派下之全員
證明,並由祭祀公業管理人持民政機關核發派下全員證明向地政機關辦理土地
登記(尤重道 2018);如派下員間有爭執,則循法院訴訟途徑解決,行政機
關不介入。嗣後,伴隨經濟成長、都會化發展,祭祀公業之土地由農業用地轉
變為商業用地,土地價值飆漲,如臺北市信義計畫區的土地早期多屬「祭祀公

業蔡興遜」所有；[19] 且因社會形態改變，傳統農業社會結構解體，家族人際網絡疏離，後代派下子孫為爭奪祀產而訴訟不斷，政府遂開始清理既存祭祀公業土地。

　　若就法規體系及政策目的，國民政府治臺後，國家法制對於祭祀公業呈現兩個階段的政策變化：[20](1) 發布行政命令以清理祭祀公業：訂定《祭祀公業土地清理要點》（1981 年）、《臺灣省祭祀公業土地清理辦法》（1998 年），以清理既存祭祀公業土地，且不准新設祭祀公業。[21](2) 公布法律以維持祭祀公業：制定《祭祀公業條例》（2007 年），明定尚未申報祭祀公業應依期限進行申報，終止祭祀公業土地公同共有關係，創設「祭祀公業法人」制度，並落實《憲法》及《民法》男女繼承權平等（女性得繼承為派下員）。[22]

19　宏泰集團創辦人林堉璘於 1989 年向「祭祀公業蔡興遜」以每坪新臺幣 10 萬到 16 萬的價格，購買 1 萬多坪的土地，如今每坪已突破新臺幣 300 萬以上（TVBS 2018）。

20　林端（2001）將國民政府治臺以來的祭祀公業政策分為混亂期、行政命令期、一國兩制時期、《地籍清理條例》立法時期、《祭祀公業管理條例》立法時期等 5 個階段。當內政部《祭祀公業土地清理要點》與臺灣省《臺灣省祭祀公業土地清理辦法》兩者間競合時，依內政部 1999 年 7 月 31 日臺內中地字第 880289 號函，略為：有關臺灣省祭祀公業土地清理，若與本部清理要點適用上不相一致時，應適用省訂辦法，省訂辦法未規定者，則適用本部要點。

21　依《祭祀公業土地清理要點》規範之祭祀公業管理機制，略為：(1) 以清理土地為目的，由民政機關協助祭祀公業土地之申報。(2) 民政機關於受理申報，經形式審查後，公告派下員全員名冊、系統表、土地清冊，並徵求異議兩個月；異議期限屆滿後，無人異議，民政機關核發祭祀公業派下全員證明書。民政機關核發之派下全員證明書內應載明：「祭祀公業○○○派下員計有○○○等○○人，經公告期滿，無人提出異議，特此證明。又本證明係應當事人之申請而發給，無確定私權之效力。」(3) 利害關係人對公告事項提出異議，由申報人申復，異議人如仍有異議，應向法院提起民事確認派下權之訴，民政機關暫不核發證明書，俟法院確定判決。

22　《祭祀公業土地清理要點》依循最高法院認定祭祀公業為「公同共有」性質，並基於「私法自治」，尊重民間宗桃繼承習俗，默許排除女性繼承派下之習慣，如內政部 1995 年 6 月 14 日臺內民字第 8479497 號函釋。又以往司法實務亦尊重民間習俗，如最高法院 1981 年度第 22 次民事庭會議決議；然而，因祭祀公業係由同「姓氏」子孫共同擔負祭祀責任，未出嫁之女子、養女、招贅婚之女子，仍參與祭祀祖先，可依規約例外為派下員；惟女子出嫁，則因

　　祭祀公業屬「祭祀團體」,[23] 客家祭祀公業約略可分為「單純持有土地」、「同時持有土地與宗祠」、「同時持有土地、宗祠、祖塔」3 種形式。宗祠為奉祀祖先牌位處所、祖塔為奉祀祖先骨灰場所;具有宗祠（及祖塔）之祭祀公業,更能凝聚派下員,故祭祀公業於財力足夠時,多興建宗祠（或祖塔）,如祭祀公業法人桃園縣范開蘭公於 2018 年底新建落成的范氏宗祠。

　　一般來說,客家人祭祀公業遠較閩南人發達（徐正光等 2002：34）,設有宗祠或祖塔之客家祭祀公業,具有:(1) 宗祠或祖塔每年定期祭祀祖先活動,宗族成員扶老攜幼齊聚,透過祭祖活動將宗族歷史傳遞給年輕一代,並可讓各房成員情感交流;因而,客家祭祀公業不但是凝聚宗族意識之重要場域,而且是型塑客家族群認同之重要管道。(2) 隨著男女平權發展,當代祭祀公業產生女性繼承權議題;但客家祭祀公業設有宗祠或祖塔者,除女性派下員繼承權外,更有客家女性之奉祀姑婆牌位、姑婆入祖塔安葬、女性禮生等議題（客家委員

祭祀夫家的祖先,多無法再列入派下員。就此而言,女子是否得為祭祀公業派下員,並非單純的男女平權議題,尚涉及同「姓氏」子孫共同祭祀祖先之傳統習俗。面對傳統習俗與現代法制之交錯,《祭祀公業條例》以尊重傳統習俗及法律不溯既往原則,定法律施行為分界點,決定女子是否為派下員。但實作上,祭祀公業辦理派下員死亡繼承時,如受繼承人為女性,約略出現 3 種模式:(1) 一律不讓女性繼承者,(2) 區分未出嫁女性及已出嫁女性者,(3) 依法讓女性繼承者。而如欲排除女性繼承派下權之祭祀公業,可採取的技術性手段為:(1) 要求女性繼承人出具不願意共同承擔祭祀之書面文件（第 5 條）;(2) 要求女性繼承人簽署派下權拋棄書（第 18 條）;(3) 於祭祀公業章程規範派下權喪失規定,迂迴排除女性;如「連續未出席派下員大會者,予以除名」,或「連續未參與祭祀活動者即喪失派下員資格」等。另已繼承為派下員之女性,如再發生繼承事實時,就會衍生「異姓」繼承為派下員議題,衝擊祭祀公業「同姓氏」之傳統,導致祭祀公業的派下員出現多元姓氏的情況。例如,以「祭祀公業法人桃園市黃兆慶嘗」為例,派下員名冊出現非黃姓者,有兩種類型:(1) 冠夫姓之出嫁女子,如蔡黃○玉、謝黃○枝;(2) 出嫁女性所生子女（從父姓）,依規定繼承為派下員者,如陳○榮（男）、洪○雅（女）、魏○君（女）等。

23　祭祀團體約略分成 3 類:(1) 財團法人祭祀公業,如財團法人臺灣省桃園縣莊和睦嘗（中壢區）;(2) 祭祀公業法人,如祭祀公業法人桃園市黃兆慶嘗（楊梅區）;(3) 祭祀公業,如祭祀公業吳傑和嘗（頭份市）。

會客家文化發展中心 2019），彰顯出客家祭祀公業之特殊性。

　　由於當代法制及社會發展，客家祭祀公業之派下員，除男女平等之繼承權議題，在客家血緣與客語使用兩者交錯下，更出現「使用閩南語的客家人」之現象，其所投射出客家人與閩南人間族群邊界議題，實為族群研究值得關注之課題。申言之，客家祭祀公業之派下員，為設立人及繼承其派下權之人，為「原生論」概念下，具「客家血緣」之客家人；[24] 然而，客家祭祀公業設立人為清朝或日治初期，歷經數代繼承，後代子孫（派下員）之客家認同與客語使用，受人口聚居變遷發展之影響，而產生語言使用之變化。意即，若視閩南語、客語為閩客族群類屬指標，客家祭祀公業派下員之語言使用，受跨族裔通婚或日常生活語言使用影響，逐漸以閩南語溝通，形成「血緣為客家人，語言使用閩南語」情況。而在兩種族群類屬指標交錯下，產生「血緣類屬為客家族群，語言類屬為閩南族群」現象，致使客家及閩南間之族群邊界，出現模糊性。

　　綜上，本文以臺灣族群類屬之分析為基礎，以客家祭祀公業為對象，就「血緣繼承」、「語言使用」兩個族群類屬構面，探討客家祭祀公業之派下員

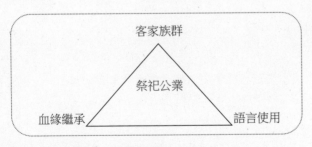

圖 1　分析架構。（筆者繪製）

24　依《客家基本法》第 2 條第 1 款定義之客家人，兼採「原生論」及「工具論」觀點。

語言能力，以及祭祀公業相關活動之語言使用情況。又本文參照《客家基本法》第 4 條「客語為主要通行語」或「客語為通行語之一」標準，將「客家文化重點發展區」分為高客家人口比例與低客家人口比例兩種類型，並以北臺灣客家族群聚居之桃園市（楊梅區及大園區）、新竹縣（湖口鄉）、苗栗縣（後龍鎮）[25] 之客家祭祀公業，進行深度訪談。

三、客家人身分繫屬：
「語言使用」及「血緣繼承」兩種脈絡

臺灣族群類屬在漢民族及原住民族區分下，《原住民身分法》以日治時期之戶口調查簿登記資料，作為取得「平地原住民」及「山地原住民」身分之依據，採取嚴格的「血緣繼承」模式。相對地，日治時期戶口調查未進行客家人身分之註記；國民政府治臺後，亦未有客家族群身分註記之機制，客家人（族群）身分繫屬則逐漸發展出「語言使用」及「血緣繼承」兩種脈絡。

（一）客語使用為客家人外顯識別

長期以來，客家人之界定與客語使用存有高度鏈結。在臺灣開發過程，閩南與客家族群間因爭奪土地、資源而發生的「閩粵械鬥」，兼具省籍（祖籍）與語系（方言群）界線因素（林正慧 2005）。國民政府治臺，施行《戶籍法》，在《戶籍法》人群分類架構下，清朝時期遷徙來臺的閩南人及客家人均被劃歸

---

25 依客家委員會 2016 年客家人口推估統計資料，客家人口比例：桃園市楊梅區為 71.28%、桃園市大園區為 20.78%、新竹縣湖口鄉為 80.81%、苗栗縣後龍鎮為 28.05%、臺中市豐原區為 25.88%（客家委員會 2017a：36-38）。桃園市大園區、苗栗縣後龍鎮、臺中市豐原區是計算近 4 次（2008 年、2011 年、2014 年、2016 年）調查各鄉鎮市區推估客家人口比例的移動平均值，以及推估比例平均估計誤差值（客家委員會 2017a：37），並依《客家文化重點發展區鄉（鎮、市、區）公告作業要點》第 4 點規定，每 6 年定期公告新增名單。

為本省人。1945 年後來臺的廣東籍客家人,雖在戶籍登記制度上被劃歸為外省人,但外省客家人與本省客家人 [26] 共同的交集為客語的使用,而能共同關心客家發展;如戰後來臺的梅縣人謝樹新於 1962 年在苗栗發行《苗友》雜誌(次年更名為《中原》)。

隨著經濟發展,客家人外顯象徵日益減少,迄今大概僅存客語。鍾榮富(2017:15)便指出,早期客家人之衣著(如大襟衫、藍衫、大腳褲)、食物(粢粑、粄條、鹹菜、醬瓜)、行裝(如髻鬃)、居家住所(如夥房)等可作為客家人與閩南人不同之明顯識別;但此類客家意象已日漸消失,僅存客語為唯一的識別。意即,客語逐漸成為客家人身分繫屬的外顯標誌。

到了 1980 年代臺灣政治民主化,四大族群概念興起,客語進一步成為型塑族群意識與想像(image)的重要工具。1987 年《客家風雲雜誌》發刊、1988 年 12 月 28 日「還我母語大遊行」,以母語(客語)使用權為客家族群象徵,以動員不同黨派之政治行動者、社會團體,並引領影響客家發展之「臺灣客家運動」。嗣後,2001 年制定《行政院客家委員會組織條例》,設立客家事務專責機關,客語復振為行政院客家委員會(現已改制為客家委員會)之核心政策。2010 年以客家族群「集體權」概念,制定《客家基本法》以傳承與發揚客家語言(第 1 條)。2019 年制定《國家語言發展法》,在法制上將族群類屬與語言使用鏈結,並透過「語言平等」法律規範,以獲致「族群平等」。[27] 客家委員會並已研擬《客家語言發展法草案》建構客語之象徵地位、語言聲望、傳統地名正名等,以保障人民使用客語之權利,並重建客語之活力。

26　客家委員會 2016 年進行客家人口推估調查之客家人,包含臺灣客家人、大陸客家人、海外及華僑客家人(客家委員會 2017a:6)。

27　依《國家語言發展法》第 3 條規定,本法所稱國家語言,指臺灣各固有族群使用之自然語言及臺灣手語。同法第 4 條規定,國家語言一律平等,國民使用國家語言應不受歧視或限制。

然而，在「語言使用」鏈結客家人身分繫屬脈絡下，使用客語不但是客家人身分重要識別，而且成為客家人重要義務，如「客家人要講客家話」、「不會講客家話，就是背祖」（林美容、李家愷 2014：376）等論述。政府的客家政策論述，亦以「客語斷、文化滅、族群亡」為基礎。[28]

（二）客家血緣為界定客家人重要指標

早期的客家研究，對於客家源流探討多從血緣的角度，如徐旭曾所撰《豐湖雜記》（1808）中提出「今日之客人，其先乃宋之中原衣冠舊族」見解（黃志繁 2013）。又羅香林的《客家研究導論》（1933）則運用族譜來考證「客家民系」實屬漢民族的一支，並透過討論客家民系與漢民族之間的關係，探討客家人的血統問題（黃秀政等 2007）。

按公共政策之規劃與制定，須釐清標的團體的需求；而欲制定客家政策，就必須確定誰是客家人，客家族群在哪。依《客家基本法》第 2 條第 1 款關於所定之客家人，為「具有客家血緣或客家淵源，且自我認同為客家人者」，已就「客家人」及「客家族群」明確加以定義。

進一步檢視《客家基本法》制定過程，行政院 2009 年 10 月 22 日第 3167次會議通過《客家基本法（草案）》第 2 條第 1 款規定，「客家人：指具有客家血緣、客家淵源者，或熟悉客語、客家文化，且自我認同為客家人者」。[29]草案經立法院審議後，最後三讀通過的條文，將草案中的「熟悉客語、客家文

---

28 依行政院 2017 年 6 月 15 日第 3553 次院會通過《客家基本法修正（草案）》總說明指出，語言為文化之載體，隨著客家語言之消失，客家文化亦將不復存在，客家語言之保存及推廣刻不容緩。

29 依《客家基本法（草案）》第 2 條條文說明，傳統認定客家人之方式有所謂之「原鄉論述」，即從血統、語言、文化三方面來認定客家人。本法對於客家人之身分認定採廣義見解，爰於第 1 款將客家人定義為具有客家血緣、客家淵源者，或熟悉客語、客家文化，且自我認同為客家人者。

化」，予以刪除。就此，在法制規範上，客語的使用並非為界定客家人之法定要件；「血緣繼承」方是客家人身分繫屬的法定要件。

但在政府實作上，就客家委員會歷次執行的客家人口推估調查結果發現，具有客家血緣與使用客語，為辨識客家人的重要依據（陳明惠等 2017）。意即，客家委員會進行人口推估調查時，除法定的「客家血緣」外，並將「客語使用」視為「客家淵源」[30] 之一。事實上，在當代臺灣之客家族群，跨族裔通婚及客語腔調混雜，不但甚難找到血統上「純」的客家人，而且不容易找到語言上「純」的客家人；因而，意欲單純以血緣或語言去界定客家族群之類屬，確有其困難（陳明惠等 2017），客家委員會遂以較寬鬆方式認定客家人。

又「語言使用」及「血緣繼承」兩種脈絡，亦構成客家人（個體）與客家族群（集體）類屬之交錯複雜性。意即，依《客家基本法》及《國家語言發展法》規範，形成「客家人／客家族群／客家族群次類型」框架為：(1)「血緣繼承」為認定客家人身分之重要法定要件；(2) 當單一客家人（個體）被界定後，所組成的客家族群（集體），其族群語言（客語）具國家語言地位；(3) 客家族群的次類型，為《客家基本法》第 2 條第 2 款所定 5 種客語腔調。[31]

四、客家祭祀公業之語言能力與使用

「客家祭祀公業」之派下員繼承，須依《祭祀公業條例》第 18 條及第 37 條規定，提出系統表、戶籍謄本等，是採取嚴格的「血緣繼承」模式。意即，

30　客家委員會進行客家人口推估調查時，界定「客家淵源」為：「配偶是客家人」、「主要照顧者是客家人（如養父母等）」、「住在客家庄且會說客家話」、「工作關係會說客家話」及「社交或學習會說客家話」，只要民眾認為自己具有上述任何一項與客家的連結，即認定為具有「客家淵源」（客家委員會 2017a：2）。

31　另有認為四縣腔應再分南四縣腔、北四縣腔，而將客語細分為 6 種腔調者。

設立人及享祀人為客家人之「客家祭祀公業」，[32] 雖於清朝或日治初期設立，歷經近百年的數代傳承，惟因有明確的戶籍登記資料及繼承系統表，派下現員皆為客家人。然而，客家祭祀公業之派下員，在數代開枝散葉，有許多客家人移居至非客庄（或傳統客庄之人口變遷），並與閩南族群通婚，客語使用能力逐漸流失，閩南語反成為渠等日常生活語言，出現「血緣繫屬為客家人，日常生活語言使用閩南語」之現象。面對客家祭祀公業派下員以血緣繼承為準據，但語言使用能力之歧異性，呈現「使用閩南語的客家人」、「使用客語的客家人」派下員交錯，祭祀公業進行相關活動時，因客語能力高低，而產生相應的語言使用情形。

（一）派下員大會或祭祖活動

祭祀公業參與人數較多的活動為「派下員大會」（由所有現存派下員參加者）及「掃墓祭祖活動」。客家祭祀公業的派下員大會、掃墓祭祖活動，可能同時舉行，亦可能分開辦理（參見附錄 1）；但因掃墓祭祖活動（掛紙），派下員及其親屬共同參與，參加人數更多於派下員大會。

以往客家族群的掃墓祭祖活動大多在元宵節前後，但隨著時代發展，客家祭祀公業的掃墓祭祖活動，部分維持在元宵節之後，如本文受訪者 LH01；部分已因《紀念日及節日實施辦法》所定「民族掃墓節」放假規定，調整至清明節進行掃墓，如本文受訪者 LH02。

關於派下員大會或掃墓祭祖活動之語言使用，因部分派下員遷離客庄較久，或屬較年輕的派下員，渠等客語能力已有所不足，主持人或司儀使用語言已逐漸以較為通行的華語為主。

32　實務上，祭祀公業除鬮分字與合約字之分外，客家祭祀公業尚可分為兩類：(1) 以特定人為享祀人者，如祭祀公業法人苗栗縣劉恩寬；(2) 以特定姓氏為享祀人者，如祭祀公業法人桃園縣鍾姓祖嘗。

我們會員散居全國各地,有很多已經不會講客家話,也都聽不懂,
但知道自己是客家人……像高雄市那一脈,每年祭祖都會回來參
加,但已聽不懂客家話,多講閩南語,所以我們的祭祖活動、會員
大會都是以國語(華語)進行。(HH01)
公業的管理委員會,由各房選出代表組成,平常開會都使用客語。
但公業也有祖塔奉祀祖先骨灰,每年掛紙時會有 2,000 多人回來掃
墓祭祖,怕有人聽不懂客語,就會先用客語說一遍,再用國語說一
遍。(HH02)

　　事實上,部分客家祭祀公業除設有祠堂外,並設有祖塔以奉祀祖先骨灰,
派下員每年攜家帶眷回到祖塔祭祀,參與人數眾多。如祭祀公業法人桃園市羅
允玉的清明掃墓活動,每年都超過千人參加(蕭靈璽 2020)。縱使祭祖或掃
墓活動以華語進行,但長輩們以客語話家常,對於年輕一代認識、熟悉客語,
仍有相當程度的助益。

(二)管理委員會議

　　《祭祀公業條例》第 22 條、第 23 條、第 30 條規定,祭祀公業之治理機
制包含派下員大會、管理人(可為數人)、監察人等。實作上,多由各房產生
多位管理人,組成管理委員會,如「祭祀公業法人桃園市呂六合組織章程」第
7 條規定,本法人設管理人 1 人,由大會公開普選,為本法人之代表;由六大
房各推選 2 名管理委員,共 13 人組成管理委員會。又如「祭祀公業法人桃園
市黃兆慶嘗組織章程」第 7 條,本法人有四房設管理委員 13 人,其中 1 人為
本法人之代表為管理人,每房 3 人,另 1 人由每房輪流擔任。

　　一般來說,管理委員會的組成多採:(1) 選任德高望重者,由輩分較高的
長者出任;(2) 相較於派下員大會,管理委員會開會頻繁,遷居至外縣市者,

出任意願較低。因此，祭祀公業管理委員會之語言使用，往往與該地客家人口比例高低相關。如果在高客家人口比例（客家人口達二分之一以上）之客家文化重點發展區，老一輩長者仍習慣以客語為同儕交談語言，而客家祭祀公業管理委員會又多由長者組成，故管理委員會進行會議時，傾向以客語為會議使用語言。

> 我們管理委員會的委員，都是各房受親族敬重的長輩，開會時，還
> 是習慣用客語交談。（HH02）

而在低客家人口比例（客家人口未達二分之一）之客家文化重點發展區，居民日常生活不一定使用客語，且可能由「使用閩南語的客家人」出任管理委員會成員，故管理委員會進行會議時，傾向以華語或閩南語為會議使用語言。

> 我們的管理委員會有 21 人，像我現在還能用流利客語跟你對話的，
> 是少數，多數委員知道自己是客家人，但因為環境關係，日常生活
> 都使用閩南語，所以我們公業委員會開會時，是用閩南語。（LH02）

檢視高／低客家人口比例客家文化重點發展區，其客家祭祀公業語言能力與使用不同，由此可以發現客語能力及使用會受到客語環境之影響。意即，客家族群傳統聚居地區（傳統客庄），居民日常生活較易接觸客語，客語能力及使用頻率相對較佳，彰顯傳統客庄實為維繫客語傳承之重要場域。因而，當前客家政策重點為客語傳承，以穩固客庄之客家語言文化社群，減少客庄人口外移、鼓勵青年返鄉為政策目標，如 2019 年訂定《客家委員會補助客庄地方創生移居計畫作業要點》。

（三）語言使用與血緣繼承之交互相關性

就「客家血緣」與「客語使用」這兩種脈絡，尚可觀察到「不具客家血緣，但可使用流利客語」現象；例如，苗栗縣泰安鄉許多戶籍登記為原住民者，因商業交易需求而習得客語；又譬如客家專責機關（構）之閩南裔公務人員，因工作及升遷要求而習得客語。上開因生活或工作環境而習得客語者，多數並不會因使用客語而轉化其族群認同。

至於具「客家血緣」之客家人，其語言使用雖存有「使用客語的客家人」、「使用其他族群母語的客家人」（如閩南語）；但不會使用客語之客家人，仍可能因其客家血緣而自認為客家人。事實上，除了有臺灣客家祭祀公業之「使用閩南語的客家人」，許多客家人經過數代跨國遷徙，不會使用客語，亦不會使用華語，僅能使用英語，但渠等仍保有強烈的客家認同，呈現「使用英語的客家人」。例如，加拿大安大略省崇正總會（Tsung Tsin Association of Ontario）會員，多數為來自牙買加（Jamaica）的二次客家移民：即 19 世紀末及 20 世紀初由中國大陸移居到牙買加，在 1970 及 1980 年代由牙買加移居到加拿大 (Williams-Wong 2014: 328; Miles 2020: 213)，該會多數會員不會使用華語及客語，皆以英語溝通，[33] 但仍保有客家認同。因此，客家血緣仍為客家人身分認同的重要元素。

但不可諱言的，使用客語、傳承客語亦成為客家人應承載的義務，現今能使用客語的客家青年，多能獲得讚揚。相對地，不會使用客語之客家人，則擔憂遭致「背祖」質疑，而遲疑揭示其客家血緣或承認其客家人身分，產生「客家血緣身分隱形化」現象，[34] 出現「客家血緣」與「客語使用」交錯之困境。

33　另多倫多客家聯誼會（Toronto Hakka Heritage Alliance）會員多以英語溝通，並以英語推廣客家文化。

34　客家族群的「隱形化」，以往多聚焦於「客語隱形化」，如林正慧（2015：482）。但「客

在當代多語環境之下，客語的語言聲望、語言實用性，確實不如其他強勢語言，如何擴大客語的使用人數？或許可從具有客家血緣者入手，針對不會使用客語（或使用其他族群母語）的客家人，鼓勵渠等找回母語；就此，客家祭祀公業派下員實可為優先鼓勵之標的團體。事實上，客家祭祀公業為血緣繼承、語言使用交互影響之重要場域。在客家祭祀公業的祭祖活動中，縱使不會說客語的派下員，透過莊嚴的祭祀儀式，認識祖先源流（沿革），[35] 聽聞祖先語言（客語），可獲致血緣認同與語言（祖先語）認同交互影響，彼此相互強化之效益。

綜上，客家人身分繫屬存有「語言使用」及「血緣繼承」兩個脈絡，在當代多語環境中，血緣繼承雖仍是客家人身分認同之重要元素，但客語使用亦為客家族群重要外顯象徵，應可思考：(1) 如何從「血緣繼承」角度，提升客家身分自我認同；(2) 規劃適當政策工具，促使「使用非客語的客家人」找回其客家母語；(3) 以新族群性（new ethnicity）[36] 概念，探索跨族裔通婚的客家人子女之族群身分認同。。

家血緣身分隱形化」，指涉具客家血緣之客家人，因不會使用客語，擔憂一旦對外承認自己的客家人身分，會招致背祖之批判，而隱晦自己的客家人身分。事實上，2001 年行政院客家委員會成立以來，投入大量資源進行客語復振，但客語傳承卻已達聯合國教科文組織（UNESCO）「世代語言傳承量表」所定義嚴重瀕危（Severely endangered）程度（客家委員會 2017b）；若客語流失情形持續，政府實應面對問題，審慎思考在客家的「語言性符號」外，辦理客家人身分登記，以血緣繼承為基礎，於戶籍資料註記客家人身分，以發展客家「身分性符號」之可能（王保鍵 2018：188）。

35　《祭祀公業條例》第 8 條，「沿革」為申報祭祀公業應備表件中 1 項；部分客家祭祀公業之沿革，於敘述來臺歷程時會提及客家淵源，有助於提升派下員之客家認同。如「祭祀公業法人桃園縣鍾姓祖嘗」沿革：「吾等客家族來臺較少，且過臺較晚，只能利用被捨棄之頹土不毛山地加以開墾，或向福老族祖地從農、幫傭、當苦工求生，吾鍾姓族人亦不例外（祭祀公業法人桃園縣鍾姓祖嘗 2018）」。

36　Stuart Hall 以新族群性（new ethnicifies）概念來描述第二代、第三代英國黑人（Black British）的混合身分認同（hybrid identities）(Parker and Song 2006)。

五、結論

在臺灣拓墾發展過程中，祭祀公業不但成為宗族意識維持及宗親互助合作之重要機制，而且反映出先民開墾有成之經濟富裕。設立人及享祀人為客家人之「客家祭祀公業」，為臺灣客家族群特色；且因客家祭祀公業多設有宗祠、祖塔，致使客家祭祀公業不但是祭祀祖先的處所，而且是凝聚親族認同的場域。本文探討臺灣各族群身分法制及祭祀公業法令規範，並訪談桃園市楊梅區、新竹縣湖口鄉（高客家人口比例客家文化重點發展區），以及桃園市大園區、苗栗縣後龍鎮（低客家人口比例客家文化重點發展區）之客家祭祀公業。

本文研究發現為：(1) 客家人身分繫屬可分為「語言使用」及「血緣繼承」兩種脈絡，客家祭祀公業以血緣繼承為準據，出現「使用客語的客家人」及「使用閩南語的客家人」之派下現員。(2) 客家祭祀公業的派下員大會或掃墓祭祖活動，使用語言已逐漸以華語為主；但高客家人口比例地區之祭祀公業管理委員會議，尚能以客語為會議進行語言。基於以上研究發現，在政策建議上，本文建議應以「找回祖先客家母語」為訴求，規劃適當的政策工具，推行於「血緣為客家人，但不會使用客語」之客家祭祀公業派下員，促渠等學習客語。

此外，「不會使用客語的客家人」日益增加，政府積極推動客語復振，如2018 年修正《客家基本法》規範客語為國家語言、客語為通行語、客語為學習語言、客語為教學語言等，提升客語的普及性、能見性、使用性，並進一步深化客家人（族群）與客語使用之鏈結。然而，政府政策作為也導致「不會使用客語的客家人」出現「客家血緣身分隱形化」現象，而如何化解「不會使用客語的客家人」之客語使用尷尬困境，以提升其族群認同，亦應為客家政策關注所在。

附錄 1
受訪之客家祭祀公業暨訪談大綱

代號	所在客家文化重點發展區的客家人口比例	派下員數	祭祀公業性質	派下員大會
HH01	高	2,907 人 （無女性）	祭祀公業法人	重陽節
HH02	高	200 餘人 （無女性）	已清理祭祀公業	農曆 8 月秋祭 （8 月初 2）
LH01	低	139 人 （含 1 名未出嫁女性）	祭祀公業法人	元宵節後 （與掛紙同日）*
LH02	低	385 人 （含 22 位女性，其中 1 位女性冠夫姓）	祭祀公業法人	農曆 11 月 1 日 「吃會」**

*「掛紙」為客家人的掃墓，桃竹苗地區在農曆 1 月 15 日元宵節後，或在農曆 2 月初 2 伯公生（土地公生日）。

** 早期農業社會，飲食條件不佳，較少魚肉，祭祀公業出租耕地，歲末年終以收得租金一部分，邀集派下員聚餐，稱為「吃會」，有些祭祀公業於農曆冬至辦理，有些祭祀公業於農曆 11 月 1 日辦理，派下員大會則於「吃會」前召開。

一、請您描述一下您所屬祭祀公業的發展歷程？

二、請問您的族群身分認同為何？日常生活使用語言？在祭祀公業內活動時所使用語言？

三、請問目前現存派下員之語言使用情況？年輕人與年長者之語言使用情況，有何不同？

四、請問祭祀公業與其他族群（如閩南人）通婚情況如何？他們子女是否會因參加祭祀公業之祭祀祖先活動，而提高客家認同？或更有意願學習客語？

五、請問祭祀公業女性參與祭祖活動情況如何？未出嫁與已出嫁之女性是否有差別？

六、請問祭祀公業女性繼承派下員或財產情況如何？未出嫁與已出嫁之女性是否有差別？

七、2007 年政府制定《祭祀公業條例》要求祭祀公業應給予女性與男性有相同繼承權，不知您對此有何看法？祭祀公業實務做法為何？

八、目前祭祀公業之發展，有遇到哪些問題？

參考文獻

TVBS，2018，〈「臺灣地王」傳奇 林堉璘的土地煉金術〉。TVBS News，7 月 21 日。
　　https://news.tvbs.com.tw/politics/959375，取用日期：2020 年 4 月 20 日。

尤重道，2018，〈祭祀公業制度之變革暨爭議問題之探討（上）〉。《全國律師》
　　22(7)：61-72。

王甫昌，2003，《當代臺灣社會的族群想像》。臺北：群學。

王保鍵，2005，〈論祭祀公業法人化所觸發之男女平權問題中國傳統文化與西方法制
　　文化之衝突〉。《華岡社科學報》19：119-144。

_____，2018，《客家發展之基本法制建構》。桃園：國立中央大學出版中心。

_____，2022，《少數群體語言權利：加拿大、英國、臺灣語言政策之比較》。臺北：
　　五南。

北斗地政事務所，2014，《探索彰化縣北斗地政事務所歷史輪廓》。彰化：彰化縣北
　　斗地政事務所。

呂雪彗，2019，〈男女平等祭祀公業派下員放寬對象〉。《中國時報》，1 月 31 日。
　　https://www.chinatimes.com/realtimenews/20190131002700-260407?chdtv，取用日期：
　　2020 年 4 月 19 日。

林正慧，2005，〈閩粵？福客？清代臺灣漢人族群關係新探：以屏東平原 起點〉。《國
　　史館學術集刊》6：1-60。

_____，2015，《臺灣客家的形塑歷程：清代至戰後的追索》。臺北：國立臺灣大學
　　出版中心。

林美容、李家愷，2014，《魔神仔的人類學想像》。臺北：五南。

林桂玲，2014，〈清代北台灣客家嘗會：以竹塹六張犁林家「先坤公嘗」為例〉。《全
　　球客家研究》2：219-258。

林端，2000，〈「國家制定法」與「民間習慣」：台灣「祭祀公業」的歷史社會學分
　　析(I)〉。《法制史研究》1：117-151。

_____，2001，〈「國家制定法」與「民間習慣」：台灣「祭祀公業」的歷史社會學
　　分析（Ⅱ）〉。《法制史研究》2：183-206。

法務部，2004，《臺灣民事習慣調查報告》。臺北：法務部。

姜貞吟、鄭婕宇，2015，〈客家女性在家庭與參與社區公共事務之間：以南桃園某社
　　區為例〉。《客家研究》8（1）：1-42。

客家委員會，2017a，《2016 年度全國客家人口暨語言基礎資料調查研究》。新北：客家委員會。

_____，2017b，〈行政院通過客基法修正草案，客家委員會 16 週年慶大禮〉。《客家委員會》，6 月 15 日。https://www.hakka.gov.tw/Content/Content?NodeID=34&PageID=39015，取用日期：2020 年 5 月 31 日。

客家委員會客家文化發展中心，2019，〈客家社會祭儀姑婆牌、入祖塔及女性禮生座談會〉。《客家委員會客家文化發展中心》，6 月 19 日。https://thcdc.hakka.gov.tw/wSite/ct?xItem=15528&ctNode=1900&mp=1，取用日期：2020 年 10 月 17 日。

施正鋒，1998，《族群與民族主義：集體認同的政治分析》。臺北：前衛。

苗栗縣戶政服務網，2016，〈泰安鄉原住民人口統計表〉。https://mlhr.miaoli.gov.tw/tables3.php?y=105&m=12&unit=37，取用日期：2020 年 8 月 21 日。

徐正光、鄭力軒、賴旭貞，2002，〈臺灣客家宗族組織與地方發展〉。頁 29-138，收錄於徐正光主編，《臺灣客家族群史：社會篇》。南投：國史館臺灣文獻館。

桃園市政府民政局，2014，〈神明會〉。《桃園市政府民政局》，10 月 16 日。https://cab.tycg.gov.tw/home.jsp?id=10495&parentpath=0,10432,10494&mcustomize=onemessages_view.jsp&dataserno=201710160017&aplistdn=ou=data,ou=chcivil6,ou=chcivil,ou=ap_root,o=tycg,c=tw&toolsflag=Y，取用日期：2020 年 4 月 21 日。

張安琪，2016，〈日治初期臺灣土地調查事業階段的「公業」概念演變〉。《國史　刊》50：47-96。

張茂桂，2003，〈族群關係〉。頁 215-245，收錄於王振寰、瞿海源主編，《社會學與臺灣社會》。臺北：巨流。

祭祀公業法人桃園縣鍾姓祖嘗，2018，〈本嘗的歷史軌跡：發展沿革〉。《中國時報》，3 月 8 日。http://chung-surname-ancestor.blogspot.com/2018/01/blog-post.html，取用日期：2021 年 4 月 20 日。

莊英章、林桂玲，2010，〈清代竹塹山區一個客家地域社會的形成（1839-1878）：以汶水坑為例〉。頁 3-35，收錄於莊英章、簡美玲主編，《客家的形成與變遷》。新竹：國立交通大學出版社。

陳其南，1989，《臺灣的傳統中國社會》。臺北：允晨。

_____，1990，《家族與社會：臺灣與中國社會研究的基礎理念》。臺北：聯經。

陳明惠、張維安、潘美玲、許維德、劉奕蘭、鐘育志、黃憲達、林勇欣，2017，〈臺灣客家人尋蹤：「客家基因溯源與疾病關聯性分析：社會學與生物學的對話」田野紀要〉。《全球客家研究》9：207-248。

陳韋帆，2019，〈神明的土地？北市四大神明排行，保生大帝擁 3.3 億奪第一〉。《三立新聞網》，12 月 9 日。https://www.setn.com/News.aspx?NewsID=650770，取用日期：2020 年 4 月 15 日。

黃志繁，2013，〈範式、概念與方法：中國大陸客家研究的學術歷程與理論反思〉。《全球客家研究》1：163-184。

黃秀政、李昭容、郭佳玲，2007，〈羅香林與客家研究〉。《興大歷史學報》18：291-314。

黃捷，2017，〈除掉市長自己貪　汐止女官員判 13 年〉。《自由時報》，5 月 17 日。https://news.ltn.com.tw/news/society/paper/1102905，取用日期：2020 年 4 月 18 日。

廖倫光、張泓斌，2015，〈閩客有別・老屋與古厝〉。《新北好客都》25：14-21。

彰化縣政府民政處，2011，〈何謂祭祀公業與神明會〉。https://civil.chcg.gov.tw/07other/other01_con.asp?topsn=4950&data_id=19792，取用日期：2020 年 4 月 21 日。

劉阿榮，2007，〈族群記憶與國家認同〉。頁 7-14，收錄於孫劍秋主編，《2007 年多元文化與族群和諧國際學術研討會論文集》。臺北：臺北教育大學華語中心。

劉瑞華，2001，〈逝者的財產權：兼論臺灣的祭祀公業〉。《人文及社會科學集刊》13（2）：231-249。

蕭靈璽，2020，〈遵照中央宣布，新屋九斗豫章堂羅允玉裔孫祖塔掃墓 64 年首次停辦〉。《中國時報》，3 月 8 日。https://www.chinatimes.com/realtimenews/20200308003089-260405?chdtv，取用日期：2020 年 9 月 1 日。

戴炎輝，1979，《清代臺灣之鄉治》。臺北：聯經。

鍾榮富，2017，《臺灣客家語音導論》，2 版。臺北：五南。

羅烈師，2013，〈客家宗族與宗祠建設〉。《臺灣學通訊》78：12-15。

Miles, Steven B., 2020, *Chinese Diasporas: A Social History of Global Migration*. New York: Cambridge University Press.

Williams-Wong, Carol., 2014, *Letters to My Grandchildren: Memoirs of a Dragon Lady*. Toronto: Resources Supporting Family and Community Legacies Incorporated.

Parker, David and Song, Miri., 2006, New Ethnicities: Reflexive Racialisation and the Internet. The Sociological Review, 54(3): 575-594.

語言、姓氏與族群界線：
閩西南山區閩客方言社群的親屬與婚姻初探

簡美玲 [1]

摘要

在長教地區，一方面以宗祠、廟宇信仰維繫其單一姓氏，簡姓的宗族
社會為其結群與地域化的穩定力量；另一方面又藉由說閩語的社群
（官洋村與璞山村）與說客語的社群（坎下村），並置聯姻與相對差
異性而維繫。亦即，無論是說閩語或說客語的社群或通婚團體，都喜
歡與鄰近山區他姓的同語群通婚。1950 年之後與村內同姓、同語群，
但親屬或姻親關係較遠的家族，則建立對親的世代通婚關係。無論是
從族群比較的觀點，或者福佬客歷史形成過程的敘述都提醒我們，閩
西南山區族群及方言群關係的流動與揉雜。朱忠飛（2012）指出，此
乃為生存而進行的選擇與策略，屬於邊緣性之必要。本章則從親屬與
性別的微觀角度進入，藉由所描述的閩西南山區社會，讓語言、婚
姻、家族、姓氏等多維度交織的網絡浮現。他們在族群或方言群的意

1 國立陽明交通大學客家文化學院人文社會學系教授。

識上，仍有閩客方言群的差異，並不全然是福佬客的概念與實際。這由他們的婚姻選擇以同方言為主，可以理解。換言之，在族群的認同上，有如崎嶇的岩石或多層的地質。若堅實地以兩個民系來進行閩客比較，或是將他們完全推向單一的福佬客，都可能錯失對此地區族群現象較細膩與動態特性的描述和理解。在此山區閩方言群與客方言群之間的舞動關係，以及所建立的邊界有時突顯、有時鬆動，這才是生存的本質與需求。他們有彈性地互相參照，但並非鏡子的彼此折射。這個閩西南山區的閩客並置，相對舞動的理想與實際，對於粵東的客家原鄉論述、臺灣的客家知識體系建構與實踐，或者東南亞（如馬來西亞）以方言群、移民、地方化、全球化的族群論述 (Leo 2015)，都有其獨特性。

關鍵詞：姓氏、語言、族群界線、親屬與婚姻、閩西南山區

一、前言

在探索客家特性與客家知識的傳統建構和當代再現的議題上，親屬與性別的經驗現象相對普見，而兩者之間的經驗與理論關聯，尤其是探索人類社群由個人到集體之普世或殊異，族群、地方社會或區域是不可忽略的部分。在客家社群居住的閩西、粵東等華南地區與北臺灣，婚姻、家庭型態與女性角色的關聯，尤其是人類學、歷史人口學與地方社會史學者多年來共同關切的核心議題，也分別提出重要的理論觀點來加以解釋。如莊英章與美國人類學者武雅士（Arthur Wolf）對於 19 世紀末到 20 世紀前期，北臺灣盛行童養媳婚的現象，與婚姻市場之關聯的一系列討論（莊英章、武雅士 1994；Wolf and Chuang 1994; Wolf and Huang 1980; Wolf 1995, 2014）。莊英章（1984）對於北臺灣閩南與客家家庭、婚姻和女性角色之間的比較研究，M. Topley (1975)、Janice E. Stockard(1989)、Sara Lizbeth Friedman(1999)、蕭鳳霞（1996）、李亦園（1992，1997）、莊英章（1993）、葉漢民（1999）、片山岡（2002）等臺灣、香港、日本與歐美人類學或歷史學者對前兩個世紀以來，廣東順德地區的不落夫家、買門口、自梳女等婚後雙居，女性終身未婚的現象，與區域經濟、國家治理之間的關聯，並也涉及女性與家族，以及生後世界與祖先之間，如何在文化上，予以處理或交涉。前述文獻對此相關議題都有精采的討論，他們的闡述攸關亞洲南方的華南親屬與性別區域和文化特性（簡美玲、劉塗中 2011）。

針對客語社群裡的女性在儀式與日常休閒兩個場域的結群現象，徐霄鷹（2006）的民族誌作品《歌唱與敬神》，說明 1950 年以前與以後，在粵東梅縣地區的客家地方社群，女人與女人間以「童身」與「護法」的關係，展現其儀式結群的社會關係，以及女性由其中所獲取的行動與認同的主體性。簡美玲（2009）對於北臺灣苗栗地區客庄阿婆聽唱山歌的生命史敘事，再現了日治與戰後時期，以殖民式農業與農業加工為主要生產的北臺灣客家庄，對於工作、

休閒的定義與實踐，一方面面對客家女性由生命史敘事所闡釋的主體性，另一方面積極地再現客家家庭中的親屬與性別的文化結構特性和日常性（另參見 Chien 2015；簡美玲、吳宓容 2010；簡美玲 2015）。又如洪馨蘭（2010）分析臺灣南部六堆客家庄透過外祖敬拜儀式的實踐，將姻親關係嵌入六堆方言群內婚體系，成為被他族群包圍的處境下，強化自己人的文化機制。透過外祖敬拜的姻親堂祭回禮與認親，迴避小範圍區域內婚頻繁的風險；榮耀娘家祖先的文化動力則強化女性以再生產的角色，參與地域─家族的地方結群。此研究對客家親屬與性別、地方社會、族群關係做了具體且生動的描述和討論。

　　延續 2015 年夏秋之交的民族誌田野研究與歷史人類學的民間文獻基礎，2016 年我二度前往閩西南山區村落社會，進行民族誌田野與歷史人類學民間文獻結合的研究工作。[2]

　　　從政區地理看，閩西南地處閩粵邊界，又是漳州府、汀州府、潮州
　　　府與龍岩州三府一州的交界地帶，在明清國家的行政系統中是典型
　　　的「內地邊緣」，很容易成為各級官府的「三不管」地區。從自然

2　我以 2015 年的民族誌田野研究，與華南地區的歷史人類學學術社群的交流為基礎，2016 年夏天以性別與親屬為切入取徑，進行閩西南山區說客家語及說閩南語的族群和地方社會的移地研究，過程裡再次與廈門大學歷史系暨研究所的鄭振滿、張侃、鄭莉、饒偉新 4 位教授，人類學系黃向春教授，以及高志峰博士生、鄭鵬程碩士生，就明代與清代以來，華南福建地區的歷史、國家治理、民間宗教信仰、族群與地方社會等進行討論與交流。前述的學術交流，對於我在華南閩西南山區，推動歷史人類學與民族誌田野的研究工作，給予相當多的啟發與實質幫助。尤其鄭振滿、張侃、鄭莉、黃向春等 4 位教授，長期以來從事福建地區莆田、閩西培田的歷史與地方社會研究，近年並推動研究浙江溫州的地方社會，鹽業、商業等在明清以來國家化與內地化的相應過程。他們尤其著重探討沿海地區，華南宗族與地方社會的形成與特性，學術研究成果斐然。他們多年來在廈門大學所建立的以華南（特別是福建地區）民間歷史文獻研究中心，豐富的家譜、族譜、方志與碑刻典藏，對於我的研究計畫在地方歷史文書部分的推動，給予許多實質的助益。本文的書寫與修改過程，十分感謝兩位審查人的寶貴意見，主編張維安老師的叮促與鼓勵，蔡芬芳老師的評論與建議。

地理看，閩西南位於玳瑁山──博平嶺山脈，是韓江與九龍江兩大
流域的分水嶺，遠離兩大流域的核心區域。從族群構成看，閩西南
位於福佬、客家兩大族群交界之處，在龍岩、南靖、平和、雲霄、
紹安近五百里的山區地帶，長期存在著同時講閩南話與客家話的
方言區。（朱忠飛 2012：233）

　　我的研究對象，以閩西南山區有土樓群集聚，同時以客家語言為主要溝通
語言，以及同時使用閩語與客語、鄰近或並置的地方村落社會。田野研究的成
果包含了兩個面向的材料，以及我個人對材料的初步爬梳、理解與闡釋。其一
是閩西南山區社會的民間歷史文獻（家譜、族譜與碑刻），其二是以長教的 3
個自然村（官洋村、坎下村、璞山村）為主、梅林古鎮為輔，進行以聆聽、觀
察、參與觀察、訪談為主的民族田野材料的書寫與分析。本文是在上述基礎下
所做的微型民族誌書寫與闡述。

二、閩西南山區家譜裡的親屬與性別

　　延續 2015 年的研究基礎，2016 年我在閩西南山區的社會歷史文獻研究，
更聚焦於廈門大學所蒐藏的長教、梅林與書洋地區，在光緒年間編修的族譜
（影本），包含南靖長教的《簡氏世系族譜》（上、中、下）（清光緒三修稿本）、
《簡氏四世惟原系譜》（清光緒 8 年稿本）；南靖書洋楓林的《簡氏六世天佑
系譜》（清道光 5 年稿本）、《簡氏十二世遜賓派系譜 》（清光緒四修稿本）；
南靖梅林北壠光裕堂的《魏氏族譜》（清光緒壬寅稿本）；南靖梅林的《魏氏
鉅鹿堂族譜》（1937 年鈔本）；南靖書洋的《蕭氏十世侃毅系族譜 》（清宣
統稿本）、《蕭氏六世仕鼎系族譜》（清光緒稿本）、《蕭氏蘭陵族譜 》（1980
稿本）；南靖上湧的《蕭氏世系》（清光緒稿本）；南靖書山的《蕭氏族譜》

（民國 38 年稿本）。

　　這些清代年間書寫編修的族譜，仍可清晰對應當代長教、梅林與書洋、奎洋等相互鄰接的地方社會。長教地區在當代包含了同一個大宗祠，男性祖先德潤公開基派下，說客家語以及說閩南語的簡姓家族，以及由長教分出至書洋楓林分宗祠的簡姓家族。與長教相鄰 6 至 7 公里路的梅林古鎮，則居住著說客家語的魏姓家族。延續族譜上所書寫的聯姻關係，簡姓與魏姓在當代仍有相互對親（通婚）的關係。至於清代在閩西南山區流通的語言使用情形，是否有如當代，能從族譜上的書寫、文本的分析獲得線索與軌跡，需要進一步爬梳與確認。

　　當代的長教山區，說閩南語的官洋簡姓家族，喜與同樣說閩南語的奎洋莊姓家族通婚；說客家語的坎下簡姓家族，喜與同樣說客家語的梅林魏姓家族通婚。而書洋地區的蕭姓家族，自清代以來編修留下不少的家譜。就康熙年間所編修的兩姓系譜內容來看，長教的簡姓家族與書洋的蕭姓家族，展現世代聯姻的現象。但在我 2016 年的民族誌田野訪談，無論是說客家語的坎下簡姓家族，或者說閩南語的官洋簡姓家族，都提到簡姓不與蕭姓對親。原因為何？我在村子裡所結識的友人或長者，都不願明說，僅以「冤家」或「說來話長，不便說」，一語輕輕帶過。一個宗族能否編修家譜，既是文化或社會資本的展現，也通常和經濟與政治資本的積累有關。是否長教簡姓與書洋蕭姓，成為在地方／地域社會的競奪關係，因此不再建立婚姻的結盟？這是一個初步的解讀，有待口述史或文獻檔案資料進一步的描述與討論。

　　前述的例子是結合族譜材料與民族誌田野材料，描述並討論閩西南山區的長教與書洋，以親屬與婚姻為基底所形成和變遷的社會結構關係，如何展現於姓氏、家族、村落與語言等範疇的交疊上。但這些家譜還可提供豐富的親屬與性別的現象，以及地方社會族群化與地域化的漫長過程。亦即如我在 2015 年的田野之後，就這批來自閩西南山區的家譜所提出的分析與研究方向。這些族

譜分屬不同姓氏與版本年代，但空間上都落在閩西南山區這個有限範圍的空間
裡。我認為可經由文本的細讀與分析，就這個區域的族群與地方社會之形成和
變遷，進行多維度解讀。舉例來說，不同年代姓名的變化與所呈現的特性，可
與較大的明清歷史或佛道等宗教體系地方化，有對應的關係，如明代「郎」的
法名系統，頻繁出現在閩西南地區的族譜，以及早期的命名或口述傳說裡。此
外，也可探索閩西南山區客家或閩南方言社群，在命名上的文化現象，如楓林
簡氏族譜裡的五世祖之後的兩世代，規律出現一系列包含鳥部首的乳名，似乎
與南方百越民族以鳥為圖騰的信仰，有所關聯（黃向春 2009）。

> 五世一脈祖，宗甫公……
> 五世分支譜，次宗文公姚鄭氏生二子，
> 長天賜，賜生長鴻，次鷙。
> 次天爵，爵生長鶵，次鵲，三鷗、四鶇、五鷺、六鷹、七鵜。[3]

在親屬與婚姻、親屬與性別的面向，則展現以下幾個特性。其一、女性作
為開基祖（如塔下流傳著幾種華太婆女性開基的口頭版本與文字版本的敘事；
華太婆的墓碑，以及她所開基的張氏祠堂德遠堂內的神祖牌）。其二、招贅婚
相對普遍，不僅出現在各姓的族譜內，也跨越不同的年代，從明清乃至當代。
其三、一夫二妻或一夫多妻的多偶婚現象。

> 田地社居住共四代
> 一世祖維福公念千七八郎
> 享壽八十一歲 葬在田地社福壇墩 坐壬向丙

3　《福建、南靖、書洋、楓林簡氏六世天佑系譜》，簡醇編纂，清道光 5 年稿本。藏（影本）：
　　廈門大學民間文獻研究中心。

婆羅氏念四娘葬在施洋大陂灣，坐酉向邓

上杭有一媽黃氏

永定又一媽朱氏

　生二子

長子豪，次子承[4]

　　有的族譜裡敘述了遷移南洋或臺灣等地的兩頭（成）家，或多頭（成）家，以及在遷徙地及原鄉之間往返的現象。其四、女性在家譜文本的多元再現，包括在一夫多妻的表述裡女人如何被描述，女人與金牌或銀牌的關聯性，生後被署名的風格。在同一部譜、不同部譜之間，有著多樣化的表述方式。

　　我認為這幾部族譜的解讀，一方面需要交錯橫向的文本成分分析、論述分析，或者動用語言人類學的理論（如說話社群、實踐、表演、標記性）；另一方面不能忽略與地方、國家、內地化，以及與南方族群文化之間的複雜關係（如理論觀點所謂的對應、模擬、挪用或對話的特性）。對於後者，廈門大學的歷史學與人類學學者（如曾少聰 1994，2003，2004；鄭曉華 1995，1998；郭志超 2004，2007；黃向春 2009；謝重光 2009，2010；余光弘、楊明華 2010）與他們所培養的碩博士（如沈莉婉 2008；郭嬌斌 2011；朱忠飛 2012），以歷史人類學或方言研究為取徑，已有頗為豐碩的積累。他們對閩西南山區的歷史、儀式、方言及族群現象，提供當代以及跨越明清至民國，較長歷史時段的描述與分析。我將在本文最後，回到此部分的回顧與討論。

4　《南靖書洋双峰邱譜》。藏（影本）：廈門大學民間文獻研究中心。

三、閩西南山區田野裡的親屬與婚姻

2015 年夏天我在閩西南山區村落的田野工作，研究對象以閩西南山區有土樓群集聚、同時以客家語為主要溝通語言（南靖縣書洋鎮的塔下村、田螺坑村），以及閩南語與客家語的使用鄰近或並置（南靖縣書洋鎮的上版寮村與下版寮村）的地方村落社會。2016 年夏天的民族誌田野工作，延伸到南靖縣梅林鎮轄下的山區地方村落社會，包括說閩南語的長教官洋村（簡姓）、璞山村（簡姓與王姓），說客語的長教坎下村（簡姓），以及相鄰六、七公里，說客語的梅林古鎮、梅林村（魏姓）。

本文以長教的民族誌田野資料之描述與分析為主。位於南靖西北山區的長教，在清代的舊譜中稱之為長窖。

> 由於簡氏宗族迅速繁衍，最終將長教地區囊括為簡氏宗族聚居地，
> 在此過程中，長教地區他姓逐漸外遷，僅存王姓與之共存。（郭嬌
> 斌 2011：I）

當今簡姓族人約占九成以上，少數的王姓族人則聚居於璞山村下轄的埔上和上寨兩個自然村。2008 年獲列入聯合國世界遺產名錄（以下簡稱入遺）的福建土樓──和貴樓及懷遠樓，兩樓相距不到 1 公里，同屬長教地區的簡姓同宗兄弟。和貴樓建於清雍正 10 年（1732），是座方形夯土板築土樓，樓高 5 層，被譽為「天下第一奇樓」。懷遠樓建於清宣統 6 年（1909），據稱樓名源自《禮記》中「柔遠人則四方歸之，懷諸侯則天下畏之」（轉引自郭嬌斌 2011：12-13）。

簡德潤公為此地區族群的祖先，在長教開基，大崇祠設於明代，在雍正年間以及民國 13 年重修過。1980 年由荷蘭來的簡氏子孫稍微地修建，直到 2014

年才進行大修。以前的神龕在文化大革命期間都被燒毀，雍正期間立的碑被拉去當馬路，踐踏到見不到文字。現有的一塊碑是在民國期間立的，民國13年仰光簡氏子孫合資修家祠，發起人之一是簡信養的父親。簡信養早年在仰光，70歲才回到長教。

德潤公的8個兒子當中，大宗祠長房沒有傳下後代。二房貴賢、四房貴仁、五房貴義、六房貴禮皆設有宗祠，三房貴立在廣東惠州，七房在傳給後代之後才建立宗祠，八房已移居臺灣桃園。值得一提的是，四房目前僅傳了40多人，[5]目前在長教地區的簡家都是七房貴智公的後代子孫。

年近七旬的簡信養是長教地區簡氏宗親會會長，大家都稱他「會長」。他到過臺灣兩次，分別是1991與2014年，都和重修簡氏大宗祠有關。長教地區1998年開始撰寫新譜，簡信養是主要負責人之一。他說長教地區簡氏宗親從河南遷至龍岩、再至永定，而後來到南靖長教地區。2014年長教簡氏大宗祠新修之後，「來了7個省18個人，來自河南、海南、廣東、貴州、湖南、江蘇、南京、北京」。

另一個民族誌的案例，則能闡釋長教地區家族、語言及文化的互動關係。這個民族誌起源自（陳）春竹姐（龍山人）介紹我拜訪南靖文化館簡瑞瑋館長（1963-）家族的故事。簡瑞瑋是長教官洋人，家族很興旺，堂兄弟多，且在政經上有不錯的發展。其中簡瑞瑋的弟兄簡建瑋，在南靖及漳州政界發展得很好。以他們的老宅改裝的建瑋小調農庄（民宿）合股建設，花費兩千多萬人民幣。簡建瑋是最大股東，所以有命名權，於是命名為「建瑋小調農庄」。屋內有一張醒目的攝影作品，以長教云水謠水車與古榕為背景，作品題字寫著簡建瑋拍攝。簡姓族人世代遷移臺灣，據簡瑞瑋所說，長教的簡姓族人遷移到臺灣，

5　訪問進行到此話題時，大家忽然降低音量說：「只傳了40多人」。

主要居住在南投、桃園與嘉義，而宜蘭也有一些族人。

　　在探索客家族群的傳統與當代議題上，親屬與性別的經驗現象，以及其間的經驗與理論關聯是不可忽略的。為了討論南靖長教地區多元交錯的親屬婚姻關係，以下以長教坎下村的簡信養（客語）、簡進業（客語），以及官洋村的簡瑞偉（閩語）之敘事與家譜、親屬、婚姻的民族誌為例，說明親屬關係是一段族群、家族、村落、語言等交錯的複雜動態過程。[6]

　　長教與梅林的碑刻、家譜、宗祠、古廟宇、古樹（小葉榕、桂花樹）、書院、土樓、民居，共同展現這個可溯及明、清以來逐漸形成的山區村落，近似宗族組織的社會結構。尤其從光緒年間所編修的數部不同姓氏之系族譜，再現了西與永定、平和交界、東與奎洋、船場交界的書洋與梅林之區域內，不同姓氏之間的世代通婚。由此維繫以單一姓氏為主的地方宗族社會，為基本的外婚單位建立了有限範圍的區域性婚姻結盟。如報導人簡進業家的家譜與通婚關係，簡進業家族近五代的世系圖，接連兩代與雙溪的詹家通婚姻。

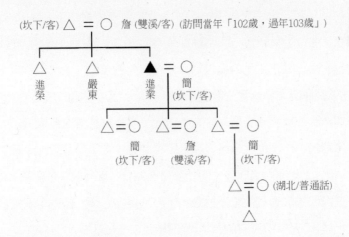

圖 1　坎下說客家語的簡進業家族家譜與通婚關係示意圖。（作者自製）

6　本文中的田野訪問報導人，皆採匿名處理。

　　從簡進業家族與簡瑞瑋家族的例子來看，長教地區的簡家之間，官洋村內
通婚（說閩南語）或與坎下村內通婚（說客家語），似乎相當普遍。換言之，
在這個閩客相鄰的山區，同一方言的選擇村落內婚，不迴避同姓婚，是當代
此區域通婚的主要現象。根據簡瑞瑋對此的解釋，「這是長教地區特別的傳
統——作親戚（tso chin jia）」。他表示以前長教的簡姓是與張姓，或是奎洋
的莊姓「作親戚」，1950 年之後才「打亂了」，現在是簡姓同宗，五服之外
就可以作親戚，而且一般比較不喜歡與蕭、魏通婚。

　　2016 年在前往長教官洋進行田野的途中，我曾在南靖山城鎮停留。荊溪
河堤旁的望江湖心賓館老闆娘還記得我，她用閩南語說：「長教那邊都是姓簡
的」。車程 1 個多小時的山裡村落，從縣城的角度來看，那個區域都姓簡。這
如同奎洋都姓莊，塔下、曲江都姓張，梅林村都姓魏。單姓村在此閩西南山區
的地方社會相對普遍，原因或許是由一個男性祖先分下來，[7] 數代以後在此地
方形成社群，[8] 在範圍相對有限的地方開親。通婚範圍一方面可能越大，越能
突破語群、語言及方言的界線；另一方面也相對可能變得越小，越在同一村內、
說相同語言，進行世代聯姻。以長教為例，由於入遺，電影《云水之謠》與《爸
爸你在哪裡》，振興了當地的旅遊業。來自漳州的年輕人余偉華說：「云水謠
（長窖／長教）的年輕人，現在都不出去（打工）了。那裡的婦女在村內擺攤，
一天少說 200 到 300 元，一個月也有幾千元。我也曾經想來此開個店。」

　　簡瑞瑋則說：「世世代代長教都是不會變的，永遠是長教。」春竹姐說，
「云水謠（指長教）有今天，最大的功勞是簡館長（瑞瑋），是他牽了線，《云
水之謠》這部片才會到長教官洋拍攝。」影片播出之後，長教地區結合入遺成
功的福建土樓，[8] 而有了今日的改造與不斷湧入的人潮。

7　即來自同一個公。
8　藉由通婚群（marriage group）的婚姻結盟，形成世代締結婚姻的通婚圈範圍。

　　其實這也是入遺效應，造成網路的覆蓋率幾乎百分之百，三星級的旅店設施，大量店家享有經濟收入。簡瑞瑋說：「有經濟才是實際，才是根本。」然而，入遺效應似乎也導致當代官洋、坎下的親屬與婚姻結構更為保守，更在有限範圍內，進行婚姻的結盟。

　　前述現象與清代光緒年間所編修的長教簡姓家族的系族譜，可以相互對應。然而 1950 年之後，以婚姻與親屬為根底的長教社會，開始有了變化。在民族誌田野的場域裡，村子裡的人告訴我：「大群體時代以後，就打亂了。五服之外，同樣都姓簡的，可以對親，作親戚。」根據口述所蒐集的家譜資料顯示，1940 至 1960 年代出生並成長於長教的村人，村內同姓對親，已經相對普遍，甚至有連續世代都是村內的同姓婚姻。這個現象顯示出，人類社會的通婚區域範圍，並非必然隨著整體的交通方便性，或者人群流動性的增高，而讓婚域僅往一個方向延展或複雜化。我的長教簡姓家族田野材料顯示，通婚區域的開創性與保守性並置，而前者仍屬少數。

　　若以長教官洋或坎下的中年後（1950 至 1960 年出生），或中老年（1930 至 1940 出生）的村人為中心點，在他們的系譜上往前推三世代，與往下推一世代，多數的婚姻結盟主要來自於兩個方面。其一為說閩南語的長教官洋簡家，與說閩南語的奎洋莊家進行聯姻；以及說客家語的長教坎下簡家，與說客家語的梅林魏家進行聯姻。這個在閩西南山區，有限區域範圍的跨村落、不同姓氏之間的聯姻關係，其保守性在於承接清代年間，長教簡家老譜所記錄的通婚關係。[9] 其二為 1950 年之後，長教地區同為簡姓的父系宗族內，逐漸分裂為可以相互通婚的團體。

9　當地有所謂五服之外即可作為外婚界線的說法。

（三）小結

　　這樣的簡對簡村內通婚，使得無論說閩南語的長教官洋，或者說客家語坎下村的通婚範圍，都走向更為內聚的形式。這種村內聯姻結盟的結果，使人們相互間的親屬關係也跟著轉變。在各自維繫著閩語群內、客語群內通婚的優先性，1950 年後，同姓村內聯姻愈加普遍，造成長教官洋與長教坎下，簡姓宗親「分遠了」，轉變為姑／舅的姻親關係。最後讓閩西南山區以親屬與婚姻為基礎的社會結構，反而逐漸靠近我在貴州東南部苗人（Hmub）村寨所觀察到的，村寨內婚與交表聯姻的緊密結合之社會理想和實際（簡美玲 2009；Chien 2009, 2012）。關於村內的簡姓家族婚姻結盟，當地人說這是大群體時代，1950 年之後便「打亂了」，那也是南靖地區縣城與鄉村，自明清以來所建立與重修過的宗祠和廟宇遭受劇烈毀壞的時期。文革時期刻意的反傳統與倫理，亦即所謂的「打亂了」，指在閩西南山區的親屬與婚姻關係打破既有結構，或者可謂是一種開創性。然後，類似文化內捲的村內同姓婚，同時使婚姻結盟的人群連結與地理區域範圍變得更有限，展現出另一種保守性。

　　以上探討閩西南山區的兩個家族與地方社會如何建構親屬和婚姻關係，其歷史進程與轉變，以及親屬的界線如何分裂、挪移甚至重構。接下來的論述重點放在語言與文化之間的交流、互動等面向，描述客家地方社會與知識體系，讓本研究有更深的著力與對話的開展。

四、語言與族群的關係

　　閩西南山區雖以閩南語與客家語為主，但也呈現分歧的狀態，對語言的態度似乎可分為兩種，一種是堅持鄉音，另一種是受到周邊的影響，擁有多語的能力。語言除了體現在日常生活，也體現在各種文化民俗活動上，例如簡瑞瑋在介紹簡勤業時，會說他是木偶戲班的團長、「他妻子是客家人」。

簡勤業與妻子都是坎下簡家，都說客家語。簡勤業擅長「提絲木偶」（Kā le⁻i Ang′Ā），年輕時組了 5、6 個人的木偶戲班四處表演，廣東、福建各地都去過。表演的場合包括鄉村慶豐收，以及私廟、文化節及神明誕辰。然而，木偶班的演出主要是用閩南語，而非客家語。

（一）閩、客的界線

　　相對於 2015 年我在閩西南山區田野裡觀察的南靖書洋塔下村，是一個以說客語的張姓宗族為主的土樓社群，而 2016 年在閩西南山區田野觀察的是梅林鎮長教地區，是閩南語、客家語的方言社群與雙語社群，傳統以來並置在有限的小範圍山區、河流地理區域。最突出的一個指標是在位於長教坎下、簡姓家族在宣統 7 年時建立的懷遠堂土樓前，九龍江西溪上游支流在此轉了彎，[10]往西北方向流去。這座土樓前一條匯入長教溪的小溪兩岸，成為閩語和客語的分隔區。往西北方向，由坎下開始，往梅林古鎮[11]、書洋的田螺坑、塔下與曲江，世代維持說客語的習慣。小溪的另一岸往東南方向，由官洋、璞山開始，接到奎洋、船場、南坑等，都是說閩語的習慣。再往更東南或南方向，則是腔調各有些微差異的閩南語片區。

　　報導人簡信養是長教地區簡氏宗親會會長，他說懷遠樓前的那條長教溪的一岸說客語、另一岸說閩南語。簡信養總是笑咪咪的，是位和善的長者。他是坎下人，在家說客語，出門遇到人，對方若不會說客語，就說閩南語，對方會說客語，就說客語。

　　我在田野調查的過程中，也曾見到多語社群的案例。某天早上約 8 點鐘，我從官洋步行走到人稱祖師公廟的集福寺，寺門口坐著兩位老人家，也都姓

10　當地稱長教溪。

11　即為梅林村。

簡，都是坎下人。我和他們用閩語聊天，再問他們是否會說客語，他們才點頭說會。事實上，客語才是他們主要溝通的語言。後來他們自己在閒聊，接著又有一位阿婆加入，都用客語交談。

　　簡進業說，坎下客家遷到官洋、璞山，被閩南語區包圍。許多家庭的母親說閩南語、父親說客家語，小孩通常跟母親說閩南語，最後漸漸都說起閩南語了。至於世居坎下村的簡氏家族，在家裡則都說客家語。[12]

（二）南靖地區的語言分布

　　簡瑞瑋發現我對南靖地區的客家感興趣，在語言面向上為我做了整體的介紹。例如，梅林鎮有 9 個村，其中 5 個村說客家語，包括：梅林、溪柄、雙溪、背嶺、礤頭（長教溪下游的一個村）；長塔村說龍岩話混合的地方話（土墩話）。春竹姐曾經陪同臺灣語言學者做過調查，她說閩南語 7 個調，「土墩話」的調子多一個轉音，共有 8 個調。長教村有 3 個自然村，坎下、官洋與璞山主要都姓簡，只有兩個組姓王。[13] 除了坎下這兩個組說客家語，其他主要都說閩南語。同在此山區的書洋鎮，則有 60% 的人口說客家語，主要分布在塔下、南歐、石橋、區江、上版。[14]

　　此外，簡姓家族內的語言關係也值得探索。在這個閩南語與客家語交會的地區，「兩語山歌」代表的是「一樣的詞，唱兩種話」。同樣的姓氏、同一個祖先、同一大宗祠，地理上那麼近，且世代而居，祭拜相同的神明廟宇，卻用不同的話交談、不同的話唱山歌。坎下的「雙語特性」以及世代持續的過程，

12　大部分是閩／客雙語。璞山村及官洋村的簡氏家族，在家通常說閩南語。

13　郭嬌斌（2011）的碩士論文以歷史人類學的研究取徑，闡述長教地區簡姓與王姓兩氏宗族共存和競爭的過程。又，此處的「組」，係延續 1950 年代，國家實施生產隊共產制度時，對於每個村落內的組織分類。

14　上版寮說客家語，下版寮則說閩南語，但上版寮與下版寮都姓黃，同一個祖宗。

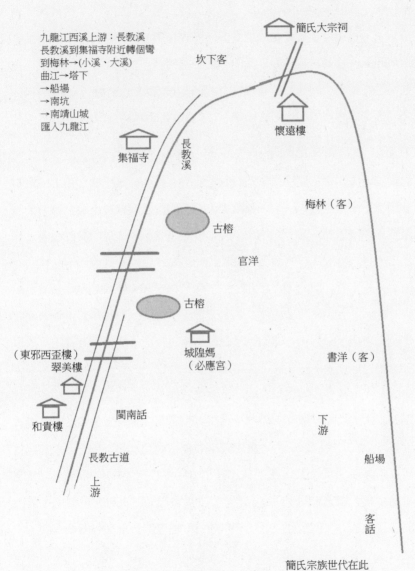

九龍江西溪上游：長教溪
長教溪到集福寺附近轉個彎
到梅林→(小溪、大溪)
曲江→塔下
→船場
→南坑
→南靖山城
匯入九龍江

坎下客

簡氏大宗祠

懷遠樓

集福寺

長教溪

梅林（客）

古榕

官洋

古榕

城隍媽
（必應宮）

書洋（客）

（東邪西歪樓）
翠美樓

和貴樓

閩南話

下
游

船場

長教古道

上
游

客
話

簡氏宗族世代在此

資料來源：作者手繪示意圖。

尤其值得探索。閩西南山區所展現的「一樣的詞，唱兩種話」、「簡姓村內通婚（部分）」，這些現象和我在黔東南 Hmub 人村寨的研究，可以有所參照。雲貴高地 Hmub 人村寨是在有限範圍內，用相同的詞、相同的語調來唱歌，這也是主要通婚的範圍。而長教官洋村內、坎下村內，在解放後大時代的動亂裡，五服之外同姓可作親戚的比例跟著變高了，婚域因此變得更有限。

（三）小結：語言與文化關係

簡勤業被稱為「文化血管」，是長教地區的文化（尤其土樓文化），最重要的傳承者。不知道是否為巧合，長教地方上，簡氏宗親會會長簡信養、地方文化知識豐富的長者簡進業，都是坎下說客家語的簡氏族人。而善於經商、從政的，則出於官洋說閩南語的簡氏族人。我在田野中也感受到他們的性格與文化，似乎真有些不同。例如，當我問道「閩南」與「客家」的話題時，簡瑞瑋有些打官腔說，「我們都和諧相處」。另一種說法則是，簡德潤公就是永定來的，原是說客家語，來到坎下開基，被張家招婿，繁衍子孫。原本在坎下大家都是說客家語，但後來漸往江河上游搬遷，被說閩南語的人群包圍，接著娶了說閩南語的女人，孩子跟著說母親的話，於是官洋、璞山一帶的簡姓族人，都變成說閩南語的人群。至於坎下仍維持以說客家語為主，在家裡和社區都說客家語，遇到不會說客家語的人，才會說閩南語或普通話。

相較於本地語言的分歧，閩西南山區信仰與地方社會的信仰圈則不分語群。長教簡姓族人無論說閩南語或客語，都有共同信奉。此外是同姓通婚涉到的姓氏與長教地方社會的形成過程，也跟長教地區的文化習俗變遷有關。本研究至此顯示出，當地說閩南語的人與說客家語的人，是一個系統內的結構關係。他們之間展現的不是閩／客互為他者的關係，而是交流、影響及再確認的動態過程。

五、結論

換言之，在長教地區一方面以宗祠[15]、廟宇信仰[16] 維繫其單一姓氏簡姓的宗族社會，為其結群與地域化的穩定力量，另一方面又藉由說閩語的社群（官洋村與璞山村）與說客語的社群（坎下村），並置聯姻與相對差異性而維繫。亦即，無論是說閩語或說客語的社群或通婚團體，都喜歡與鄰近山區他姓的同語群通婚。1950 年之後與村內同姓、同語群，但親屬或姻親關係較遠的家族，建立對親的世代通婚關係。

就語言、族群文化多元與流動的特性和歷史來看，閩西南山區是個有意思的民族誌與歷史人類學的田野點。對於這個山區的閩客方言並置，及其對於族群認同的影響，郭志超（2004，2007）、曾少聰（1994，2000，2003）、鄭曉華（1995，1998）等學者，以族群文化比較的理論視野進行探索。如郭志超（2004）對永定、南靖的閩南人與客家人社群進行比較研究，指出客家人有較明顯的自然崇拜，閩南人則是神鬼崇拜；客家人社群的祭祀圈以血緣關係為主，閩南人社群的祭祀圈則地緣性較強。鄭曉華（1995）也提出類似結論，他在閩南同安西科和南靖塔下的比較研究指出，閩客的差異反映在語言、祖先崇拜與生命儀禮。郭志超（2007）對南靖閩客雙語區的田野考察，則認為民間宗教與地方官府對「閩客兩個民系」的文化和族群關係有所影響。同樣是閩客雙語區，曾少聰以九峰的研究指出閩南文化影響閩西南客家人的文化認同。[17]

前輩學者們對閩西南的族群研究，前提是將閩、客二者，理解為「兩個獨

15　簡德潤公開基大宗祠與其後各房的分宗祠。

16　包括祖師公廟、城隍媽、觀音廟、孔子廟、保生大帝、日常生活、家譜等。

17　與本研究相關的還有謝重光（2010）通過訪談，探討漳州客家人從隱性至公開族群身分的過程，以及余光弘、楊明華（2010）帶領廈門大學學生，在長教地區說閩南語的璞山，進行人類學田野調查。

立的民系」向下傳承，或者視其為一種歷史過程後揉雜的族群——福佬客。朱忠飛（2012）的博士論文進一步指出，閩西南山區福佬客的形成，是以邊緣性作為生存策略與選擇的關鍵。他以紹安二都的鄉族武裝組織，在明末清初閩西南山區的地方社會長期占有支配地位為例，說明明清國家政權影響地方社會，閩西南福佬客的邊緣性是歷史環境的結果，也是人群策略性的選擇。他們雖然認同於王朝，又游離於國家體制外。作為邊緣人群，此地區在祖源的認同上，並置寧化石壁說與隨陳光元入閩的傳說。在文化認同及方言使用上，都是閩客雙元並用（朱忠飛 2012）。

　　無論是從族群比較的觀點，或者福佬客歷史形成過程的敘述，都提醒我們閩西南山區族群及方言群關係流動與揉雜的特性。朱忠飛（2012）的論點，凸顯為生存而進行的選擇與策略，屬於邊緣性的必要性。本文則從親屬與性別的微觀角度進入，藉由所描述的長教地區，讓語言、婚姻、家族、姓氏等多維度交織的網絡浮現出來。在當代的生活裡，他們在族群或方言群的意識上，仍有閩客方言群的差異，並不全然是福佬客的概念與實際。這由他們的婚姻選擇以同方言為主，可以理解。換言之，在族群的認同上，有如崎嶇的岩石或多層的地質。若堅實地以兩個民系來進行閩客比較，或是將他們完全推向單一的福佬客，都可能錯失透過此地區的族群現象獲得較細膩與動態特性的描述和理解。在此山區閩方言群與客方言群之間的舞動關係，以及所建立的邊界有時凸顯、有時鬆動，這才是生存的本質與需求。他們有彈性地互相參照，但並非鏡子的彼此折射。這個閩西南山區的閩客並置、相對舞動的理想與實際，對於如粵東的客家原鄉論述、臺灣的客家知識體系建構與實踐，或者東南亞（如馬來西亞）以方言群、移民、地方化、全球化的族群論述 (Leo 2015)，都有其獨特性。閩西南山區的民族誌田野材料，與家譜、刻碑等民間歷史文獻性質的歷史人類學資料，提供了客家與族群、地域社會與國家研究上，豐富的對話性。[18] 本文基

於我在 2016 年夏天前往閩西南山區做田野，在梅林鎮長教地區書寫的田野筆
記（參與觀察與訪談）等材料，經過整理之後所撰寫。延續我於 1997 年開始
的西南中國貴州東部 Hmub 人村寨社群的研究，以及 2004 年開始的粵東與臺
灣的客家和地方社會的研究經驗，閩西南山區這個跨越閩南語以及客語交會的
山區社會，無論就親屬與性別人類學研究、歷史人類學、華南地方社會的地域
性和族群性，都是豐富且重要的民族誌田野點。尤其閩西南山區的語言、族群
文化多元與流動的特性和歷史性，對於客家或族群研究的論述具有相當的啟發
與反思。

參考文獻

片山剛，2002，〈死者祭祀空間の地域構造：華南珠江デルタの過去と現在〉。頁
　　　108-142，收錄於江川溫、中村生雄編，《死と文化誌：心性、習俗、社 》。京都：
　　　昭和堂。
朱忠飛，2012，《明清時期閩西南的「福佬客」：平和九峰與詔安二都比較研究》。
　　　廈門大學中國近現代史專業碩士論文。
余光弘、楊明華編，2010，《閩南璞山人的社會與文化》。廈門：廈門大學出版社。
李亦園，1992，〈兩岸惠東人的比較研究：理論架構與探討方向〉。頁 5-18，收錄於
　　　刊於喬健等主編，《惠東人研究》。福建：福建教育。
　　　　　，1997，〈漢化、土著化或社會演化：從婚姻、居住與婦女看漢族與少數民族
　　　之關係〉。頁 35-62，收錄於黃應貴、葉春榮編，《從周邊看漢人的社會與文化》。
　　　臺北：中央研究院民族學研究所。

18　若從這裡的討論，延伸至臺灣地區的福佬客研究（如許嘉明 1975；吳忠杰 2001），還可望展
　　開另一層次的對話。

沈莉婉，2008 《明至民國閩西南山區一個村落的歷程：塔下村的故事》。廈門大學歷史系碩士論文。

洪馨蘭，2010，〈六堆地區外祖敬拜與地方社會形成之初探：一個姻親關係實踐的土著觀點〉。頁 667-692，收錄於莊英章、簡美玲主編，《客家的形成與變遷》（下冊）。新竹：國立交通大學出版社。

徐霄鷹，2006，《歌唱與敬神：村鎮視野中的客家婦女生活》。桂林：廣西師範大學出版社。

許嘉明，1975，〈彰化平原福佬客的地域組織〉。《中央研究院民族學研究所集刊》36：165-190。

郭志超，2004，〈民間宗教視野中的閩客族群比照〉。頁 376-397，收錄於石奕龍、郭志超主 ，《文化理論與族群研究》。合肥：黃山書社。

_____，2007，〈客家人與閩南人雙言區社群關係的歷史考察〉。頁 299-310，收錄於周雪香主編，《多學科視野中的客家文化》。福州：福建人民。

郭嬌斌，2011，《福建南靖長教地區簡王二氏宗族形態考察》。廈門大學中國近現代史專業碩士論文。

黃向春，2009，「畲／漢」邊界的流動與歷史記憶的重構：以東南地方文獻中的「蠻獠畲」敘事為例。《學術月刊》6：138-145。

曾少聰，1994，〈客家語與閩南語的接觸：以平和縣九峰客語為例〉。頁 285-315，收錄於莊英章、潘英海主編，《臺灣與福建社會文化研究論文集》（一）。臺北：中央研究院民族學研究所。

_____，2000，〈閩西南客家人對閩南文化的認同：以平和縣九峰鎮為例〉。頁 235-250，收錄於陳志明、張小軍、張展鴻編，《傳統與變遷：華南的認同和文化》。北京：文津。

_____，2003，〈閩南文化對閩西南客家人的影響〉。頁 131-149，收錄於黃少萍編，《閩南文化研究》。北京：中央文獻。

莊英章，1984，《家族與婚姻：臺灣北部兩個閩客村落之研究》。臺北：中央研究院民族學研究所。

_____，1993，〈福建惠東婦女文化叢初探〉。《考古人類學刊》49：18-35。

莊英章、武雅士（Arthur Wolf），1994，〈臺灣北部閩、客婦女地位與生育率：一個理論假設的建構〉。頁 97-112，收錄於莊英章、潘英海編，《臺灣與福建社會文化研究論文集》（一）。臺北：中央研究院民族學研究所。

謝重光，2009，〈明代湘贛閩粵邊的社會動亂與畲民漢化〉。《福建師範大學學報》1：
96-105。

_____，2010，〈走出隱性的陰影：漳州客家人生存狀況調查〉。《嘉應學院學報》3：
5-13。

鄭曉華，1995，〈閩客若干文化特徵的比較研究：以同安西柯閩南社會和南靖塔下客
家社區爲例〉。頁265-285，收錄於莊英章、潘英海 ，《臺灣與福建社會文化研
究論文集》（二）。臺北：中央研究院民族學研究所。

_____，1998，〈論閩客族群的方言文化研究中的幾個問題〉。頁35-66，收錄於莊英
章 ，《華南農村社會文化研究論文集》。臺北：中央研究院民族學研究所。

葉漢明，1999，〈妥協與要求：華南特殊婚俗形成假說〉。頁251-284，收錄於熊秉眞、
呂妙芬編，《禮教與情慾：前近代中國文化中的後／現代性》。臺北：中央研究
院近代史研究所。

蕭鳳霞，1996，〈婦女何在？抗婚和華南地域文化的再思考〉。《中國社會科學季刊》
（春季號）14：31-33。

簡美玲，2009，《貴州東部高地苗族的情感與婚姻》。貴陽：貴州大學出版社。

_____，2010，〈殖民、山歌與地方社會：北臺灣客庄阿婆生命史敘事裡的日常性〉。
頁621-666，收錄於莊英章、簡美玲編，《客家的形成與變遷》（下冊）。新竹：
國立交通大學出版社。

_____，2015，〈性別化敘事裡的祖先與家族：以北臺灣兩個客家菁英家族爲例〉。《全
球客家研究》4：63-112。

簡美玲、吳宓蓉，2010，〈客庄阿婆的沒閒（mo han）：山歌經驗敘事裡的女人勞動〉。
頁：343-367，收錄於連瑞枝、莊英章編，《客家・女性與邊陲性》。臺北：南天。

簡美玲、劉途中，2011，〈坐家、菜姑、自梳女的區域性：人觀、女性結群與中國南
方婚後雙居的區域性初探〉。頁343-367，收錄於張江華、張佩國編，《區域文化
與地方社會》。上海：學林。

Chien, Mei-Ling, 2009, "Extramarital Court and Flirt of Guizhou Miao." *European Journal of
East Asian Studies* 8(1): 135-159.

_____, 2012, "Tensions between Romantic Love and Marriage: Performing 'Miao Cultural
Individuality' in an Upland Miao Love Song. " Pp. 93-116 in *Modalities of Change: The
Interface of Tradition and Modernity in East Asia*, edited by James Wilkerson and Robert
Parkin. Oxford: Berghahn Books.

_____, 2015, "Leisure, Work, and Constituted Everydayness: Mountain Songs of Hakka Women in Colonized Northern Taiwan (1930-1955)." *Asian Ethnology* 74(1): 37-62.

Friedman, Sara Lizbeth, 1999, Reluctant Brides and Prosperity's Daughters: Marriage, Labor, and Cultural Change in Southeastern China's Hui'an County. Ph. D. dissertation, the University of Cornell.

Leo, Jessieca, 2015, *Global Hakka: Hakka Identity in the Remaking*. Netherlands: Brill.

Stockard, Janice E., 1989, *Daughters of the Canton Delta: Marriage Pattern and Economic Strategies in South China*, 1860-1930. Stanford: Stanford University Press.

Topley, M., 1975, Marriage Resistance in Rural Kwangtung. Pp. 67-88 in *Women in Chinese Society*, edited by Margery Wolf and Roxane Witke. Stanford: Stanford University Press.

Wolf, Arthur P.,1995, *Sexual Attraction and Childhood Association: A Chinese Brief for Edward Westermarck*. Stanford: Stanford University Press.

_____, 2014, *Incest Avoidance and the Incest Taboos: Two Aspects of Human Nature*. Stanford: Stanford University Press.

Wolf, Arthur P. and Chieh-shan Huang, 1980, *Marriage and Adoption in China*, 1845-1945. Stanford: Stanford University Press.

Wolf, Arthur P. and Chuang Ying-chang, 1994, "Fertility and Women's Labour: Two Negative (but Instructive) Findings." *Population Studies* 48: 427-433.

濱海客家聚集區增城、霞涌跨族群和諧互動之成因析論

劉麗川 [1]

摘要

濱海客家的形成是來自客家第 4 次大遷徙時進入廣東東南沿海及珠江三角洲。本文選擇討論的增城和霞涌分別位於濱海客家聚居區域的東端和西端。就筆者這些年來的田野調查，僅從增城的土客通婚和霞涌的客疍共同信仰楊包真人兩方面闡述。

關鍵詞：濱海客家、土客、客疍、通婚、跨族群、和諧互動

1 深圳大學文學院教授、客家文化研究學者、深圳市非物質文化遺產保護專家。

一、前言

　　清初，政府為抵禦鄭成功，將廣東、福建等省沿海地區設為「遷界區」（先遷 30 里，後再遷 50 里）。平定臺灣後，為儘快恢復「遷界區」生產，康熙皇帝降旨招民復業，獎勵拓荒。這樣，從康熙「復界」之日起，到雍正、乾隆年間，大量閩粵贛客民接踵而至，形成了所謂的客家第 4 次大遷徙。客民移入的目標地是沿海「遷界區」，當然，在遷徙過程中也進入了「遷界區」外廣泛的地區。客民進入地區，主要是廣州府東部的番禺、東莞、香山、增城、新安（今深圳、香港）、花縣、清遠、龍門、從化、三水、新寧（今臺山），肇慶府的高要、廣寧、新興、四會、鶴山、高明、開平、恩平、陽春，以至欽、廉諸屬州縣，客民「或營商寄寓，或墾辟開基，亦先後占籍焉」（王大魯、賴際熙 1920：341）。其中肇慶府諸縣因其大方向位於廣州之西，歷史學家一般稱為廣府西路，而廣府以東諸縣則稱為廣府東路。由於清朝咸豐同治年間，西路為爭奪生存空間、矛盾激化之下發生了長達 14 年（1854-1867）的「土客大械鬥」，清政府調停的結果是將這一帶的客家人遷出，所以西路現今已很少見到客家人。位於廣府東路的番禺、東莞、增城、新安地區並未捲入那場災難，異質族群間一直共生共存，相處至今。這一區域就是客家第 4 次大遷徙進入粵東南沿海，又歷經「咸同土客大械鬥」後得以保留下來的客家聚居區。

　　由於廣府東路各縣均位於沿海地帶（包括繼續往東，與之相連的惠東大亞灣），生活在這裡的客家人與他們先祖生活的閩粵贛山區的生存環境差異很大；他們從山區移進粵東南沿海區域後，因地域、時代、社會的變化，逐漸形成的文化也與山地客民有所區別（張衛東 2013）。所以，學者將這一帶客家人命名為「濱海客家」。[2] 濱海客家的活動區域與今日所說的粵港澳大灣區，在地

2　2007 年 12 月 26 日，深圳舉辦第 2 屆深圳客家文化節，期間在深圳大學召開首屆濱海客家研

域上大部分是重疊的。

　　廣府東路粵客相處的幾百年間，並非始終「萬里無雲」。如乾隆年間，客民因在「入籍」、「學額」等方面一直受不公正對待而引發訟爭，其中尤以乾隆29年新寧縣發生的客童廖洪案最為有名。經客民多年不懈力爭和官府從中調停，終於「嘉慶七年奉旨設客籍學額，歲試取進文武各二名，科試取進文學二名，撥入廣州府學……出貢年份其捐納貢監職員者，亦注明客籍字樣，以免牽混」（轉引自張一兵2006：825），[3]「學額」之爭才得以落幕。

　　廣府東路的區域不算狹小，其間出現過粵客為土地、水源等而爭鬥，但規模都不大，且在鄉紳們和官府的共同調停下，往往都能得以化解，例如嘉慶年間發生在東莞博羅的「土客鬥案」，經兩縣會營彈壓，由紳耆調解後平息（徐旭曾1815）。賴際熙在西路「土客大械鬥」結束後撰寫的《赤溪開縣事紀》中，也總結性地說到「當是鬥殺時廣肇所屬其他土客雜居諸縣，亦幾遭波及」，但「幸賴雙方均多明白士紳，遇事會商解釋互相約束，得以彌禍無形，不致發生衝突。故至今仍復土客雜處，相安無異」（王大魯、賴際熙1920：342）。賴際熙的這段話，回答了東路為什麼沒有發生西路那樣的粵客大械鬥，以及為什麼沒有捲入那場鬥禍浩劫的原因。「相安無異」的粵客關係，在東路總體平穩保持至今。

　　以上，即是本文對所要討論問題的一個地理、歷史大背景的極簡要交代。需要說明的是，本文選取的事例雖年代各有不同，但卻都發生在這同一大環境、大背景下。之所以選擇增城和大亞灣畔的霞涌作為討論對象，是因前者為粵客互動、後者為客畲互動的典型。就我們這些年來的田野調查，以下僅從增

　　討會。時任深圳文聯副主席的楊宏海先生於會議中提出與「山地客家」相對的「濱海客家」這一概念，該會議名稱即是他擬定的。這一觀點得到與會學人認可。

3　原出處為嘉慶年間《新安縣志卷九‧經政略‧學制》，後收錄於張一兵主編（2006）。

城粵客通婚和霞涌客疍共同信仰楊包真人兩方面做一些闡述。

二、增城的粵客通婚與霞涌客疍的共同信仰

（一）增城的粵客通婚

　　位於珠江三角洲的增城，原本是廣府人的地盤。清初客家人陸續遷入後，漸漸形成粵客共居的局面。除少數村落是客家人「插居」於廣府村，形成粵客共居一村外，大部分仍是各自立村。雖說數百年來東路粵客間關係總體平穩，但歷史上兩族群還是因語言、風俗、經濟水準等差異，彼此基本上都遵循互不通婚的習俗，這種現象直到上世紀 6、70 年代才逐漸改觀。筆者與王李英在 2011 年 11 月與 2012 年 3 月兩次對白湖村（廣府）、棠廈村（客家）進行了村民通婚的田野調查，並將調查結果撰寫成〈增城粵客通婚調查〉一文（劉麗川、王李英 2014）。因文章已發表，具體內容不再贅述，本文僅引用其調查結果加以討論。

1. 白湖村（廣府對客家）

　　白湖村共 6 個自然村，是單姓村，均姓尹。據宣統 3 年（1911）《增城縣志》記載，尹氏立村時間是在南宋慶元 4 年（1198），距今已有 822 年。筆者的調查對象是靠近村委會的上樓四社村。因為是單姓村，所以過去村內沒有婚配，而多與龍門和增城其他地區的粵人通婚。上世紀 60 年代開始，村民的娶親對象出現了客家妹，70 年代陸續又有客家妹嫁進村，客家妹多為增城本地人。至於嫁女則到 90 年代才出現。

　　在我們進行調查時，上樓四社村共有 42 戶、217 人，娶親與嫁女的通婚率為 26%。村民說，在 90 年代與客家人通婚仍是「很新」（很時尚）的事情。上樓四社村的粵女嫁客家人，雖然出現在 90 年代，但增城其他地方在 70 年代

就已經有了，如增城中心鎮合益村（廣府）的李煥章先生（77 歲，原增城市僑聯《荔鄉情》主編），他的兩個妹妹在 70 年代初期就嫁給了增城的客家人。

2. 棠廈村（客家對廣府）

棠廈村有 24 個自然村，除荷嶺、新莊兩個廣府村外，其餘 22 個均為客家村，因此當地人說棠廈村是增城最大的客家村落。我們選擇棠廈的比屋村作為調查村，是因為它鄰近村委會，進村方便，該村又是純潘姓村中的較大者，有一定的代表性。

比屋村與上樓四社村相同，村中也是在 6、79 年代出現娶廣府妹的人家，90 年代才增多起來。據筆者進村進行田野調查，比屋村有 40 戶、193 人，娶親嫁女的通婚率為 30%。

如果涉及到具體家庭，其通婚率可能更高，廣府村與客家村均有。例如，上樓四社村的尹漢濟家有 3 女 1 子，90 年代後 3 個女兒都嫁給了客家人。比屋村的潘伯有 2 男 2 女，我們調查時，其最小的兒子尚未結婚，其餘 1 個兒子已娶外省女，2 個女兒則嫁給本地廣府人，他家子女婚嫁的「外向」率達 75%。這種情況可能與家庭本身的思想開放性有直接關係。

90 年代後，隨著社會經濟的進一步發展，村民有人外出讀書或工作，他們的婚嫁對象就跳脫客家與廣府的侷限。例如比屋村的潘叔家有 3 女（小女兒尚小），2004 年大女兒嫁給講閩南話的汕頭人，是她在湖南長沙讀書時的同學；2009 年二女兒嫁給到增城工作的內蒙包頭人，他家嫁女的「外向」率亦達 67%。

談到這裡，還需要介紹的一點是，我們在增城市或街道接觸到的中青年幹部（不少是在本地成長），大多擁有大學學士或專科學歷。這些幹部中「開放性」的通婚率就更高，可高達 60% 到 70%，婚嫁對象不少是中學或大學時代的同學。在談到粵客通婚問題時，有的青年幹部馬上反應道：「粵客不通婚？

簡直是不可思議的事情！」

　　舊時粵客不通婚，是宗族社會強調血緣純正的慣習。1949 年以來（尤其是改革開放以來），宗法制度被破除，宗族社會瓦解；農村的生產關係、生產結構、社會生活，乃至家庭關係諸方面都發生了巨大變化，這些變化漸漸消磨過去族群身分造成的差異，為粵客通婚創造了必要的社會條件。

　　由於粵客間的通婚，村內擁有眾多的雙語人。90 年代後隨著普通話的流行，他們成為了多語人，特別是中青年人，粵、客、普 3 種語言間的轉換相當隨意流暢。兩族群在生活習俗上的相互影響更是隨處可見，例如：廣府村中的阿妹有人戴客家涼帽下田幹活，客家釀豆腐、鹽焗雞是餐桌上的常見菜餚；又如客家村民對粵式早茶情有獨鍾，每逢節假日，增城大小茶樓都能見到一家家的客家人。粵客共居村中，習俗的互相影響就更明顯，以同姓趙的高車村（下文會有詳細講述）為例，粵趙家庭年三十晚要在床頭放兩根有頭有尾的甘蔗，以示「甜到頭」，有的客家趙家庭也會這麼做；客家趙春節前備年貨中仿效粵趙做糖環（糯米）的習俗；粵趙接受了客家趙「夏至食狗肉」的習俗；特別是粵趙接受了客家人的二次葬，做交椅式大墳，這一點在增城粵村中較突出。

　　增城人將通婚稱為「對親」。對親的姻親如在本地，凡逢年過節村里「做景」，或家裡「做好事」等等，「都要請對方來喝酒，來往密切」。如在外地外省，也要隔段時間請對方來或自己受邀去探望。粵客因「對親」的關係，使雙方家庭的婚嫁圈都得以拓展，各個家庭的社交圈和交際網也得以擴大，粵客間的關係更加融洽牢固。

　　發生在增城的粵客「對親」，僅是現今中國社會生活的一個縮影，因為隨著中國經濟的進一步活躍，人們的流動性增加，通婚同樣發生在其他地方的其他族群之間。現代粵客間的通婚已是普遍的社會現象，但從增城本地村落的情況來看，粵客通婚並未對各村所屬的母體文化板塊產生動搖效應，廣府村還是

廣府村，客家村依舊是客家村。這說明粵客各自的文化基因都很強大，通婚帶來的影響並未對其文化之根造成衝擊，反而成為了錦上添花。

（二）霞涌客疍的楊包眞人信仰

霞涌的客家人最早於明末進入該地區，[4] 大量移入則是清康熙「復界」之後。由於客家人的到來，使得原本荒漠的土地變成了良田，客家人可說是大亞灣經濟、文化的開拓者和創造者。幾百年過去，人口繁衍，可耕之地日益減縮，到 100 多年前，因生存形勢越發嚴峻，乃迫使部分客家人直接向大亞灣海域發展，下海成了漁民。為了保佑他們充滿風險的海上勞作，霞涌客家人把明末清初就在大亞灣一帶救死扶傷的江湖郎中楊、包夫婦神化為海神，至光緒元年（1875）在面臨大海的螺島西側建起了「楊包真人廟」。

當地疍民稱沿海客家人為「岸上人」，而從宋代就漂泊生活在大亞灣海域的疍民，[5] 則被稱作「水上人」。水上人在當時社會中地位極其卑微，只能以船為家，不得穿鞋，不得上岸居住。「出海三分命，上岸低頭行」就是他們生活的真實寫照。由於生存境況的惡劣，疍民們精神上更加渴求神靈的庇護，因此也接受了對「楊包真人」的信仰，只要有機會上岸，如向岸上人開的漁行賣魚貨、交稅錢，到墟市購買生活日用品等，就會進廟叩頭跪拜、添油上香。雖說疍民的社會地位低下，奉獻的香火錢也很微薄，但是，霞涌客民中並無人「恃強淩弱」、提出異議，眾人都理解並接納了他們對楊包真人的信仰誠意。2018年5月筆者進行田野調查時，見到客家阿婆在社區活動中心打牌，她們說：「他

---

4 這個時間是依據霞涌較早立村的蘇埔村中《戴氏族譜》的記載，以及村中另外三姓盧、曾、譚姓族人的口述得出。

5 據《惠州市志》記載：「惠東沿海漁民原稱『疍民』，俗稱『後船疍民』，從福建、潮州一帶通過買賣或逃亡遷入縣境的，最早在宋代，明、清時期為多，至今仍講『福佬話』」（惠州市志地方編纂委員會 2008：1717）。

們（疍民）一家人一家人的來拜，上香、交油錢」、「他們願意信神我們不能
拒絕，比我們還信楊包真人呢！」在楊包真人面前，客家人表現出「只要信神，
就不分客疍」的平等姿態。由於霞涌沿海地帶只有客家和疍民在這裡生息，兩
族群漸漸形成了以「客家掌管寺廟，客疍共同祭祀」的供奉模式。

1962 年，疍民終於實現了祖祖輩輩「上岸」的夙願：在政府扶持下，客
家人撥劃出一塊土地讓疍民定居建村，就是現在青龍河東岸的霞涌新村，[6] 與
客家人的新港村為鄰。新港與新村大小村道相連，房屋比鄰，外人看上去就似
「一條村」。青龍河西岸，則是老港客家人的傳統居住區域。疍民上岸後，仍
保持著過去祭拜楊包真人廟的習俗，直到文化大革命，楊包真人廟被毀。

20 世紀 80 年代以來，中國對民間信仰的態度有所調整，修復霞涌地方信
仰的重要載體楊包真人廟的呼聲漸高。但這時，因客家人整體經濟實力下降，
難以挑起重建廟宇的重任，而疍家人因有海上運輸、捕撈等優勢，經濟實力強
於客家人。客、疍雙方協商，由疍民挑起重建楊包真人廟的擔子，並主持廟務
管理。

1985 年重建時，疍民把廟宇的位置移到螺島東側近漁民村一方。重建時，
客家人雖出資不多，但感情上是積極支持的。28 年後，2013 年寺廟擴建，這
時客家人因經濟條件得到改善，更是鼎力支持，踴躍募捐。根據刻在新廟大門
旁的捐款石碑紀錄，來自客家人的捐款額約占總款項的一半。這說明廟宇雖仍
歸疍民管理，但畢竟楊包真人信仰是客家人所創，客家人在擴建廟宇一事，秉
持「你中有我，共同出力」的積極態度。在楊包真人廟的重修與擴建中，客疍

---

6 深（圳）惠（州）沿海，現凡村名中見有某某新村、漁民新村、新一村、新二村、漁一村、漁
二村等等，都是上世紀 5、60 年代疍民上岸後所建村落。1984 年，鄧小平視察深圳曾訪問過
羅湖口岸附近的漁民村（就是上世紀 50 年代建的村），當時新聞報導說「深圳從前是個小漁
村」，指的就是這個村。新聞媒體的這種誤報對外界影響至今，卻不符合深圳的歷史，因為深
圳的歷史並非從這個小漁村開始。

族群間的互動，實現的是「疍民族群主持，客疍共建寺廟」的社區公共行為。

現今一年一度的楊包真人誕辰（農曆 3 月 27 日），已成為大亞灣濱海客疍社會生活中的民間盛事。在由疍民主持的楊包真人誕活動開始和結束時迎送天后（媽祖）的儀禮中，充分體現出客疍族群間的關係面貌。

霞涌沿著海灣由西向東分布著 4 座天后廟：現霞涌西路的天后廟是客家人在當地建的第 1 座天后廟（原在老港村），為嘉慶年間所建，後因各種原因遷至霞光西路。平日主要是霞涌老港的客家人來祭拜，稍遠的其他農業客村因無漁民就少人來。第 2 座是光緒年間新港客家人在村內建的；位於新村的第 3 座是疍民於上世紀 60 年代上岸後所建。第 4 座面積較小的天后廟位在最東邊的霞新村，該村在 1993 年開發小徑灣時，為了安置疍民而新建。這 4 位天后娘娘在楊包真人誕辰時，都要被「真人」請來看戲，在一「迎」一「送」的禮儀中，廟方接待她們的態度與方式相當有意思。

例如誕辰活動時，新村和霞新村的兩位天后娘娘因是「自家人」就不用客套，她們的神轎按時由村民抬進、抬出楊包真人廟的廣場。而在誕辰活動開始前和結束後，抬有楊包真人神像的神轎、鞭炮、鑼鼓、龍船、舞獅隊等團隊，則是先要到「橋頭」（這座橋架在青龍河上，是疍民居住區與老港客家人居住區的交界處）恭迎和恭送老港天后神轎團隊（鞭炮、鑼鼓、麒麟隊）進出會場，有如迎送最尊貴的友鄰一般（也在這個迎候儀式中拉開當日誕辰活動序幕）。老天后娘娘入場或退場後，緊接著就是迎送新港天后。這時，楊包真人神轎團隊要進入新港村，到天后廟前迎請天后，「請」到後就與新港天后神轎團一起進入會場；「送」時，直送至新港村廟門前才離去，表達出兄弟姊妹間依依不捨的親情。由於新港村與新村近鄰，新村疍民平日也常來朝拜這個天后廟。文化大革命後重建天后廟時，廟宇理事會就吸納了疍民參加，[7] 這種「二合一」的關係，自然比與老港天后廟的關係來得親密。但無論如何，楊包真人和客家

天后娘娘的這種神靈互動，折射出的是霞涌客疍族群關係的親近與和諧。

在霞涌，楊包真人廟和新港天后廟之廟宇雖各有所屬，但卻是由客疍族群共同供奉（疍民且參與管理新港客家天后廟）的場所，「你中有我，我中有你」的客疍共融共祭的信仰習俗，成為大亞灣濱海區域信仰的文化特色。

本節所談及的粵客通婚、客疍共祭楊包真人，雖說都發生在近現代，但都有其產生的歷史原因。即因濱海地區百年多來的粵客也好，客疍也好，異質族群間並沒有結下什麼解不開的「世仇」，而是彼此長期保持著「相安無異」的共存形式。下文試圖討論分析此現象出現的歷史原因。

三、廣府東路粵客、客疍「相安無異」的歷史原因

綜觀廣（州）府東路自客家族群大量移入後的 2、3 百年間，增城、東莞、新安（深圳、香港）、惠東大亞灣地域之粵客與客疍族群交往史，大致可以總結出異質文化族群間「相安無異」的 3 點思想智慧。

（一）政府積極作為及時化解矛盾

本文前言中談及因第 4 次客家大遷徙，客民進入粵東南地區後，粵客間因「學額」問題產生了糾紛，而且多年得不到解決。到乾隆年間，新寧因此發生了著名的「客童廖洪案」。據文獻記載，最後還是政府出手，「於嘉慶七年……奉旨設客籍學額」，粵客兩族群間為「學額」引發的爭執，至此才得以平息。

再者，嘉慶年間徐旭曾對豐湖書院學生講述東莞博羅發生的「鬥案」，為

7　2016 年 11 月筆者進行田野調查，到新港村天后廟時，見到垂掛在牆上的理事會名單，經霞新村退休幹部蘇觀松先生逐一介紹，得知名單的構成如下（霞新村為疍民，新港村為客家人）：顧問 1 名，（香）港霞新村人；總幹 3 名，其中新港 2 名，霞新 1 名；協理 2 名，均為新港人；理事 49 名，其中新港 17 人，霞新 32 人。蘇先生說，新港天后廟重建時，霞新村也出了錢，因為住在附近的疍民也信奉這個天后廟。

方便討論，再引於此：

> 博羅東莞某縣，近因小故，激成土客鬥案，經兩縣會營彈壓，由紳
> 耆調解，始息。院內諸生、詢余何謂土與客？答以客者對土而言，
> 寄居該地之謂也。吾祖宗以來，世居數百年，何以仍稱為客？余口
> 述，博羅韓生、以筆記之。（徐旭曾 1965：297）

這篇短文雖短（以下稱「徐旭曾問答」），但包含了 3 個要點：(1) 面對土客
鬥案，涉事的兩縣政府毫不含糊遲疑，聯合彈壓，不使事態擴大激化（「兩縣
會營彈壓」）；(2) 隨後動員本地社會尊長賢達出面調解、協商，公正處理（「由
紳耆調解」）；(3) 向公眾講清楚土客矛盾的始末原由（「何謂土與客」），
讓雙方化解矛盾，進而化為維護本地和諧平安的社區文化。

　　這 3 個要點顯示出東路如何對待和處理粵與客兩族群矛盾的思想智慧。其
中，第 1 個要點談的是政府行為，其餘兩要點則屬民間文化行為，本節將分別
對其展開論述，特別是對後兩要點作重點論述。

　　「徐旭曾問答」可謂客家研究史開山第 1 篇，出自東路，成於嘉慶 13 年
（1808）。也就是說，早在西路土客大械鬥（1854-1867）之前約半個世紀，
東路官府民眾已如此面對並處置土客矛盾和土客械鬥，從而大體上形成了「相
安無異」的共存社會環境。反觀「咸同土客大械鬥」前的西路，粵客「交相凌
辱，多年不解」，矛盾日積月累並激化，面對迭相攻擊的械鬥，「兩粵大吏不
敢過問」，官府不作為，一些不良官吏甚至居中上下其手，遂釀成鬥禍而一發
不可收拾。雖有此教訓，西部官紳仍不以為戒，在新編縣志中屢稱參加鬥案的
客民為「客賊」、「客匪」，有的更將「客」字加反犬旁，或聲稱「客乃犵之訛」
（羅香林 1933：4）。此等無稽之惡語，只會再度惡化雙方關係，與東路形成
反差強烈的對照。因此，在社會摩擦或衝突面前，政府務必要介入，並從中起

導向作用，適時消弭矛盾。政府的積極介入與主動作為，是不可或缺的要素。

（二）客家菁英的社會作用

1. 參與「調解」、「會商」化解族群糾紛

過去，宗族首領多是各族知識菁英，他們的行為理念與價值取向，對周圍人群都會產生重大影響。俗話說「上牙還有磕著下牙的時候」，就是說只要有人群的地方就會有矛盾發生，這是很自然的事情，關鍵是族群間有了矛盾後該如何對待和處理，之中就有高下之分。東路的粵客菁英懂得「彌禍無形」的重要與必要，所以，粵客間一出現摩擦，他們即會挺身而出，協助官府化解矛盾。菁英人物的睿智能促使族群關係的正向發展，因此我們能看到嘉慶年間東莞博羅鬥案時的「紳耆調解」，以及咸豐同治年間西路大械鬥時東路「幸賴雙方均多明白士紳，遇事會商解釋互相約束，得以彌禍無形，不致發生衝突」。正因東路粵客雙方都有這樣的「明白士紳」，凡遇糾紛即從中斡旋，「土客」雙方才能不固執己見，接受官府、紳耆的調解，消除了緊張的社會矛盾。

再以深圳羅湖區泥崗村為例。該村建於 1905 年，是由 12 個姓氏組成的客家村，最早開基建村的是 3 名並無血緣關係的鄭姓客家人。村裡現在找不到族譜，據曾任第 1 屆村書記的 89 歲鄭賢金老先生說，這 3 位先祖「因『賣豬仔』到牙買加而相識為友，後賺了些錢又一起相邀返回寶安，並決定在泥崗立村。」

剛建村時，遭到位於村南邊廣府村的蔡屋圍村民激烈反對。蔡屋圍是姓蔡的單姓村，蔡氏先祖宋末從廣州東來移入寶安。泥崗建村，擋住了蔡氏族人上筆架山的砍柴之路。鄭賢金老先生說：「當時雙方爭執得很厲害，就要打起來了，聽老人說下步村的客家人都把土炮拉出來了。」然而，爭鬥最終還是透過雙方族長冷靜地坐下來談判，談了幾天，達成「蔡屋圍同意泥崗建村，泥崗則讓出一條通路以便蔡姓人上筆架山砍柴。同時，蔡屋圍還答應讓泥崗村孩子到村裡『燕貽學堂』讀書」的協議。這個結果，雙方歡喜。當然，這件事不見載

於縣志，僅僅留存在村中老者口中。此事例再次表明，這些宗族菁英的確是「調解」、「會商」的高手。

查看編修於清康熙、乾隆年間（客家第4次大遷徙進入濱海地區的高峰期）及以後的粵客族譜，見到不少族譜在家訓、家規裡都明確規定「戒爭訟」。因為，「凡爭必有失，訟則終凶，宜以忍讓處之為尚，勿致有斷情絕義之路，傾家蕩產之悔」（見深圳坑梓《黃氏族譜》〈最要家訓〉）：

> 居家戒爭訟。凡是非之來，退一步，讓三分，自然少事。蓋以汝既有包容之度，彼必生愧悔之心。若乃因微遑忿，忘身及親不顧，傾家盡產與人鬥訟，則是鷸蚌相持，漁翁獲利。縱令僥倖得勝，而家資受累矣。於是，所用不足，勢必稱貸，宿債莫償，勢必鬻產。此訟之所以凶也。聖云：小不忍，則亂大謀。其試思之。（見深圳龍崗龍東村《趙氏族譜》〈家訓‧戒爭訟〉）

上述化解鬥案展現出的智慧是：宗族菁英們明白「戒爭訟」，懂得「以忍讓處之為尚」，要懷「包容之度」，這是矛盾得以化解的思想前提。他們在族譜中用家訓家規的形式教導族人，面臨糾紛，當事雙方不要意氣用事、爭強好勝，不要憑藉自身強勢實施「極限施壓」，將對方逼到死角，擺出一副「有我沒你」的架勢。爭強好勝於事無補，若火上澆油，激化矛盾，最後更是兩敗俱傷。要知進退，因為適時「退一步，讓三分」，則海闊天空！

2.「和鄉鄰」、「不自貶」、「不相輕」的平等理念

另外，族譜中的「和鄉鄰」、「睦鄰」等訓言也很重要。例如，《黃氏族譜》的〈最要家訓〉中有「和鄉鄰」，其訓曰：「鄉鄰為同井之居，凡出入相友，守望相助」。在此理念的指引下，黃氏在康熙30年從惠州移入，從一家5口（父母及3子）進坑梓，後來發展成6千多人的地方強族，但與四周其他

20 個客家小姓和 2 個說「粘米話」的族群之間，260 多年來一直保持著良好的鄰里情誼。據我們調查，在坑梓歷史上黃氏與其他宗族間曾有過一些摩擦，卻從未出現過大的爭拗或械鬥。

深圳大鵬半島上分布著客、粵村落，王母村是「本地村」（粵村）。村中《董氏族譜》「族規十條」的第 4 條則是「和鄉鄰」，其言：

> 歲時款洽，誼篤比鄰；患難扶持，世稱會里。先世以忠厚傳家，凡屬子孫，務必謙虛樂易，與人無爭。不得恃強恃詐，或依仗族人之勢欺辱鄉黨者。長輩亟戒責，尤宜念睦任恤之風，實爲古道，待人務從乎厚，處事毋涉乎驕。至於修橋、補路、拯溺、救饑、恤寡孤、勸善、教不能諸事，凡有益於桑梓者，量力行之。生長聚族之邦，其亦共有所賴也夫。

這一大段話，可謂用心良苦！此種觀念可以說是當時大鵬半島上粵客各村的共識（許多宗族的族譜中都有如此家規），因此半島上的粵客村落能夠保持長期的「相安無異」（劉麗川 2013：261-274）。

再以增城的合益村為例。合益村是個粵客共居村，共有 9 姓：李、莫、鄭、林、曾、袁、朱、伍、魏。李、莫兩姓是粵人，其餘為客家人。鄭、林兩姓是客家人中最早到的，其他幾姓都在其之後。村中各姓長者對我們說：「大家都像兄弟，有紅白喜事、做燒酒這類的事都互相請，每戶請一人，世代相好，現在也這樣。」他們還說：「各姓之間沒聽說發生過械鬥，連爭田水的事也沒有。大家很團結，就是打山豬也要聯合，200 多斤的大山豬幾十人分，見者有份。辦學校也是大家合起來辦的。」據老人們說，鄭氏先祖是應李氏先祖之邀前來管山的。「李、莫兩姓在合益開村時，這裡山多人少管不過來，李氏先祖認為客家人忠厚能幹，就從小樓鎮烏石田（客家人住地）請鄭氏先祖來管山，還給

了他們一些山，鄭姓放馬桶的地方都是李姓給的。」因為村中有了鄭姓，以後
才引來另外幾個客家姓進村。

增城 298 個村委會中，純粵村 132 個，純客村 91 個，而粵客共居村有 75
個（既有同姓村，也有雜姓村），占全增城村落的 25.2%，這個數字不小了。
無庸置疑，這些實例是得益於「和鄉鄰」理念在長期村落生活中的浸潤。粵客
能長期共居一村，就是在地社會的穩定力量。特別是作為先到者的本土族群，
能接納、包容晚到的「插居」者，如此胸襟，實屬難能可貴。

客家研究史上另一重要人物，增城人賴際熙也出自東路。賴際熙 1925 年
為香港崇正總會編著的《崇正同人系譜》（以下簡稱《系譜》），是一部鴻篇
鉅著，全書凡 15 卷，約 30 萬字。他著書立說是寄希望於振奮客家，團結友鄰，
共圖發展。《系譜·序》中說：「將使人皆從流溯源，因此知彼，在己無自
貶之見，於人無相輕之心。不自貶，則可以邁遠；不相輕，則可以躋大同」（賴
際熙 1925：2）。這段文字中強調的「不自貶」、「不相輕」以「躋大同」，
是賴際熙對異質族群提出的相處之道，也是尋求彼此認同、共謀發展的觀念，
這應該是他縱觀東路粵客百多年共居共存史實後的一個總結。他所說的「不自
貶」、「不相輕」，是講人與人、族群與族群之間，地位都是平等的，這與前
面提及族譜〈和鄉鄰〉中的「出入相友，守望相助」、「不得恃強恃詐，或依
仗族人之勢欺辱鄉黨」等內涵是一致的。若人人受到社會關愛，人人都能安居
樂業，「則可以躋大同」。「大同」，可是人人平等的理想社會。

增城正果鎮的岳村，在「和鄉鄰」以及「不自貶」、「不相輕」上，也堪
稱典範。岳村全村姓劉，歷史上也叫舊劉村，現在是岳村村委會治下的一個自
然村，村民 300 多人，是粵客雜居村，人口幾乎各占一半，村中客家劉是強勢
一方。據 83 歲的劉先生與 78 歲的周阿婆（阿婆說她 13 歲到岳村給本地劉作
童養媳）介紹，粵劉先來，客家劉後到，是粵劉請來的，時間在清咸豐年間。

兩位長者告訴我們:

> 最先來的本地劉先祖是從麻車（石灘鎮）來的，這裡的地皮和山都
> 是本地劉姓的，但先祖當時沒什麼錢，到這裡打長工，搭了茅寮居
> 住。咸豐5年發大水，房子被洪水浸塌，生活困難，就請了正果燈
> 芯甽的客家劉姓兄弟來建村場。他們有錢，到這裡建房，房建好後，
> 給了我們一半房。以後，本地劉姓都是給客家劉姓打工的。

引起我們注意的，是兩位長者談到請燈芯甽的客家劉姓時使用的辭彙是
「兄弟」。粵劉到岳村的時間，增城博物館提供的資料是明萬曆年間。對於發
大水的時間，宣統《增城縣志》卷3〈祥異〉有載:「咸豐2年大水，西山堤
決。」兩位長輩可能是記憶有誤，多說了兩年。而客家《劉氏族譜》記錄的兩
個劉氏共同建村的時間為「咸豐2年」，與縣誌記錄一致。

據《劉氏族譜》記載，客家劉入增城是在清乾隆42年（1777），從博羅
縣遷進正果燈芯甽。進入岳村的是第3代劉華芳:「華芳公……咸豐2年曾與
再從兄華都開基於枚都鍾岳約，土名岳村。」

劉、周兩位長輩提及「客家劉有錢，本地劉窮，本地劉都給客家劉打工」，
這種情況應是事實。族譜載劉華芳「諱榮光，字華芳，號瑞堂……蒙天庇佑，
家道豐盈……廣置田園，誠求風水，睦族和鄉，矜孤恤寡，敬老憐貧，隆師重
道……」，可知劉華芳資產殷實。劉華芳不僅有錢，而且有勢。他的孫子劉璿
桑是個有才幹的官人，據宣統《增城縣志》卷16〈選舉〉載:「劉璿桑，鍾
岳村人，廩貢生。揀選知縣，陛見，驗放廣西試用，歷陽朔、灌陽等縣知縣，
養利州（在廣西）知州，有吏才，所至卓著循聲。」劉華芳和兒子劉梅修均因
劉璿桑的關係而有加封，縣志載:「劉榮光（即劉華芳），以孫璿桑疊贈知縣
加級晉贈奉政大夫。」「劉梅修，邑武生，加都司銜，以子璿桑疊封知縣，加

級晉封奉政大夫，累封資政大夫。」劉華芳因劉璿桑而受「加級晉贈奉政大夫」
之事，應是咸豐8年（1858）前的事情，因為由他出資興建的「大夫第」完成
於咸豐8年。

　　在岳村，引導村落發展或者說制定「治村方略」的是客家劉。建村後，「不
僅有錢，而且有勢」的劉華芳，自是村裡一言九鼎的人物。宣統《增城縣志》
卷22〈人物五 • 隱德〉中有專門為他作的傳記，劉華芳在鄉邑間享有聲望可
見一斑。傳記把他歸在「隱德」一類，屬於做好事、善事卻不張揚的有德之人。
傳記對他的評價是「孝而敏」、「讀書明大義」、「尚義俠，疏財賄」，記述
他「家有田產數千畝，賃耕者隨年豐欠增損租值，不稍強索。臨終，舉積年債
券悉焚之，棄債至2萬餘金。」其實，這段簡潔的文字就道出了劉華芳的治村
方略「睦族和鄉」：村裡所謂「賃耕者」都是粵劉。劉華芳對他們收取的租金
由年成的好壞來決定上浮或下調，就是「明大義」，用今天的話來說，它符合
「人性化」的要求。在他70歲臨終前，他把多達「2萬餘金」的債券付之一炬，
可謂「疏財賄」的義舉。族譜裡褒獎劉華芳「睦族和鄉，矜孤恤寡……」，都
是對他各種義舉的總括之詞，至今村人還在講述他在建村初始的分房之事。劉
卓漢與周衛群說，當年「客家劉姓出錢蓋好房子（即咸豐8年），建成了坐北
面南的『大夫第』（這是一座較典型的居祠合一的客家圍龍屋：前有月池、禾
坪，三進，以三堂為中線，左右兩旁各有兩排橫屋，整座建築後是一弧形圍龍，
這種形制屬粵東北客家民居圍龍屋的典型模式），雙方抽籤決定誰占中線的哪
一邊。結果，本地抽中左邊，客家抽中右邊」，這樣的居住格局維持到現在。
劉華芳的「分房之舉」，是其平等對待粵劉的最好實際體現。由此，粵劉得以
「安居」，村內粵客兩族群的和諧共處才有了堅實的基礎。

　　另外，粵劉與客家劉共用一個祠堂，也是「不自貶」、「不相輕」的「平
等」事例。特別值得一提，這時粵劉大部分人是客家劉的租戶，但兩個劉氏卻

共用「大夫第」中軸線上的祠堂，並且供奉同一塊「彭城劉氏堂上歷代始高曾祖考妣尊神位」牌！要知道，發生這些事情的時期，正是「西路土客大械鬥」打得一塌糊塗之時！可以想見，在劉華芳這些宗族菁英「明大義」的舉動感召下，東路粵客「睦族和鄉」之勢自是當時的現實。

3. 異質族群間尋找共同點，達成文化認同

之所以稱為「異質族群」，是因為他們在很多方面的確存在著差異，但只要在思想意識上尋找到雙方文化中的共同點，「相處無異」是不難實現的。

「徐旭曾問答」中的第 3 個要點，是從歷史上講清土客矛盾的由來（「何謂土與客」）。這種講解與宣傳工作，知識菁英們視之為理所當然的責任，希望透過他們的學識和解說，促使粵客雙方互相了解，形成文化上的認同，從而消除矛盾。徐旭曾在豐湖書院對學生們講過一番話，就是要達此目的。增城的粵客文化認同，除前面講述過的「和鄉鄰」、「不相輕」外，還有一種共識，就是「族源認同」。

「族源認同」最有代表性的是高車村。高車村是中心鎮五聯村委會治下的一個自然村，是單姓趙的粵客共居村，現有居民 600 多人，其中粵趙（當地稱為「本地趙」）400 多人，其餘為客家趙。據族譜記載，粵趙是宋室皇姓，而且是「魏王匡美之子孫，為宗室之後」。趙彥仁，魏王之子高密郡王的七世孫，他是粵趙「入廣之始祖」。有關趙彥仁的「入廣」，族譜明確記有：「宋室……因靖康獲難，（彥仁當時 30 歲）從南渡由汴遷於杭州之錢塘……國步日艱，乃於孝宗 14 年丁未（1187）由杭州錢塘遷於廣州省城之德星坊番塔街棗樹巷而居……為入廣之始祖。」譜載趙彥仁後裔趙時洮，「登宋理宗寶祐 4 年（1256）丙辰科四甲二百二名進士，授承事郎，增城縣城丞。」「若杞，時洮五子，諱綱，字若杞，號懷林，百令壽。官德祐，從父奉詔，勤王留於增城，為開基之祖也。」趙若杞「生四子，長子嗣興居增城，次子嗣榮居荷嶺，三子

嗣聖居長埔，四子嗣賢居大崗」。譜載趙嗣榮在元代延祐元年（1314）移居到現中心鎮的荷嶺，成為荷嶺開基祖，高車粵趙即是嗣榮之後。

　　高車村有粵趙和客家趙，世代流傳著客趙先祖到高車的傳說：清康熙年間，荷嶺的趙氏 11 世祖趙登雲到紫金請風水先生（民間流傳客地出風水師），在當地結識了當風水先生的客趙先祖趙炳先（一說是在廣州考試時認識的）。兩人一敘家譜，發現在趙匡胤時代兩家本是兄弟：趙匡胤（宋太祖）是長房；炳先公屬二房，即趙匡義（宋太宗）後裔；登雲公屬三房，即趙匡美（魏王）後裔。登雲即誠邀炳先移居增城，炳先欣然允諾，即隨登雲入增。此時，正值清政府為恢復東南沿海「複界區」的經濟向外界發出招墾令的時期，粵東北客家人紛紛向粵東南移民。在這種社會情勢的推動下，有助於趙炳先接受趙登雲的邀請。他們相中了高車的風水，就各自建祠開基。因此，現在村裡既有粵趙的《登雲趙宗祠》，也有客趙的《炳先趙宗祠》。

　　客家趙《趙氏族譜》記錄了趙炳先入增時間，是康熙 54 年（1715），這也就是高車的建村時間：「……四世祖始遷增邑……炳先……因於大清康熙 54 年乙未年始居增邑何（荷）嶺約，系雲母都一圖四甲，土名高車村開創立業」。粵趙在村中起主導作用，族譜和宣統本《增城縣志》裡都錄有乾隆、嘉慶、道光、咸豐、光緒年間粵趙「金榜題名」的子弟和若干名垂縣志的列女。再結合村內留存下的一座座高大宏偉的廣府式傳統排屋、祠堂、學堂等建築，不難得出當年高車在增城很是顯赫的結論。

　　兩個趙氏在村裡的發展並不平衡，粵趙因歷史的積累，在政治與文化上一直處於強勢；經濟上，粵趙既務農又經商，解放前高車就有「小廣州」之稱。他們有了錢就廣置田園，如解放前粵趙的趙偉增，平時雖常住廣州，在香港、廣州均有生意，在增城還置有千畝田地收租，地位明顯優於客家趙。

　　造成客家趙勢弱的原因，一方面是客家趙在自身的發展過程中不斷分家，

一分家就有人搬出高車到外面另建村落，使得留在高車的客家趙數量上總是少數；另一方面，功名上沒出過什麼彰顯之人，不能與粵趙比肩；經濟上客家趙沒有能力經商，田地又少，大多向粵趙租田耕種，成為粵趙的雇工。

粵趙雖說在村裡是強勢，一般說來還是禮遇客家趙的。如遇荒年，客家趙有交不上租錢的，粵趙一方也就免了；由粵趙出錢興辦的學堂也向客家趙的男女學童敞開大門；如若家境貧窮，客家子弟可以免費入學（外姓子弟卻要交全額）；客家子弟有讀書好的，也能按學歷從粵趙氏祠堂領到「花紅」等。所以，如遇粵趙與其他粵村因爭田水發生械鬥，有尚武習俗的客家趙氏男丁都會幫粵趙「衝鋒陷陣」。

這是因為雙方歷來都認同祖上曾是親兄弟。各自的《趙氏族譜》在族源追溯上，記載著五代時期的大臣趙弘殷是其共同的先祖：客趙為其二子趙匡義（宋太宗）之後，粵趙為其三子趙匡美（魏王）之後。筆者進行調查時，村中粵客雙方的老者和年輕人，都很自豪地訴說他們之間這種同宗同源的「皇室關係」，這就是高車村粵趙與客趙的「族源認同」！正因為它的存在，才使得建村 300 多年來（康熙 54 年建村，1715）粵趙與客趙間在社會地位、經濟實力上雖存有差異，但終能「相安無異」。

上文談及的岳村村中的粵劉與客劉，他們之間用「兄弟」相稱，源於中國民間社會流傳著「一筆寫不出兩個劉」、「咱們 500 年前是一家」等俗語深入人心。這種關係與高車村有別，因為這個「兄弟」並不是真實的血緣，而是虛擬的血緣關係。對於民間的這種「血緣認同」，我們應該表示尊重。粵族群對客家同姓或異姓（如雜姓的合益村，各姓氏之間也以「兄弟」相稱）的接納，在增城普遍可見。

大亞灣客疍族群在這方面也有獨特的表現。因舊時的社會結構，決定了客與疍兩族群在社會中的地位差異頗大。作為「岸上人」的客家人，在政治、經

濟、文化諸方面都顯示著強勢。即便如此，客家人在對待疍民進廟供奉楊包真
人的問題上，前文已談到沒有採取粗暴的反對與排斥，而是聰慧地表現出識大
體的接納態度，讓本來處於矛盾的社會兩方，在民間信仰上有了一個交結點，
也成為能夠化解社會矛盾的緩衝器。據調查，大亞灣客疍之間，除了在楊包真
人信仰上有共同的交結外，還長期存有「認乾親」與「抱養」之俗。

大亞灣霞涌街道文體中心主任譚育琴是霞涌本地客家人（譚姓是較早到霞
涌且發展較好的客家大姓），她說：

> 過去，我們跟疍民之間，傳統上一直有認乾親和抱養的習俗，我們
> 家就認有疍民的乾娘。改革開放前我們這裡很窮，乾娘家有船可以
> 經常去香港，從那裡帶回一些舊衣服給我家。雖然我家窮，但上學
> 時我們都能穿得很漂亮。乾娘家沒有地，我家也經常給她家一些地
> 裡種的青菜、玉米、豆子、水果等農產品。抱養，就是有客家人家
> 裡沒有男孩子，就會從疍民多男孩的家庭抱個男孩回家養。

筆者認為，這種習俗形成當初，應該是源於客民主動，疍民自然樂於回應
而成。認乾親與抱養習俗，讓本來沒有任何血緣關係的客疍家庭間，建立起一
種準血緣關聯。雖說是虛擬的血緣關係，卻自覺與不自覺地在客疍民間鋪搭起
了共同的交際點，成為聯繫雙方情感的親密紐帶。這種「潤物無聲」的社會生
活習俗與楊包真人信仰，都構成大亞灣地區客疍族群互動的和諧要素，這就是
它們存在的社會價值。

本節總結的 3 點族群互動智慧，在廣府東路粵客與客疍族群 2、3 百年的
交往中，確實是成功有效的相處之道。與「東路智慧」相較，廣府西路的「土
客」雙方皆為失敗者。

四、結論

　　客家人在閩粵贛山區大本營裡形成的客家文化，是客家文化的母體。走出大山，來到珠江三角洲、來到粵東南濱海的客家人，與具有異質文化的廣府和疍家族群共處一地。由於官府的努力，雙方知識菁英的宣教、引導與推動，讓廣府東路濱海的民間社會，彼此都產生平等相待的接納與認同態度，成為了雙方共生共存的發展之途。筆者對增城粵客通婚和霞涌客疍共同信仰習俗的調查結果，清楚地反映出族群間只要建立起「相安無異」的互動關係，就能使雙方都成為受益者，它促進了社會對多元文化價值的接受與肯定，從而避免異質文化間因差異而引起的矛盾與衝突。這是比較理想的「不自貶」、「不相輕」而「躋大同」的社會狀態。

　　如果異質文化間彼此排斥，甚至產生仇恨、出現族群撕裂，最慘烈的莫過於前文提及的清咸豐同治年間發生在廣府西路的「土客大械鬥」。雙方被毀村莊達 3 千多個，傷亡多達 50 萬人，社會為此付出了沉重的代價。因此，族群間的和諧互動可以說是社會重要的穩定劑。在當今時代大變動時期，族群間的平等相待、相互尊重、相互理解，接納與包容就顯得尤為重要。與此同時，各級政府應有相應的保障政策與法規，各級教育機構、各媒體亦應積極擔起不可推卸的宣傳、引導社會輿論之重責。

參考文獻

王大魯、賴際熙，1920，《赤溪縣志》卷八。臺山：赤溪鎮修志辦公室改版重印。

徐旭曾，1965，〈豐湖雜記〉。頁 297，收錄於羅香林編，《客家史料彙編》。臺北：
　　南天。

張一兵主編，2006，嘉慶《新安縣志卷九・經政略・學制》，《深圳舊志三種》。深圳：
　　海天。

張衛東，2013，〈代序：論深圳客家文化特色〉。頁 1-12，收錄於劉麗川主編，《深
　　圳客家研究》。廣東：海天。

陳訓廷主編，2016，《惠州歷史概述》。廣州：廣東人民。

惠州市地方志編纂委員會，2008，《惠州市志》。北京：中華書局。

增城市地方誌編纂委員會，1995，《增城縣志》。廣州：廣東人民。

賴際熙，1925，〈卷首・序〉。《崇正同人系譜・序》。香港：香港奇雅。

劉麗川，2013，〈從大山走向大鵬灣的客家人〉。頁 261 -274，收錄於劉麗川主編，《深
　　圳客家研究》。深圳：海天。

劉麗川、王李英，2014，〈增城粵客通婚調查〉。《客家研究輯刊》2：98-103。廣東：
　　嘉應學院。

賴際熙編，1974，《增城縣志》，民國十年版。臺北：成文。

羅香林，1933，《客家研究導論》。臺北：南天。

_____ 主編，1965，《客家史料彙編》。臺北：南天。

越南北部華人的移居及其社會網絡：
以 6 個廣東／客家家庭爲例[1]

河合洋尚、吳雲霞著　范智盈譯[2]

摘要

本文的研究對象是越南東北部及中國花都華僑農場 6 個家庭的事例，探討的主要問題是越南北部華人經過多次移居形成的全球網絡，涉及到與移民相關的社會階層、族群認同、宗教儀式、節日民俗等議題。這 6 個家庭包含了越南北部廣東系、客家系華人，他們在移居過程中與其他華人族群相遇，其自身文化歸屬感經歷了反思與重構。從「移

---

1 本文以日本文部省科學研究資助項目「作爲介面的女性和中國系移民的離散空間」（基礎研究 B；宮原曉代表）爲基礎，論文曾刊載於「《アジア太平洋論叢》24 號（2022）」，再改寫成中文版論文發表。 本文使用的相關調查還包含日本文部省科學研究資助項目「漢族特色的空間利用與民族再建：中・越的邊界區域調查研究」（研究課題編號：25770313）。此外，吳雲霞在中國廣東省哲學社會科學規劃項目「嶺南女神的比較研究」（項目編號：GD12YSH01）中，在越南及花都華僑農場對越南歸國華僑進行了調查。感謝以上科研基金的資助，以及越南華人社團與花都華僑農場的協助。

2 河合洋尚爲日本東京都立大學人文社會學院社會人類學系副教授、日本國立民族學博物館特別客座研究員；吳雲霞爲英國蘭卡斯特大學博士生。范智盈爲日本大阪大學人間科學研究科博士生。

民群體」的角度來看,留在越南北部的華人與移居到海外和返回中國的「越南歸僑」之間有一種網絡聯繫;從「移民個體」的角度來看,族群的文化歸屬感是動態且複雜的。

關鍵詞:越南北部、華人、廣東人、客家人、全球網絡、族群認同

一、前言

　　本文以我們在越南及中國的田野調查為基礎，分析越南北部華人的移居以及他們在移居地所形成的社會網絡。近年來有許多越南華僑華人相關的人類學研究，但研究範圍多集中在越南的中部和南部地區。相較之下，雖然有歷史學或政治學研究以越南北部的華僑華人為研究對象，但是田野考察的報告仍然有限。[3]特別是在 1970 年代末的排華運動中，大部分的華僑華人離開越南北部之後，難以實地進行調查，關於越南北部華人的人類學研究近似空白的狀態。

　　在這樣的情況下，我們很幸運地有機會在越南北方華人中進行田野調查，最初訪談海防市的廣東系華人，再進一步調查客家系的艾人。此外，由於艾人多數已離開越南北部，本研究也到越南南部及中國華僑農場追蹤調查。[4]

　　我們關注的問題是，越南北部的華人離開那裡之後再次跨越國境，形成怎樣的社會網絡。具體的問題如下：一、在越南北部的部分華人，為何選擇留在越南，過著怎樣的生活？二、相反的，大部分的華人為何、又怎樣離開越南移居至海外？三、在這兩者之間，形成了怎樣的連結？我們以這 3 點作為問題意識，開始進行越南國內外的田野調查，訪談的對象不侷限於男性，也有多位女性，藉此關心女性的看法與角色。

　　本文聚焦於越南東北部及中國花都華僑農場的 6 個家庭，探討他們的遷移和跨國網絡的形成，透過越南與中國的田野調查資料，試圖描繪越南北部（出身）華人「此刻」的實態。

3　伊藤正子（2009）指出，和越南南部研究相比，有關越南北部的華人研究極少。雖然伊藤正子（2018）本人後來曾在越南北部對華人進行田野考察，但其成果仍然有限。

4　我們於 2013 年 8 月、12 月以及 2014 年 2 月在越南共同執行調查。另外，2014 年 1 月和 2015 年 10 月在花都華僑農場共同進行調查。此外，河合洋尚在中國各地的華僑農場（包含花都華僑農場），以及美國、澳洲的華僑進行個別調查。吳雲霞則在越南及花都華僑農場對越南華人進行個別調查。

　　此外，本文限定以漢人的華僑華人為研究對象。在越南 54 個民族中，隸屬漢藏語系的漢族包含華族、山由族與艾族。[5] 本文以具有越南北部背景的 6 個家庭（其中包含 4 個廣東系、2 個客家系）為對象，都是第二代、第三代移民。雖然學界一般多以有無國籍來區分華僑或華人，本文為了利於文章閱讀，將移居越南的第二代中國移民通稱為華人。

二、居住在海防市的廣東系家庭

　　越南北部與中國相鄰，從秦朝起就歸屬在中國版圖中，即使在法國殖民時期（1887 至 1954 年）仍有中國人移居此地生活。根據 1939 年所發行的《佛領印度支那に於ける華僑》（法屬印度支那的華僑）記載，越南北部的華僑社會以廣東人、湖北人、雲南人為主體（滿鐵東亞經濟調查局 1939：57）。此外，由於在法國殖民時期，河內已建置廣東會館及福建會館（山本達郎 1959），可以推測當時越南北部有一定數量的福建人。[6]

　　在越南北部不只是河內，各地皆有華僑華人居住，其中又以東北部的沿海都市「海防」華僑華人的人口最多。根據在海防中華學校任教的受訪者 A1 與

5　艾族的英文拼音是 Ngái people。客家方言的「𠊎」是「我」的意思，一般認為越南的艾族就是客家系漢人的艾人。歷史上廣西的客家也自稱為「艾人」（Ngai Nin）。但嚴格來說，艾族和艾人的族群範圍並不完全一致，因為在越南有不少艾人在民族戶口上屬於華族、儂族等（伊藤正子 2018；河合洋尚 2018）。

6　2013 年 8 月我們在越南社會科學院周春交及大西和彥先生引介下，訪問了河內的粵東會館及福建會館。粵東會館當時作為幼稚園使用，只有內部還遺留一些殘跡；福建會館雖原封不動地保留下來，但完全不使用，成為了遺跡。順道一提，2014 年 1 月花都華僑農場一位在河內出生的男性（1928 年生）告訴我們，當時有粵東會館、福建會館以及江西省為祖籍的九江會館。他同時說明，粵東會館名字雖然是粵東，但不是指現在的廣東省東部，當時會館主要是河內華僑華人中居多數的廣東人使用。這名男性是廣西防城港生長的廣東人，也曾屬於粵東會館。

圖 1　越南地圖。　　　　　　　　圖 2　海防市。（河合洋尚攝於 2014 年）

B1，1955 年海防的華僑華人約有 2 萬人，當中以廣東人為首，[7] 其次為福建人，客家人也是其中之一，但客家中的艾人多居住在廣寧省的山岳地帶。

　　A1 與 B1 皆為現居海防的廣東人。他們提到 1978 至 1979 年越南發生排華運動時，在海防大多數的華僑華人都回到中國，或經由香港移居至歐美、澳洲。他們說現在海防幾乎沒有華人，也沒有正確的統計數字，但估計長期居住的華人約為 2 百人。就他們所知，留在海防的華人都是廣東背景的華族，例如，海防的廣東人家庭大多是從廣東中部的廣州、南海、東莞、新會等地移居而來。

7　法屬時期，關於越南北部有多少華人華僑並沒有確切的統計數字。根據韓孝榮的記載，越南北部華人在 1911 年約有 32,000 人，1931 年約 52,000 人，到了 1951 年全越南的華僑華人約有 150 萬人，其中北部約有 90 萬人。然而，資料也同時記載，越南北部的人口 1955 年為 17 萬人，1957 年僅 5 萬人，相關數據並不確定 (Han 2009)。雖說 1955 年華僑華人有 2 萬人，但可能只是根據當地人的記憶所估算的數字。

然而，為何這些廣東人家庭留在海防呢？以下首先介紹 A1 和 B1 的生平及家族史。

（一）A 家庭的事例

A1 是 1930 年代在海防出生的第二代男性華僑。A1 的父親 1922 年從廣東省新會移居至海防，母親也是從新會移居越南的廣東人。父親在 1932 年花了 3 百兩白銀與母親結婚，婚後生下 A1。A1 共有 7 個兄弟姊妹，出生後住在海防市區的中華街。A1 成年後在海防的中華學校任教，1967 年與越南人 A2 結婚，並育有 2 子 1 女。A1 的子女都與當地越南人結婚，小兒子結婚後仍然和 A1 住在一起，方便照應。

在 A1 的記憶中，海防的中華街上住著很多華僑華人，設有中華會館。中華會館是廣東人與福建人共同使用，會館旁建有「三婆廟」，原供奉三婆和關公。1978 至 1979 年間，越南排華意識高漲，海防大多數的華僑華人離開了越南，移居至中國或歐美各國。由於 A1 的妻子是越南人，本人也在海防擔任教職，基於穩定的生活基礎，A1 選擇留在海防。

1970 年代末大部分的華僑華人遷離後，中華街也隨之式微，取而代之的是非漢人的京族人在這裡生活（圖 3），而中華會館被作為市場使用（圖 4）。[8] 在這樣的情況下，A 家不得已搬離中華街，移至靠近妻子娘家的郊外居住，成為那個社區中唯一的華人。然而，由於 A2 是越南人，A 家日常生活中使用越南話，逢年過節也以越南習俗為主。例如：家常料理多為越南菜，過年時也和其他越南家庭相同，以桃花裝飾家中。對此 A1 表示：「越南文化與中國南部

---

8 現在這個市場只留下少許中華會館的遺跡。中華會館中華人的信仰對象「三婆廟」儘管保留下來，但已經成為京族的信仰對象，供奉天一地一水三位聖母。根據 A1 的記憶，「三婆廟」的主神是三婆和關帝。三婆是指媽祖，廣東和廣西沿海地區的漁民稱媽祖為「三婆」。現在已不見關帝和媽祖，不管在哪裡都是京族的廟宇。

並沒有太大的差異。」此外，A1 與華僑朋友仍用廣東話交流，且以作漢詩為興趣愛好，持有強烈的「漢族」認同。

　　A1 的小兒子 A3，同樣也與越南人結婚，結婚後夫妻倆與父母同住。A3 主要是在越南話的環境中成長，中文幾乎完全不懂，但稍微懂一些廣東話。A3 與父親 A1 都持有越南國籍，被歸屬在漢族系的少數民族華族中。A3 的身分證上，雖然不是標記華族而是「漢族」，[9]卻持有強烈的漢族認同，因此藉由自己的漢人身分開始學習中文，現在從事與中國有關的貿易與口譯工作。A3 經常往返中國與越南，同時建構兩邊事業發展上的網絡。

（二）B 家庭的事例

　　B1（男性）與 A1 是同年齡的老朋友，現在也經常有往來。B1 說父母是辛亥革命（1911 年）之前從廣東省的南海移居至海防，父母曾經說，在辛亥革命前的海防有四分之一的居民是華僑華人。B1 與 A1 一樣，曾經在中華學校任

圖 3　海防的中華街舊址。
　　（河合洋尚攝於 2013 年）

圖 4　中華會館舊址目前為市場。
　　（河合洋尚攝於 2013 年）

9　住在海防的廣東人，雖屬於華族，但戶籍上標示「漢族」，祖籍「中國廣東」。至於像 C3 混血的情況，父親是華人即漢族，父親是越南人即越南人。

教，但與 A1 不同的是，B1 的妻子 B2 是華人，兩人育有 1 子 1 女，過去曾住在海防市區的中華街。

由於 B2 也是華人，且在中華學校有相當的職務地位，與當地社區聯繫密切。因此 1970 年代末大多數的華人華僑離開中國時，B 家選擇留在海防。與 A 家不同的是，B 家從中華街搬到了郊外的住宅區。B 家居住的社區大多是京族等非漢人居民，B 家與 A 家同樣選擇融入越南社會生活。

B 家日常生活中雖然沒有特別強調自己是華人，實際在生活文化上卻與 A 家有些不同。例如：B 家日常飲食以中華料理為主，並在廚房供奉灶神，如一般華人家庭信仰灶神，至於 A 家中無灶神信仰。按照越南的習俗，每年農曆臘月會祭拜灶神，但是不會在廚房設置灶神的神龕。

現在 B1 和 B2 夫妻與兒子 B3 及媳婦同住。B3 是在海防生長的第三代華人，並與越南女性結婚。B1 的女兒 B4 則移居至中國福建省的福州，B4 早先去中國時認識了中國籍的男性，結婚後就在中國定居。B1、B2 夫妻時常到福州去探視女兒。

三、移居歐美後偶爾返鄉的海防華人

居住於海防的華人普遍具有漢族認同，但表面並不特別強調，同時積極融入越南社會生活。另外，他們持續和當初從海防移民至歐美的華人保持聯繫。1970 年代末離開海防的華人家庭離散在世界各地，但是並沒有與海防斷絕關係，經常因為某些原因暫時回到海防，以下具體以 C 家、D 家的事例說明。

（一）C 家庭的事例

C1、C2 夫妻是在海防生長的廣東人。他們曾經就讀華人學校，居住在中華街，在 1970 年代末的排華運動後，舉家離開海防移居至國外。現在 C 家成員中沒有任何人留在海防。

　　概括我們對海防華人的訪談，從海防移居至國外主要有 2 條路線：其一，
從海防利用海陸方式到中國。例如：從海防經由越、中邊境的芒街東興，再轉
至廣西壯族自治區的北海、南寧，或是經由海路到海南島或廣州。這個時期遷
回到中國的華人，大多定居在中國政府指定的華僑農場，而非祖籍地。其二，
1979 年時從海防坐船至香港。例如：以難民的身分先到香港，之後再轉往美
國、加拿大、英國等歐美各地，或是再移至澳洲。其中 C 家就是以後者的方式，
經由香港再移居至加拿大。

　　留在海防的廣東人，通常是像 A1 的配偶是越南人，或是像 B 家與越南社
會有良好的關係。根據 A1、B1 的訪談，教育界的華人有 99% 都離開海防，
相對於參加軍隊的華人，親近越南社會的華人留在越南的比例較高。至於從事
商務的人，若是沒有與越南政府或是市民有特別密切聯繫的家庭，便離開了海
防。C 家與大部分的華僑華人家庭一樣，決定全家都移民國外，將主要生活基
礎轉至加拿大。但是 C1、C2 儘管年屆高齡，仍每年回到海防，與 A1、B1 等
學生時期的朋友們見面。

　　在越南的華人，除了家人和親戚以外，最重要的人際網絡是同校同學，也
就是所謂的「學緣」。像 C1、C2 夫妻就非常重視「學緣」的網絡連結，因此
經常回到出生地探訪。他們與 A1、B1 並沒有買賣關係的商業連結，純粹是開
心見到過去的老朋友，並且一起聊天和吃飯。但是 C1、C2 的下一代，由於加
拿大的公民身分更強，與海防的聯繫則減弱了。

（二）D 家庭的事例

　　接著是家庭成員分散在越南、香港、澳洲的 D 家事例。D 家原本是住在
海防的廣東人，1970 年代末家庭成員大多移居至香港，只有 D1 因為與越南男
性結婚而留在海防。由於 D1 的家人移居香港，或是從香港再移民至他國，D
家成員生活在不同國家。目前居住在海防的 D1 與海外的家人保持聯繫，例如，

2013年12月D1的姪女D2因為與京族男性D3結婚而回到海防。D2住在澳洲、D3在斯洛伐克工作，兩人是為了舉辦婚禮而回到海防。兩人在同月30日舉辦的婚禮，集結了D2的伯母、D1的親戚與D3的越南親戚。

　　D1和D2都是華人，由於D1和京族結婚的關係，參加婚禮的賓客大多是京族。雖然京族的親戚中有幾位聽得懂廣東話，但訂婚儀式以越南方式舉行。訂婚儀式大致流程如下：第一、通常會請商家到家裡布置場地，使用白色和紫色的彩帶與氣球裝飾訂婚會場（圖5），會場外觀主要是白色和紫色，會場內部則裝飾紅色和白色的垂幕，並且張貼中國婚禮會場常見的「囍」字。第二、訂婚當天，新郎搭乘白花裝飾的「禮車」送禮物去新娘家，接著參拜新娘家中的祖先，在擺放祖先的神臺供奉禮物、告示結婚後，再前往訂婚會場。第三、結婚當天，新郎帶著禮品去迎娶新娘，其中包括新郎家送給新娘家「糯米雞」（雞擺放在紅色的糯米上面）的禮品。第四、進入婚禮會場後，D2、D3為D1等雙方親戚端茶，接著再為參與婚禮的賓客倒酒。京族的女性親戚中，有幾位穿著越南的傳統服飾「奧黛」。按照京族的習俗，通常在訂婚幾個月之後才舉辦婚禮，但是從海外回越南舉辦婚禮的男女雙方行程比較緊湊，訂婚和婚禮之間的間隔相對較短。

圖5　訂婚儀式會場。
（河合洋尚攝於2013年）

圖6　新郎贈送新娘家禮品。
（河合洋尚攝於2013年）

　　A1 告訴我們，越南華僑舉辦盛大的訂婚儀式並不稀奇，而且京族與華人的訂婚、結婚儀式也無多大差異。他同時也指出 D 家的訂婚儀式有一些與華人不同的地方。首先，華人的禮車不會用白色的花裝飾，因為習俗上會讓人聯想到喪禮，至於京族只要不是黑色或是鮮紅色都沒關係。其次，婚禮男方的贈禮糯米雞是京族的習慣。接著，使用「囍」字做裝飾，一般在京族社會也常見，只是因為婚禮是以京族方式舉行，才讓現場的華人感覺有些意外。

四、客家系家庭移居中國華僑農場

　　越南北部的華僑華人社會中，雖然廣東人占多數，仍有福建人、湖南人、雲南人或漢語系的山由族、艾族等居住。其中，我們訪問了在越南國內外被稱作「艾」的客家人，他們現在歸屬在艾族、華族、儂族等民族分類中。然而，多數被認為是越南艾族的人並沒有艾族的民族意識，而是認為自己屬於漢族、廣西人（河合洋尚、吳雲霞 2014a）、儂族的華人（芹澤知広 2009，2018）。本文中統一將他們稱之為艾人。

　　艾人早在 18 世紀以前，就從現在的中國廣西壯族自治區（以下通稱為廣西省）遷移至越南東北部（河合洋尚、吳雲霞 2014a：95，2014b）。艾人的祖籍地一般是廣西省防城港市到廣東省西部的廉州市一帶，這個區域在清朝時屬於欽州府、廉州府管轄，因此簡稱為「欽廉」。艾人從欽廉地區移居至越南後，從事農耕或漁業等，與周圍儂族的生活並無差異 (Vaillant 1990)。古田元夫在書中提到，艾人主要居住在越南東北部的廣寧省，第一次越南抗法戰爭（1946 至 1954 年）時，人口約有 10 萬人。在法國殖民時期，艾人被歸類在儂族，但是 1948 年中國共產黨介入後，又將艾人視為華僑（古田元夫 1991：429-435）。

　　1954 年越南南北分裂，北方成立社會主義政權後，一部分支持國民黨的

艾人移居至南部的胡志明市、同奈省等。他們經由海防乘船往南部遷徙，在越南南部各地建設護國觀音廟，作為精神支柱。1989 年，胡志明市政府希望華僑社團恢復運作，以幫助越南贏得海外移民的投資。在此背景下重啟了客家社團崇正會，在胡志明市的護國觀音廟，包含艾人的廣西華人組成了欽廉同鄉會，與其他客家有關的同鄉會一起加入了崇正會。

欽廉同鄉會中的一位幹部（艾人）表示，艾人與廣東人相同，在越南 1970 年末的排華運動中，大多移居至海外。其中在 1954 年從越南北部移居至南部的艾人，再次移民到美國、加拿大、澳洲等地，並且在移民當地組織欽廉同鄉會，建設護國觀音廟。[10] 另一方面，1954 年選擇繼續留在越南北部海寧省的艾人，在 1970 年代末多數受排華運動影響移居到中國。移居到中國的艾人不一定回到祖籍地欽廉地區，而是遵循中國政府的安排，居住在中國南部各地的華僑農場。在越南南部即使艾人逐漸減少，仍可發現組織欽廉同鄉會的艾人，至於越南北部幾乎已沒有艾人的蹤跡（范宏貴 1999：220）。

圖 7　胡志明市的護國觀音廟（左）
　　　與欽廉會館（右）。
　　　（河合洋尚攝於 2013 年）

10　根據我們在胡志明市的欽廉會館訪問，在舊金山有欽廉同鄉會，並建設護國觀音廟。在加拿大、澳洲也有欽廉同鄉會，溫哥華和雪梨也有護國觀音廟。進一步調查這些城市是今後的課題。

　　我們實際在東北部尋找訪談艾人的線索，但當地的華人只回答「艾人已不在越南了」。A3 提到，鄰近中國的老街省、芒街市等地區仍找得到艾人。伊藤正子（2018：265-267）也指出，越南北部廣寧省有一批屬於華族的艾人，但我們未能進一步調查確認。另外，在蒐集艾人資料時，逐漸發現中國的華僑農場大多是艾人，且至今仍居住在那裡。因此我們除了在越南進行調查，也短期走訪了幾個中國的華僑農場做調查。[11] 其中主要調查的是廣東省廣州市花都華僑農場。

　　花都華僑農場分成港頭、僑北苑、僑南苑、僑興苑等 4 個區域。根據花都華僑農場負責人的介紹，農場總人口約為 5 千人，約有 1 千人是艾人。其中又以僑北苑的艾人較多，雖然沒有確切的統計數字，但是可估算高達 80% 是艾人。在我們的調查中，這裡的艾人是在越南北部生長，現在也仍與故土多有聯繫。具體事例以下列兩個家庭的移動史及社會網絡加以說明。

圖 8　花都華僑農場・僑北苑。
（河合洋尚攝於 2014 年）

11　河合洋尚在廣東省梅州市的蕉嶺華僑農場曾進行過幾次短期調查，那裡以印尼及馬來西亞的歸國華僑為主，幾乎沒有艾人。另外，在雲南省的甘庄華僑農場進行調查時，發現農場有一定數量的艾人（根據首都大學阿部朋恒、川瀨由高兩人的共同調查）。2015 年 10 月我們曾在深圳的光明華僑農場進行短期調查，那裡的歸國華僑中艾人比例很高，至少有一半以上。光明華僑農場的調查也是今後的課題。

（一）E 家庭的事例

E 家是住在河內的華人家庭。男性艾人 E1 與雲南華人女性 E2 在河內認識結婚，育有 4 名子女。一家人原本在河內生活，受到 1978 年排華運動影響，決定離開越南，只有和越南女性結婚且育有孩子的長子 E3 繼續留在河內。E1 和 E2 帶著次男 E4、長女 E5 和小兒子 E6 前往中國，安頓在花都華僑農場。後來 E4 和妻子（潮汕人）耐不住艱苦的農場生活，再經由香港移居至加拿大。

E1、E2 和子女 E5、E6 等 4 人留在花都華僑農場，最初從事農業，後來到製鞋工廠上班。E5 離開越南時 19 歲，移居至花都華僑農場後，在農場裡認識印尼的歸國華僑並結婚；E6 則在和廣州的女性結婚後，離開了農場。E6 與前述的 A3 相同，利用華人身分從事與越南有關的貿易及口譯工作，往返於越南及中國。E1 與 E2 過世後，只剩長女 E5 留在花都華僑農場。

E5 育有 2 女 1 男，女兒已出嫁，兒子則移居至北京。E5 的丈夫已經過世，現在她一個人生活。E5 遷居中國以後不曾回過越南，從此沒有再見過長兄 E3。E6 由於工作的關係，到越南時會和 E3 見面。E5 經由 E6 知道長兄 E3 的經濟狀況不是很好，曾經感嘆若當時一起到中國就好了。另外，E4 夫妻經常從加拿大返回花都華僑農場，每次都會和姊姊 E5 見面。

前文已提及 E1 是艾人，但 E5 剛開始並不知道父親是艾人，只知道父親在廣西出生，後來從廣西防城港移居到河內。2015 年 10 月我們進行訪談時，E1 的一位高齡朋友說到 E1 其實是艾人，E5 才知道父親是艾人一事。因此，E5 並沒有艾人或客家人的認同，她將艾人看作越南人，並且一直認為自己不是艾人，而是正統的漢族。

E5 舉出艾人的特徵是重視祭祖儀式，而越南華僑或是印尼華僑一般不會舉辦隆重的祭祖儀式。另外，艾人會將祖先牌位放置在家中，並且做「打齋」儀式（人死後，請道士到家中進行供養和超度的功德儀式）。實際上，E5 家

中沒有放置祖先牌位，而是擺放弟弟 E6 從越南買回來的裝飾品。從越南移居
的 E5 對越南有強烈的歸屬感，經常做越南料理，至於她女兒這一代，對越南
則有距離，也不會做越南料理。

（二）F 家庭的事例

F 家持有艾人的自我意識，與 E 家庭大不相同。F 家在排華運動之前的
1960 年，舉家移居至海南島的華僑農場。艾人父親 F1 和越南京族的母親在海
南島生了女兒 F2（1970 年代出生）與兒子 F3（1980 年代出生），迄今仍在
花都華僑農場生活，並有一位叔叔是地方政府的幹部。在 F 家，家中日常使用
的是艾話（語言學上屬於客家話），在農場與其他歸國華僑交談時則使用廣東
話。母親一方的親戚中有山由族的 G，但 G 日常也使用艾話。[12]

F2 移居花都華僑農場後，嫁給馬來西亞的歸國華僑，丈夫的母親是花都
當地出生的客家人。F2 的父親是防城港出生的艾人，因此年少時便持有艾人
認同，她則是到中國之前都不知道自己是客家人。F2 是在婆婆的影響下產生
了客家人認同，例如，家裡的神臺是用客家方式布置。如圖 9 所示，F2 家同
時祭拜祖先牌位與觀音，神臺上方供奉祖先牌位與觀音，下方則擺放著「五方
五土龍神」神明與土地神。在越南北部，祖先通常不會與神明擺放在同一個供
臺上，也不會放置「五方五土龍神」。F2 告訴我們，這是按照婆婆的說法使
用「廣東客家」的方式。

F2 強化客家人認同的同時，心理上與越南是有距離的。F 一家人雖移居中
國，但在越南仍有祖墳和部分親戚，因此，與 F1 同年代的人每到清明節都會
有代表回越南掃墓並拜訪親戚，年輕一代則不會一起回越南。例如，F2 說她

12　G 自稱為少數民族，認為自己與歸屬漢族的艾人不同，但是他不知道山由族屬於中國的哪個
　　民族，只說知道祖先是從廣東省博羅縣移居到越南的。另外，2015 年 10 月在華僑農場舉行「打
　　齋」的年輕祭司也自稱自己是山由族，他認為山由族相當於中國的瑤族。

不曾去過越南，就算去拜訪親戚也聽不懂越南話，無法溝通。我們轉問 F2，拜訪艾人親戚不就可以用艾語溝通，她只直接回答「沒興趣」。弟弟 F3 也說離開越南已經 40 多年了，沒有必要回去。

　　從以上舉出的兩家事例，可以發現花都華僑農場的艾人中，有人因為工作、拜訪親戚、掃墓等原因定期回越南。至於其他在花都華僑農場附近工作的艾人女性，經常以華人身分去芒街販賣越南物產。越南歸鄉僑友會的幹部 H（男性，1950 年代出生）由於母親的墳墓在越南北部的廣寧省，每年定期會經由芒街回越南。對艾人來說，祭拜祖先是男性的工作，一般因為掃墓理由回越南的都是男性。然而像 F1 或 F2 的年輕世代，和越南的關係已逐漸薄弱。

　　另外，艾人移居中國之後強化了客家認同。雖說艾人現在歸屬於客家，但過去他們居住在越南時普遍沒有客家意識。尤其在花都華僑農場，經常可以聽到移居到中國後才知道自己是客家人。例如，H 在 1970 年代末剛移居到花都

圖 9　艾人家庭的神臺。
（河合洋尚攝於 2015 年）

華僑農場時，因為自己和華僑農場周邊的客家人說著類似的語言，才知道自己是客家人。在花都華僑農場經營華僑餐館的 I 得知自己是客家人時，便開始提供客家特色料理，如梅菜扣肉、釀豆腐等。I 表示這些艾人的食物，前者只有在春節等特定日子才會吃，後者有些艾人在越南時從來沒有見過。簡而言之，艾人移居至中國之後慢慢融進客家空間，也將客家的論述融入生活當中。

我們在訪談中發現，無論是在越南時期還是移居中國以後，廣東系華人和祖籍廣西欽廉地區的客家系艾人，分布地點上都有明顯的差異。在越南北部，廣東系華人主要居住在河內和海防的華人街，從事商業活動；艾人主要居住在中越邊境地帶的山區，從事農業生產。回中國以後，艾人大多與同村人一起遷移到中國南部的華僑農場，在那裡從事農業生產，或者逐漸進入附近的鄉鎮工廠，與周邊社會產生連結。廣東系華人則大多經由香港中轉移民去歐美、澳洲等國家，或者再設法進入中國城市發展。

然而，廣東系華人和客家系艾人之間一直有互動，連結彼此的是容易被忽略的學緣紐帶。1954 年越南北部解放以後，中國政府資助越南的華僑學校，除了派中國老師去教學，也派海防華僑中學和河內中華中學的畢業生去芒街的華僑學校教課。也就是說，廣東系的華僑中學畢業生與客家系華人之間形成了師生關係。最初介紹我們去花都華僑農場做艾人調查的 X 先生，是河內的華僑中學畢業生，曾經被派去芒街教學，而在花都華僑農場接待我們的幹部 Z 先生，就是 X 先生那時候的學生。1966 至 1972 年美國飛機對河內、海防進行轟炸，廣東系華僑學校的師生躲避到北部的廣寧省艾人聚集地，堅持辦學，並得到當地艾人的幫助。直到現在，河內中華中學、海防華僑中學廣州校友會每年都會在廣州舉辦活動，聚集以前的同學和學生從全國各地前往參加。

五、結論

本文以越南北部華人與從越南北部移居海外的華人家庭事例，分析他們的
移居過程以及後續形成的社會網路，對照本文的問題意識可以說明：

第一，選擇繼續留在越南北部的部分華人，與越南社會有一定的關係。簡
單來說，他們因為某些原因和越南社會形成密切的關聯。在本文的案例中值得
注意的是婚姻關係，例如：A1、C1、E3 與越南人結婚生子，已在越南建立穩
固的生活基礎，即有可能選擇繼續留在越南。特別是華人男性與越南女性結婚
的比例，多過於性別相反（華人女性和越南男性）的結婚類型，因此越南女性
可說是「華人」在地化的主要原因之一。[13] 另外，也有像 B1、B2 夫妻，擁有
一定社會地位的華人夫婦留在當地的類型。

第二，越南華人的海外移居，除了像 F 家在 1960 年代時移出，或者是其
他以留學為目的而移居的家庭，大部分越南華人移居海外的主要原因是 1970
年代末的排華運動。這個時期越南北部的華人，利用各種路線移居海外。根據
現階段的調查可以整理出：A 從越南北部回中國，進入華僑農場，B 從越南北
部經由香港再移民到歐美各國或澳洲，C 從越南北部移居南部再移民歐美各國
或澳洲等路線。

第三，雖然越南北部大多數華人移居到中國或歐美各國，但未必與越南切
斷關係。根據現階段的調查，移居至海外的華人與越南保持聯繫的理由：一是
血緣關係，二是學緣關係，三是經濟關係。抑或說，移居至海外的華人，會因
為拜訪留在越南的家族與同學而定期回到越南北部，長期與當地保持聯繫。至

---

13 歸化日本的客家人可以說明在華人的在地化過程中，移居地女性所扮演的重要角色。以從臺
　　灣移居日本的客家男性和日本女性結婚為例，父親是客家男性、母親是日本女性的情況下，
　　通常小孩不會說客家話或中文；父母雙方是華人的情況，即使在日本生活成長，小孩多少能
　　理解客家話或中文。

於像廣寧省的艾人，即使沒有親友留在越南，也會因為祖墳而回到越南北部。
此外，在越南北部出生的華人，由於語言及人脈的優勢，容易從事中越之間的
貿易和口譯工作，擴展個人的網絡資源。

　　從這裡我們可以發現，即使只有少數華人住在越南北部，但因為移出的華
人家庭在那裡有親戚、熟人或是祖墳，已形成了包含越南北部的全球性網絡。
然而，從另一方面來看，由於移居海外建構了新的社會關係及認同，年輕的世
代與越南的關係已逐漸薄弱。越南以外的相關調查研究顯示，不管是何種網絡
都有個人差異，也就是說，雖然越南北部與中國的網絡已跨越國境得以重塑，
但是並非所有的華人都會加入。又如艾人的情況，他們獲得了客家的身分與相
關話語，進入新網絡後同時也改變了生活和文化。

　　值得留意的是，雖然目前艾人被歸類為客家人，但越南艾人剛到中國時並
沒有客家認同，而是融入到廣東客家社會後，才開始意識到自己的客家身分。
既有研究中有不少研究關注客家人和非客家人（如廣府人、潮汕人、福佬人、
畬族、臺灣原住民等）的族群關係，但關注客家人內部族群邊界的研究還不多。
本文呈現了客家身分認同從缺失到產生的個案。

　　當然，本文僅以海防與花都華僑農場做為中心，針對部分的華人家庭進行
調查與研究，無法完全論及整個越南北部的華人網絡，我們期待這項越南北部
的華人研究能成為出發點，未來針對越南中部、南部以及中國南部各地的華僑
農場，甚至擴及美國、加拿大、澳洲等地，更廣泛地調查華人網絡。

　　我們也意識到需要進一步研究全球形成的華人團體，例如越柬寮同鄉會或
欽廉同鄉會是移居海外的越南華人所參加的全球性組織，近年來在世界各地定
期舉辦集會。根據胡志明市的欽廉同鄉會幹部所說，他們不只和美國、澳洲的
欽廉同鄉會有聯繫，和中國的華僑農場也有連絡。追蹤這一類華人團體的聯
繫，或許可以發現越南北部華人所形成的不同新網絡。

　　越南北部的華人大多已離開出生地，並且融入跨國的全球網絡中，因此，想要了解全球華僑華人網絡現狀，越南北部的華人是很好的研究對象。雖然本文只涉及其中一部分，仍可作為今後進一步探討越南北部華人所形成的全球網絡，以及其展開的話語空間（離散空間）的基石。

參考文獻

山本達郎，1959，〈ハノイの華僑に關する史料〉。《南方史研究》1: 99-105。

古田元夫，1991，《ベトナム人共産主義者の民族政策史：革命の中のエスニシティ》。東京：大月書店。

伊藤正子，2009，〈第14章華僑・華人／第二節北部〉。頁132-133，收錄於末成道男編，《ベトナム文化人類学文献解題》。東京：風響社。

_____，2018，〈＜ベトナムの「華人」政策と北部農村に住むガイの現代史（特集＝ベトナムのガイ人：客家系マイノリティの歴史・宗教・エスニシティ）〉。《アジア・アフリカ地域研究（京都大学大学院アジア・アフリカ地域研究研究科）》17(2): 258-286。

河合洋尚，2018，〈越境集団としてのンガイ人：ベトナム漢族をめぐる一考察（特集＝ベトナムのガイ人：客家系マイノリティの歴史・宗教・エスニシティ）〉。《アジア・アフリカ地域研究（京都大学大学院アジア・アフリカ地域研究研究科）》17(2): 180-206。

河合洋尚、吳雲霞，2014a，〈ベトナムの客家に関する覚書：移動・社会組織・文化創造〉。《華僑華人研究》11: 93-103。

_____，2014b，〈ベトナム客家の移住と アイデンティ：ンガイ人に関する覚書〉。《客家與多元化》9: 26-51。

吳雲霞，2012，《文化傳承的隱形力量：越南的婦女生活與女神信仰》。廣州：暨南大學出版社。

芹澤知広，2009，〈ベトナム ホーチミン市のヌン族の華人〉。《フィールドプラス》
　　2: 6。

_____，2018 〈ヌン族の華人の祀る神：中国・ベトナム・オーストラリアの実地調
　　査から（特集＝ベトナムのガイ人：客家系マイノリティの歴史・宗教・エスニシ
　　ティ）〉。《アジア・アフリカ地域研究（京都大学大学院アジア・アフリカ地域
　　研究研究科）》17(2): 227-257。

范宏貴，1999，《越南民族與民族問題》。南寧：廣西民族出版社。

満鉄東亜経済調査局，1939，《佛領印度支那に於ける華僑》。東京：開明堂。

Han, Xiaorong, 2009 "Spoiled Guests or Dedicated Patriots? The Chinese in North Vietnam,
　　1954-1978." *International Journal of Asian Studies* 6(1): 1-36.

Vaillant, L. 1920, "L'Etude anthropologique des Chinois Hak-ka de la province de Mongcay
　　（Tonkin）" *L'Anthropologie* 30: 83-109.

Life-style and Social Interaction of Hakka People in the Context of Thai-Chinese Society

Siripen Ungsitipoonporn[1]

Abstract

The objectives of this article are: (1) to study the life-style and interactions of Hakka people living in the Thai socio-cultural context, and (2) to study the significant factors, conditions and reasons for the Hakka people to maintain their beliefs and traditions, or adopt the culture of the predominant ethnic group in the same area. The researcher used in-depth interviews to collect data from twenty Thai-Hakka people in four regions. The interview topics are related to the value of life-style of Thai-Hakka and their interactions with other people in their community. The results show that Hakka language people used in the past is shifting to Thai language now. However, there are some elderly who still speak Hakka

1 Research Fellow, Research Institute for languages and cultures of Asia, Mahidol University, Thailand.

with their same aged friends or relatives, and some families communicate in Hakka at home when they do not want other people to understand. In terms of Hakka identity, except for language, we cannot see concrete changes. Most participants accepted that they do not identify clearly with the rituals, culture and traditions of Hakka, which are different from other Chinese dialect groups, because they know them collectively as Chinese traditions. When Thai-Hakka people moved to other region of Thailand, language, culture, and traditions would change with the group who are in the majority in those areas. Although most of them still practice annual Chinese rituals, they simplified them and some do not appreciate the cultural significance. If parents do not pass on the traditional culture to their children and do not speak the language in the family, these things will gradually fade away. The main factors that precipitate the language and cultural decline are: politics, economics, formal education, globalization, intermarriage, and small families.

Keywords: Hakka dialect, social interaction, language shift and maintenance, Thai-Chinese society.

1. Introduction

1.1 Background and significance

Thailand has a large number of Thai people with Chinese descent that they are known as overseas Chinese, or rather be called Thai-Chinese. These Thai- Chinese speak different dialects such as Chaozhou, Hokkien, Hainanese, Cantonese, Hakka, and Yunnanese, etc. There are some differences in beliefs and cultural traditions between each group, but many also share common cultural elements such as Chinese New Year (春節), Qing Ming Day (清明節), the day to commemorate ancestors in early April, Dragon Boat Festival (端午節), and Mid-Autumn Festival (中秋節), etc. No matter which Chinese dialect is used, these important Chinese festivals are celebrated throughout the year. However, different groups have different practices, such as offerings and sacrifices that some Chinese groups do not make offerings in certain festivals. Wang (2007: 890) says that the Hakka in Southeast Asia perceived and adopted a "Chinese identity" instead of "Hakka identity" because they would like to facilitate cooperation with other Chinese groups such as Hokkien and Chaozhou. Leong (1997) argues that Hakka, Hokien, Cantonese, and other southeastern Chinese groups share a common culture and traditions only in certain situations. Therefore, it is somewhat difficult to claim that Thai-Hakka identity is true Hakka identity.

Fishman (1991) suggests that the first generation of immigrants to migrate to another country usually speak their mother tongue to the second generation. The second generations are bilingual, while the third generations only speak the language of the host country (cited from Zou 2020). This seems to be a normal phenomenon for immigrants, including overseas Chinese in Thailand. Nowadays, Hakka people in Thailand are losing their language and traditions because they have assimilated to Thai culture. We should actually refer to them as "Thai-Hakka", similar to the Hakka in Taiwan. They see themselves as "Taiwanese Hakka" rather than "Hakka in Taiwan" (Zou 2020:881). Therefore, in this study, the researcher would like to use the word "Thai-Hakka" instead of "Hakka in Thailand", because they have transitioned from being "traditional Hakka" to being Thais with Hakka blood.

After having conducted various researches on Hakka people in Thailand over more than ten years (Ungsitipoonporn 2011; Ungsitipoonporn 2013; Ungsitipoonporn 2014; Ungsitipoonporn et al. 2014; Ungsitipoonporn and Laparporn 2016; Ungsitipoonporn 2020), the researcher has observed changes for the better and worse as far as Hakka in Thailand are concerned. The Thai-Hakka speakers have more courage to express themselves and tell the others that they are Hakka. Some even want to learn the Hakka language. Moreover, Hakka youths are forming groups to express their intention to continue to preserve and pass down their Hakka heritage and ethnic values to their children. It can be said that they are taking more pride in themselves, because Hakka people used to preferred not to share the identity of their being Hakka in the past. Recently, more scholars have become interested in studying Hakka language and culture. Some Hakka communities in Thailand are inspired to revive the Hakka identity, such as food, dress and architectural design (Tulou 土 樓). Having said that, it should be noted that Hakka food in Thailand should really be called "Hakka-style" food since it has been adapted to the Thai socio-cultural context. In addition, the elder members of the Hakka Association in some provinces support and encourage Hakka youths to attend meetings and form Hakka youth clubs in order to recruit younger Hakka members. However, some features of Hakka language and culture have already disappearing or nearly so from their communities. The younger Hakka generation cannot speak or understand the language but are fluent in the local language where they grew up. It results from their parents did not use Hakka to communicate with the family members. The local has impacted Hakka culture and other ethnic groups living in the same vicinity, thereby causing the Hakka children be away from the Hakka traditional way of life and rituals. Therefore, it is interesting to study in the present context of Thai society whether the Hakka people can maintain their traditional culture and how they accept other cultures. This paper attempts to answer the following questions: (1) What is the current life-style of Thai-Hakka, (2) what are the trends of Thai-Hakka interactions with other ethnic groups in the community, and (3) how do they exchange, accept, or assimilate language and cultural elements among the others in the community. The research data and results can be useful for the planning of Hakka language and culture preservation and revitalization in the future.

1.2 Language and cultural diversity in Thailand

Five language families are found in Southeast Asia, including Thailand. Those language families are Tai-Kadai, Austroasiatic, Austronesian, Sino-Tibetan, and Hmong-Mien. They are scattered across different regions in Thailand (Premsrirat, et al. 2004). Around 70 languages from these five language families in Thailand are classified into 24 ethnic groups in the Tai-Kadai language family, 23 ethnic groups in the Austroasiatic language family, 18 ethnic groups in the Sino-Tibetan language family, three ethnic groups in the Austronesian language family, and two ethnic groups in the Hmong-Mien language family. In the northern part of Thailand, there are numerous ethnic groups of the Sino -Tibetan and Hmong-Mien language families; while in the southern part there are some ethnic groups of the Austronesian language family. For the north-eastern part of Thailand, most people belong to the Tai-Kadai ethnic group and some to the Austroasiatic group. In contrast, the Thai-Chinese people live in every part and province of Thailand, especially in the cities and downtown areas. Although Thai-Chinese are the largest Chinese community in Southeast Asia, most of them have assimilated with Thais and the new generation uses Thai language as their mother tongue.

1.3 Literature review

Overseas Chinese, including the Hakka, have experienced similar situations such as intermarriage, social networking, nationalism, economic concerns, and education (Liao 2018, Jie-Sheng Jan et. al. 2016). These situations and other factors such as globalization and new technology are contributing to the change in patterns of Hakka language use. Liao (2018) studies Hakka language shift and identity among the Hakka people in Sabah, Malaysia and claims that Hakka identity is given a priority in the ranking over the Hakka language. This means that even though the third generations have given up on learning the Hakka language, they still perceive their ethnic identity. There is one important reason why the Hakka language transmission has been decreasing is that the Hakka language is considered rude while Hakka people themselves regard Mandarin a more elegant and polite language. As a result, young Hakka couples prefer not to use Hakka to communicate with each other in a romantic relationship. Hakka identity in Southeast Asia has not been denied altogether but exists in other forms. The most significant ones are the organizational forms under the Hakka Associations (Hsiao et. al. 2005, Chern 2006 cited from Hsiao and Lim 2007).

Generally, in the Southeast Asian public sphere, Hakka language and culture are virtually invisible (Hsiao and Lim 2007). Malaysian Hakka are not easily recognizable by their appearance, but their dominance in certain commercial activities and use of the Hakka language are the most distinguishing features of Malaysian Hakka in comparison to other Chinese groups. Therefore, if the Hakka language is lost, their cultural identity is expected to subsume into another form of homogenous Chinese community (Liao 2018). Identity change is possible in any immigrant society, and this applies to Chinese immigrants around the world. The process of identity change occurs when people perceive less sense of belonging to a group and gradually assimilate into the host country (Liao 2018).

Liao (2018) and Jie-Sheng Jan et al. (2016) study the Hakka language retention in Taiwan. They state that the main factors influencing Hakka children's ethnic language ability are intermarriage, education, and family size. If Hakka youth have more family members (e.g. grandparents, parents, and siblings) who speak Hakka at home, they are more likely to speak and maintain this cultural custom. Furthermore, they found that intermarriage between Hakka mother and Holo father, or vice versa, significantly decreased their children's Hakka language ability. The young generations of Hakka in Taiwan are prone to favor Mandarin and Holo language, or both. The school education system and media influences are the main factors. Hakka exogamy made Hakka inefficient in communication, which result in the replacement of the dominant language. Living in urban areas in Taiwan does not necessarily mean that that they contact more with other ethnic groups, nor suggest they use less Hakka language. It is an indication to with whom the Hakka youth regularly meet and interact with.

Leung (2012) investigates changes in ethnic identity development among Hakka people in Hong Kong. The samplings were composed of four age-groups: 1) 20-39 years of age, 2) 40-59 years of age, 3) 60-79 years of age, and 4) 80 years and above. Using the conceptual frameworks of socialization and acculturation, she also applied Berry's model of acculturation which classifies four strategies: 1) integration, 2) assimilation, 3) separation, and 4) marginalization. Socialization is defined as an interaction between family and peers. The results reveal that a change in the economic structure of Hong Kong caused Hakka people to move from their village to bigger urban areas. As a result, the speaking ability of the younger generations of Hakka has been diminished. The third and fourth generations of Hakka in Hong Kong have shifted their language to that of non-Hakka neighborhoods, especially Cantonese, which is the predominant language in most of those areas. In some cases, among the second generation, the Hakka language was discarded and replaced with Cantonese in order to socialize with the local children. Although Hakka language ability among the younger generation has gradually decreased, all generations still celebrate traditional events together. They always take part in the traditional festivals and pay respect to the customs specifically to the culture that is able to illustrate their ethnic identification. In terms of acculturation, Leung found that her observations did not conform to the four strategies of Berry's model. Yet, it should be said that Hakka people have modified their culture neither fully retaining their cultural origins nor completely rejecting them.

1.4 Objectives of the study

The two main objectives of this paper are: (1) to study the life-style and interactions of Hakka people living in the Thai socio-cultural context to see whether they have been affected the maintenance of Hakka language and culture; and, (2) to study the significant factors, conditions, and reasons for the Hakka people to maintain their beliefs and traditions, or adopt the culture of the predominant ethnic group in the same area.

1.5 Research methodology

Research Design

This study is a qualitative research using in-depth individual interviews with semi-structured questionnaire as tools. The target group of Thai- Hakka people were selected by purposive and snowball methods. Some participants are members of the Hakka Association in each region because the researcher was acquainted with them from previous fieldwork. The limited time and distances between regions required the researcher to use several approaches to collect data and communicate. Furthermore, the volatile COVID-19 pandemic situation caused an impediment to travel to each region. The researcher tried to interview most of the participants face-to face at the beginning as much as possible, but when it comes to resort the alternative communication, it turns to online methods, such as cellphone and Internet (Facebook and Line) to obtain data from the interviewees.

Participants

There are around 36 Hakka associations registered in all the main regions of Thailand, including Chiang Mai, Phitsanulok, Phrae, Khonkaen, Nakhon Ratchasima, Udon Thani, Ubon Ratchathani, Nakhon Sawan, Rayong, Chanthaburi, Surat Thani, Hatyai, Trang, Phuket, etc. In addition, this does not mean that the provinces with Hakka Associations have a large number of Thai-Hakka residents.

For example, the Hakka Association in Trang Province has only ten members (by personal communication with Hakka member in Trang). The researcher selected at least one or two participants for each region; gender and age were not specified. A total of 20 informants were conducted and interviewed, representing four regions, namely; Northern, Northeastern, Southern, and Central, as in the Table 1. This research is subject to limitations with aspect of the small number of participants because of time constraints. However, the consistency of the interviews indicates that they were sufficient for the research data.

Table 1: Twenty participants are shown details in the Table below.

No. of participants	Gender	Area (Part of Thailand)	Age (year)
HK1	Male	Central	40+
HK2	Female	Central	50+
HK3	Male	Central	50+
HK4	Male	Central	50+
HK5	Male	Northeast	50+
HK6	Female	Northeast	90+
HK7	Male	South	60+
HK8	Male	Northeast	50+
HK9	Female	Central	50+
HK10	Male	Central	40+
HK11	Male	Northeast	50+
HK12	Female	Northeast	90+
HK13	Male	Northeast	70+
HK14	Male	North	60+
HK15	Male	South	40+

No. of participants	Gender	Area (Part of Thailand)	Age (year)
HK16	Male	South	40+
HK17	Male	Northeast	80+
HK18	Female	Northeast	60+
HK19	Male	Northeast	60+
HK20	Male	Northeast	70+

Data collection

After the research project was approved by the committee for research ethics (social sciences) at the Faculty of Social Sciences and Humanity, Mahidol University in 2020, the researcher's methods of contacting interviewees and collecting data are as follows.

The researcher would inform the purpose of this project to the participants before the following interview process commenced. If the sample group were willing to be interviewed, then the researcher would begin to ask questions. The participants would be asked if it is acceptable to record audio during the interview for analysis purposes. If acceptable, an audio would record the conversation during the interview. The semi-structured guideline containing open-ended questions of the interview focused on the following questions:

a) How many groups of people live together in your community? Do you understand those languages? Please explain.

b) Do you feel that there are differences between the language and culture of those different groups and your own cultural language? How? Please explain.

c) Do you currently speak Hakka language with your family? If yes, in what situations is it spoken? If no, why not? Please explain.

d)   Does your family presently maintain Hakka traditions and customs? If so, what and how? Please give some examples.

e)   Can you tell what cultural traditions actually belong to the Hakka people and are put into practice in daily life in your community?

f)   Do you remember traditions or customs of Hakka people that you have previously seen or performed, but you no longer see them practicing now?

g)   Can you give an example of cultural assimilation in your community?

h)   Please explain your life-style in the past and at present. What are the differences?

i)   Would you like your children to continue to inherit Hakka traditions? Why? Why not? Please explain.

j)   What factors or conditions do you think affected the preservation of Hakka traditions?

k)   Currently, what are your opinions on the integration or assimilation language, culture, and traditions in your community? Could you give some examples?

l)   What activities should be arranged for Thai-Hakka people who would like to join in the activities and learn more about their cultural traditions?

Each interview took approximately 30 to 60 minutes, depending on the interviewee. The conversation contents were transcribed into written form in Thai, the main language of the interviewer.

Data analysis

This study used qualitative ethnographic research methodology for data analysis. The data transcriptions were reviewed in order to classify them into categories and sub-themes according to the guideline for semi-structure questions in order to answer the questionnaire Each category and the relevant sub-themes were highlighted. The results were categorized into two, namely; (1) value of life-style of Thai-Hakka, which focuses on language use and Hakka identity, in the past and present, along with cultures, traditions, and rituals in daily life; (2) harmony in social interactions within the community. The second category comprised three sub-themes namely; (a) social exchange, (b) factors or conditions causing loss of language and culture, and (c) activities that encourage cooperation among Thai-Hakka people. The researcher analyzed the data collected from the participants. There will be explanatory examples if needed.

2. Value of Life-style of Thai-Hakka

2.1 Language use and Hakka identity in daily life of past and present

During the process of data collecting, the researcher traveled to many provinces where Thai-Hakka speakers were willing to take part in the interviews. The interviews are to perceive how many ethnic groups lived in their community, also in relation to how they percept the similarities or differences in language and culture from the Hakka group. The responses are shown in Table 2 below:

Table 2: Ethnic groups living in the community based on province and region (data from participants)

Region	province	Ethnic groups in the community
Northern	Chiang Rai	Hakka, Teochew, Yunannese, Hainanese (a few), Northern Thai, TaiYai, Burmese

Region	province	Ethnic groups in the community
Northeastern	Nakhon Ratchasima	Hakka, Teochew, Hainanese (a few), Cantonese (a few), Laos (a few), Khmer (a few), Thai-Khorat, Burmese (labors)
	Buriram	Hakka, Teochew, Hainanese, Hokkien, Cantonese, Laos, Khmer, Kuy-Kuay
	Ubonratchathani	Hakka, Teochew, Hainanese, Hokkien, Cantonese, Laos, Vietnamese,
	Khon Kaen	Hakka, Teochew, Hainanese, Hokkien, Cantonese, Laos, Vietnamese,
	Chaiyaphum	Hakka, Teochew, Laos, Khmer, Kuy-Kuay
Central	Bangkok	Hakka, Central Thai, Chinese groups (Teochew, Hokkien, Hainanese, Cantonese), migrant groups (Burmese, Laos, Khmer)
	Ratchaburi	Hakka, Teochew, Laos, Mon, Burmese, Pakistani who speak Urdu (a few)
Southern	Song Khla	Hakka, Southern Thai, Teochew, Hokkien, Hainanese, Cantonese, Thai-Malay
	Yala	Hakka, Teochew, Hokkien, Mandarin, Kwangsai, Cantonese, Central Thai, Southern Thai (a few)

Table 2 depicts the ethnic groups who speak different languages in the community where each participant live. Chaozhou, also known as Teochew, is the majority Chinese group in Thai society widely spreads in every region. If one community is comprised with numerous ethnic groups, the majority group will normally retain more powerful and higher language status. This suggests that Hakka people who live in the same community with Teochew people are integrated into that community. Therefore accepted Teochew language and traditions. However, there are also exceptions. The rural areas where Hakka people work and live in agriculture have a larger number of Hakka people than Teochew people. For example, one community in Ratchaburi province called "Huai Kraboak" where Hakka make up more than 90% of the population and only some households are Teochew. According to an interview, a Teochew woman who has been living at Huai Kraboak community in Ratchaburi province since she was young, is able to speak Hakka as well as Teochew even though her family are Teochew. This was because Hakka is the majority in the community, on the contrary, Teochew became minority in the same community. Another participant says that in the past, not only Hakka people could speak Teochew language, but also other ethnic groups. They came to work as employees at Chaozhou stores in Bangkok. Those people are usually able to speak Teochew as well. That is the reason why Hakka people did not express themselves as Hakka in the past. And also caused some families have even completely forgotten their identity origins. They have fully adapted to the majority group in the community and did not want to be alienated or stand out, or even in line with the general character, such as easy going and calm, of Hakka people (answers from some participants).

In terms of language comprehension, Thai-Hakka people can understand or are able to communicate if those languages belong to the same language family. For example, Lao is the same Tai-Kadai language family as Thai; therefore, most Thai speakers are familiar with and could understand about it. As for those languages in different language families, such as Khmer, Kuy, and Mon are classified in the Austroasiatic language family. They are different from Thai and Hakka, only some elderly can speak or understand, and only if they have lived in the same community for a long time. There is one participant from northeastern Thailand says that when he was young, he was unable to speak Isan language (Northeastern Thai dialect). He was taunted by his friends and was ostracized from the peer group. Sometimes his friends called him "luuk cek" which has a negative meaning of "Chinese child". But, after he learned to speak the same language as his friends, he was able to join the group. As a result, he could not speak Hakka when he grew up. He speaks that local language instead. However, he still practices Chinese traditions and ritual like other Thai-Chinese. In addition, it is difficult for him to distinguish the difference of the traditions between Hakka and local culture.

Some participants from the northeastern region say that apart from Thai, Teochew is another common language being used to communicate at the market. For them, some Chinese dialects are hard to pronounce, including Hakka. However, elder people who are familiar to each other, still use Hakka for greetings. Furthermore, some families speak Hakka at home when they do not want other people understand what they are saying. There is also one participant explains that not only Chinese dialects are declining, but also local Thai dialect. Most people have shifted to speak standard Thai in their families instead of Northeastern Thai dialect.

Participants from the southern region explain about the migration history that Chinese people migrated to the southern region of Thailand, some were from Malaysia and some were from Bangkok. Those who came from Malaysia could speak several Chinese dialects such as Cantonese, Hokkien, Teochew, and Hakka, because they lived together in the same region. Nowadays, the younger people cannot speak multiple languages like the older people do.

Besides language usage, they do not have a concrete symbol to indicate that he/she was Thai-Hakka or from another Chinese group. One participant in the central region notes that she always heard Thai-Chinese people using Teochew to communicate to each other in the city. She thought her neighbor, who is a food dealer, should be Teochew because she often heard him speaking Teochew to customers. Later on, she heard her neighbor call his father "ʔaa suk", which is one of the terms to adddress "father" in Hakka. Out of curiosity she asked him about the language he call his father. He answered that he is actually Hakka. It was the moment that she realized her neighbor is a Thai-Hakka.

Speaking to the identity, the Hakka identity can basically be seen in logo designs on their shirt. Hakka association members wear shirts with the logo of Hakka Association of Thailand (Figure 1), which is the symbol for their association members. There is another logo designed after the Chinese character "ngai" (Figure 2) meaning "I".

Figure 1:   Figure 2:   Figure 3:
Logo of Hakka Association in   Chinese character "ngai".   A brooch with the Chinese
Thailand.   character "ngai".

Figures 4-5: Shirts with Hakka Association logo. Many Hakka Association members wear when they attend Hakka meetings in Thailand. (Pictures from the Facebook page of the Hakka group, 2020)

Figure 6: A new style of Hakka shirt with English word "Hakka" which is the expression of the Hakka identity. (Picture from Facebook page of Hakka group, 2021)

According to the data, one of the participants discloses that his mother was Chaozhou and his father Hakka. When he was a child, he was very close to his mother, so he could speak and understand Chaozhou. After his mother died, he become interested in Hakka because his father was Hakka. He also began to aware of his Hakka heritage and ethnicity. Since then he had searched about Hakka and want to learn the language. He noticed that there was no concrete identity of Hakka people except for the language. So he started to design Hakka clothes as a pioneer. His great-grandmother's clothes inspired his logos and patterns design. He regularly invites his Hakka friends to learn more about Hakka together and tries to persuade them to wear the modern Hakka shirt and blouse style seen in Figure 7.

Figure 7: The man from Thailand on the left-hand side design modern Hakka style shirts and blouses which inspired by his great-grandmother's clothes (Image from Facebook of Methee Therarattanasatit, 2019. Picture credit permitted). This is an example of Hakka style fashion design to reflect the identity of Thai-Hakka people.

Afterwards, the Hakka fashion gained wide popularity and acceptance by Thai-Hakka group of people. Social media such as Facebook, Line, and YouTube are convenient for public relations and communicating with other Hakka people, not only in Thailand, but also around the world.

To summarize the above, people used Hakka language use in the past, but their language is shifting to Thai language now. Every participant had the same opinion because it is a normal phenomenon of a small language without function in the social context. The language will need to assimilate to the national language of any host country. When the new generation of Hakka offspring identify themselves as "Thai-Hakka" which means "Thai population with Hakka blood". In term of Hakka identity, except for language, we cannot see other concrete objects. However, Thai-Hakka people are trying to develop Hakka identity. It started to be seen from some symbolic design, such as Hakka association logo in Chinese character, and English word on shirts. Even Hakka style patterns have been design to express their Hakka consciousness.

2.2 Cultures, traditions and rituals in daily life

Nowadays, Hakka people are becoming more and more proud of being a Hakka. The numbers of Hakka people also increased about their acceptance of their ethno-cultural heritage. There are plenty of reasons to analyze the phenomenon. There have been more and more scholars doing research on different aspects of Hakka society. Among them, linguists encourage ethnic groups to participate language revitalization, language documentation, etc. In 2011, a group of Hakka speakers held an academic conference. They invited Hakka scholars from various countries such as Singapore, Taiwan, China, Malaysia, and Indonesia to talk about Hakka histories and the situation of Hakka people around the world. Consequently, Hakka knowledge and wisdom has expanded. On the one hand, they made Thai-Hakka wanted to know more about their roots. Thai-Hakka descents have begun to travel to find their relatives in China. On the other hand, the researcher continues to do research on Hakka language and culture revitalization as a restorative process in order to pass on their traditional customs to the younger generation. A good example is the Huai Kraboak community in Ratchaburi province. The Huai Kraboak community is one of the best known areas where Hakka people have settled down in. People there are trying to revive Hakka food culture and promote other Hakka traditions outward, such as clothing, language, and ethnic identity.

The ways of living have changed in modern world along with the technology advancement. These days, many Hakka do not see the importance of Hakka traditions and culture. This may be one of the factors that demolish traditional religious boundaries transmitted from the past. Many participants mention that they used to be particularly loved and enjoyed the Mid-Autumn (Moon) Festival, especially the children who lived in the rural areas where the electricity was usually cut at night. At Mid-Autumn (Moon) Festival, people would have decorations of beautiful lights and everyone gather together to have moon cakes. The children ran and played with their neighbors, feeling safe because there was no criminal. Things changed today because of urban life-style, which means people have to work for hours. Then it became difficult to get to know each other. That is, people do not get along as it used to be. Currently, Hakka people still cerebrate the Mid-Autumn (Moon) Festival by worshipping gods and ancestors during the daytime, but few people actually practices the traditional rituals.

Another example is the Chinese funeral ritual of "Kongtek" (功德儀式). This ritual involves prayers' merit-making in the name of the souls of the deceased. It is an expensive undertaking for the families who involved. Therefore, without sufficient financial support means it could be difficult to organize this event for their ancestors. Families resort to simply offering cremation rites instead of burial as it costs less. As a result, it became common for the elderly to request cremation upon their passing so as to avoid being a burden on their children who would otherwise have to pay respects at their grave day the Qing Ming Day (清明節). Some participants say that because Hakka are so easy going, they can easily adapt to other groups. Still, many major annual festivals are observed, such as the Chinese New Year, the Qing Ming Day, the Dragon Boat Festival, and the Mid-Autumn Festival, etc. Many cultures are now blended together, practicing for a harmonious syncretism that defies identification from one culture to another. Some non-Chinese Thais work in Chinese factories unwittingly adopted elements of Chinese culture. Factory owners pay admirations to gods during the Chinese New Year, because they believe Chinese traditions would make their business prosper. Some employees copy such tradition because they are influenced to believe that it will make their lives prosper as well.

There are some other life cycle rituals like which related to birth, marriage, and death are gradually being less important. For example, people must hold a traditional ritual for a newborn baby during the month. Parents would take their baby to pay respect to the god and then shave baby's head. Relatives, siblings, and neighbors would bring gifts and offer blessings. These days, parents only shave the newborn baby's head, but eschew the rituals. To be more precise, the main reason for Hakka traditions and customs fading is economic influences. People are getting used to modified and simplified the traditions and tend to make them easier to practice. For example, weddings are now only a one-day ceremony with a mixture of the Thai, Chinese, and other cultural elements. During the ceremony, it may involve offering food early in the morning to monks according to Thai Buddhist traditions. Later in the morning, they will pay respects to the elder relatives according to Chinese tradition. In the evening, they would start the wedding ceremony with an international custom. Only a few important steps remained for the respecting of traditions. These changes are the clear separation from the old days.

Similarities, some Chinese festivals in a year would be adjusted for the convenience of their family members. For example, some Thai-Chinese families would pray to Chinese gods at their houses a few days before Chinese New Year period because they want their family members to reunion and celebrate together. Adaptions like this allow the younger generation appreciate the value of tradition and maintain the rituals.

In short, Thai-Hakka people do not identify the rituals, culture, and traditions of Hakka or distinguish them clearly from other Chinese groups. They generally perceive Chinese culture as homogenous. One Hakka ritual that can be distinguished from other is the funeral ceremony of "Kongtek" (功德儀式) for which the Hakka will hire Chinese nuns to perform the rites, while Teochew hire Chinese monks. Other annual Chinese traditions are still be able to observed but not as strict as in the past, whereas many families follow them without knowing the intention, and others have given up those traditions.

3. Harmony of Social Interactions of Thai- Hakka within Communities

3.1 Social exchange

As previous parts have already mentioned that some Thai-Hakka people assimilated well into those major communities and some belong to other groups such as Chaozhou in urban areas. Hakka people are called "Thai-Chinese" because of their migration history. After they came to Thailand, now they are in the third, fourth, and fifth generations. Hakka and other Chinese groups have blended their own culture with local culture, especially in terms of food, dress and language. This mixture could also be seen as an adaption or adoption of elements that facilitate assimilation and mitigate difference. For example, Hakka people who live in the southern Thailand can speak Southern-Thai dialects and they love to eat southern-Thai food. Thai-Hakka people who live in the northeastern areas can speak Northeastern-Thai dialects. Sometimes they are called Lao-Isan, and they are familiar with Isan food. However, they still follow Chinese traditions and customs even though they cannot speak Hakka.

The maintenance of the Hakka language and culture requires personal commitment, rather than just Hakka parentage. For example, there is a man who married a Hakka and they live in a Hakka community. He is interested in Hakka language and culture. He participates in the conservation and revitalization of Hakka traditions with the Hakka people in the community.

It is interesting that the Hakka address term "mother" in the northeastern region (only in Burirum province) as "ʔaa mɛʔ" but not "ʔaa mee" , which is different from other Thai-Hakka in general (information from one participant). This is an example of language being influenced by the local language called Khmer. The reason is analyzed that Khmer are the majority in that region. So they refer the word "mother" as "ʔaa mɛʔ". Furthermore, another participant from the South says that he called his mother "ʔaa maʔ", which is similar to the Malayu word for mother, "ʔaa mak".

According to these participants, the local people have adopted the food culture of the Chinese, and vice versa. This is obvious in the south and the northeast areas of Thailand. The participant from the northeast give examples of mixed culture food combining Khmer and Chinese, especially in PraKhonchai District of Burirum Province, called "hɔɔŋ" or "muu hɔɔŋ". This kind of food is well known in southern Thailand as Hokkien cuisine. He explains that normally the Khmer do not raise pigs. After the marriage with a Chinese, they became eating more pork than before. In the past, slaughtering pigs for food was less common. Pork was not as easily available at a market as it is nowadays. That is, cooking pork with spices such as those used for Tom Yum are now commonly added to mixed Chinese-Khmer dishes. This shows the adoption and adaptation of food culture brought almost by inter-cultured marriage.

Another example of social exchange can be seen at a city pillar shrine. Shrine is an important site in every province and is commonly found in the urban areas where a large number of Chinese lives. They often represent a mixture of Chinese culture and Chinese deity because Thai-Chinese people habitually worship the gods there for the prosperity in commerce and business. In common families, the first generation of overseas Chinese only worshiped Chinese gods and their ancestors. In addition, succeeded generations turn to accept Mahayana Buddhism and introduce Buddha images to worship in the house as well. Some Thai-Chinese families go for merit at a local or popular temple during Thai festivals such as Songkran, and important Buddhist days such as Makha Bucha Day, the first day of Buddhist Lent.

To sum up, Thai-Chinese and Thai-Hakka people have adopted Thai and local culture in their daily lives, including language, food, and beliefs. This represents the adoption of inter-culture is acceptably blended and syncretized.

3.2 Factors or conditions causing loss of language and culture

The Teochew were the first group that the participants could think of in Thai-Chinese society. They did not think of the local Thais of each region. This implies that they have been fully assimilated into the Thai community around them. Also, most of them cannot speak Hakka, but only speak the local Thai dialect, e.g. Northern Thai, Southern Thai, Northeastern Thai, and Central Thai. Thai is the official and national language in Thailand. Consequently, the second and third generations of Hakka speak Thai in daily life. The significant factors contributing to the loss of Hakka language are smaller family, formal education, and globalization. Some participants say that now Thai-Hakka or other Thai-Chinese live as single family, being totally different from before. Therefore, parents speak Thai with their children. On the contrary, there are grandparents who sometimes speak Hakka with their children and grandchildren in the multi-family. If the Hakka language is ever used on a day-to-day basis, it is mainly used with elder members of the family and neighbors. In some cases, they speak at home only when they do not want others to know or understand. Speaking of education, some children would leave for studying in the city or another province. They do not stay with their parents and siblings, so they do not speak their family languages. Some participants say that this is normal because everything will change over time, including language. Even in China,

Hakka language has changed, not just the Hakka diaspora in Thailand. Descendants of Hakka who migrated from China to Thailand over 100 years ago are now Thai citizen. They speak Thai as their first language, just like learning how to speak English and Mandarin becoming useful for future career.

Politics and global governance are also important factors contributing to the loss of language and culture. The policy and other global challenges have affected all ethnic groups, not only Hakka and other Chinese groups in Thailand, but also around the world. Thailand has adopted modern western culture way more than before. The changes can be observed in being fond of fast food, western fashion and foreign languages.

Intermarriage across ethnic groups is the cause of language loss and cultural assimilation. There is one participant from the northeastern region whose been recounted to Burirum province where the most people there are Khmer speakers. Chinese settled there in the past, married with Khmer people and have fully assimilated into the Khmer group.

In summary, there are many factors causing language and cultural decline, including politics, economics, education, intermarriage, and small families. According to the statement of the interviewees, most Thai-Hakka people do not know the deep meaning behind cultured rites and traditions. In addition, parents neglect teaching and passing on Hakka knowledge and wisdom to their children. Their ethnic languages are no longer used in the family. That is, they have lost the importance of using Hakka in daily life. As a result, the knowledge and language will eventually disappear.

3.3 Activities that encourage cooperation of Thai-Hakka people

The most difficult question that participants were asked what activities should be arranged for Hakka people who wanted to rekindle their cultural traditions? This question is very important for further research design. The researcher wanted to know how to persuade Hakka speakers to join in events. Participation would encourage them to experience and appreciate Hakka culture for preservation. One participant from Bangkok says that it is quite hard to hold events, but the first step should start with a group of people who understand this issue. After that, they could go out to explore various Hakka communities. However, the more important thing is that they should do it consistently and continuously with supports from individuals and organizations. People should participate how to express their impressions or do whatever they want. If they are willing to do it and being able to realize the benefits, they will join in other activities. Another participant says that if there could be a space or park, like in Taiwan, should be set for Hakka people to learn, gather, and talk together. Thailand has no such area now. In addition, one participant whose from Hakka Association in the Northeast offers an idea from his experience. He would like to arrange a party in the same way as the Hakka association in Khon Kaen province. Even more, he thinks if it is able to organize a big event of the Mid-Autumn Festival every year would be great. Another participant from the North notes that all activities cost money and wonders who would want to pay for no return. The objectives of the activity are also important. For example, each association could provide annual scholarships for all the children of members. But they should restrain only using Hakka language for discussion during meetings. In the end, the project is regarded difficult because the scholarships and activities have nothing to do with the preservation of Hakka culture and language. There is also another interesting idea form a participant from the South. It is about the meetings of Hakka associations and the ritual ceremonies at Chinese shrines are activities that encourage a lot of Hakka people to gather together. The opinions of the interviewees a lot variation depends on where they live. It does not matter whether if they were members of the Hakka association or not.

In short, some participants suggested that we should organize activities for youth on Children's Day, Chinese New Year, or Mid-Autumn (Moon) Festival. Some offered ideas to arrange activities for Thai-Hakka people to join in and exchange their impressions, or even just talk about Hakka. However, each activities should be conducted continuously and consistently.

4. Discussion and conclusion

Like other countries, Thailand is multicultural. Overseas Chinese including Hakka speakers, are identified as "diaspora" the same as Taiwanese-Hakka (Wang 2007). If so, they should be called Thai-Hakka instead of Hakka. Leong (1997) argues that Hakka, Hokkien, Cantonese, and other southeastern Chinese socio-linguistic groups all share a common culture and traditions, but each ethnic group show differences only in certain situations. Several participants saying that it is impossible to tell exactly which elements belonged to Hakka culture confirm this argument. The only way to identify Hakka from other Chinese groups is the usage of language. In contrast, some participants have comment that if one does not speak Hakka does not mean the person is not ethnic Hakka. Awareness of the roots and retaining ancestral traditions can also determine Hakka ethnicity. Regardless of ethnic group, living in a foreign country means one must adapt and integrate into a local community in order to survive. If they are the majority group in the community, they will have a greater opportunity to maintain their culture because they will have higher status than other groups. However, there are a number of factors that could influence language and culture deterioration: economics, politics, education, globalization, inter-marriage, and small families.

The word "change" implies neither good nor bad, but does require an adjustment and adaption to suit the current era, including modifying lifestyles in order to integrate into the community. Jones suggests that Hakka communities around the world today, cannot be described in a classical sense as being of "Hakka ethnicity". He prefers to use the word "global Hakka" to refer to those who have migrated to live in another country, would usually have a different cultural background (Jones (2010: 344). The most important issue is giving significance to traditions, customs, and culture. To review the interview, one Thai-Hakka says that we have accepted that every country need to deal with the same situation in which a big language is more powerful than a small one. In order to communicate with people around the world, we need to learn the big or international languages. As for using small languages, it is difficult to communicate with outsiders and even among each other.

References

Hsiao, Hsin-Huang Michael and Lim Khay Thiong. 2007, The Formation and Limitation of Hakka identity in Southeast Asia. *Taiwan Journal of Southeast Asian Studies*, 4 (1): 3-28 . http://citeseerx.ist.psu.edu/viewdoc/download?doi=10.1.1.625.9549&rep=rep1&type=p df

Jie-Sheng Jan, Ping-Yin Kuan & Arlett Lomeli, 2016, Social context, parental exogamy and Hakka language retention in Taiwan. *Journal of Multilingual and Multicultural Development*, 37:8, pp. 794-804. https://www.tandfonline.com/doi/full/10.1080/0143463 2.2016.1142551

Jones, Jessieca, 2010, Global Hakka: a case study. *Asian Ethnicity*, 11:3, 343-369. https://www.tandfonline.com/doi/abs/10.1080/14631369.2010.510875

Lee, Meihua, 2012, On Studying Interethnic Communication between the Hakka and other Ethnic groups in Taiwan. *Intercultural Communication Studies* XXI: 3 (2012), pp. 29-40. https://www-s3-live.kent.edu/s3fs-root/s3fs-public/file/03Lee.pdf

Leong, Sowtheng, 1997, In T. Wright (ed.), *Migration and Ethnicity in Chinese History;Hakkas, Pengmins, and Their Neighbors*. Stanford, CA: Stanford University Press.

Leung, W. K. L, 2012, A qualitative study in the ethnic identification processes of Hakka people in Hong Kong: The role of family socialization among generations of Hakka. *Discovery – SS Student E-Journal*. Vol. 1, pp. 140-153. http://lbms03.cityu.edu.hk/oaps/ss2012-4595-lkl817.pdf

Liao, Chih-I, 2017, Can One be Hakka without Speaking Hakka? The Conflicts between Language and Identity in a Hakka Community in Sabah. *Global Hakka Studies*, May 2018, 10: pp.27-58. http://ghk.nctu.edu.tw/word/Can%20a%20Person%20be%20Hakka%20without%20Speaking%20Hakka-5.pdf

Marilyn, Domas White and Emily, E. Marsh, 2006, Content Analysis: A Flexible Methodology. *Library Trends, Johns Hopkins University Press*, Volume 55, Number 1, Summer 2006, pp. 22-45. https://muse.jhu.edu/article/202361

Premsrirat, Suwilai et al, 2004, *Ethnolinguistic Maps of Thailand*. Bangkok: Office of the National Culture Commission (In Thai).

Ton, Van Trang. 2015, Chinese Identity Negotiation by Chinese Vietnamese Women in Cho Lon Community, Ho Chi Minh City, Vietnam through the Use of Chinese at Home. *Journal of Mekong Societies*, Vol.11 No.1 January-April 2015, pp. 55-87.   doi: 10.14456/jms.2015.3

Ungsitipoonporn, Siripen. 2011a, "Language revitalization awareness in the Hakka group in Thailand" *Jati*. vol.16 December, pp.169-178.

_____, 2011b, "The Tone System of Hakka as spoken in Thailand" *Journal of Chinese Linguistics*. vol.39 number 1, pp. 32-75.

_____, 2013, "Meaning and Identity of Hakka (in Thai)". *Silpakorn University Journal*. Vol.33 No.1, pp. 215-240.

_____, 2014, "Revitalization of Indigenous Hakka food: Challenges in Adversity (in Thai)". *Silpakorn University Journal*. Vol. 34 No.3, pp. 43-64.

_____, 2020, "Transmission of Hakka traditional knowledge from two revitalization projects in Thailand: What did they achieve?". *Dialectologia* 24, pp.253-272.

Ungsitipoonporn, Siripen. and Laparporn, Kumaree. 2016, "Knowledge management (KM): Transmitting local wisdom of the Hakka community on-line-successes and challenges (in Thai)". *Journal of Language and Culture, Research Institute for Languages and Cultures of Asia, Mahidol University*. vol.35 (special) pp.203-225.

Wang, Lijung. 2007, Diaspora, Identity and Cultural Citizenship: The Hakkas in 'Multicultural Taiwan', Ethnic and Racial Studies, 30:5, pp. 875-895. https://www.tandfonline.com/doi/abs/10.1080/01419870701491861

_____, 2018, Toward transnational identity? The reconstruction of Hakka identity in Thailand, Asian Ethnicity, 19:2, pp. 211-234. https://www.tandfonline.com/doi/full/10.1080/14631369.2017.1340091

Yang, Tsung-Rong Edwin, Short memory and long history: Remembering Ancestors of Hakka community in Ayutthaya, Thailand. https://web.ntnu.edu.tw/~edwiny/pdf/04-ayutaya.pdf

人、神與幫群：

從客家信仰看新馬社會裡的人群關係 [1]

張容嘉 [2]

摘要

移民在異鄉安頓，需涉及許多層次，首先，移入國的政治、經濟結構
與社會條件決定了移民在當地的社會位置；其次是移民與其周邊人
群的關係、移民在地建立的社群網絡，以及伴隨滿足人們基本物質生
活，建立廟宇組織與死後的歸處（義山）等心靈層次的安頓需求，都
是移民建立地方感的重要組成因素。移民在建立廟宇或者籌建義山的
過程中，同時與不同人群發生互動關係，可能是華人與當地馬來族
群、華人內部不同幫群之間，乃至於幫群內部的合作或競爭關係。換
言之，移民日常的信仰生活，不論是在地適應或幫群衝突中創造出來
的神祇，甚至是當代新創造的宗廟儀式傳統，都反映社會裡人群關係
的縮影。本文將嘗試藉由新馬客家人的信仰與變遷，以及當代新創造

1　本文首刊於《客‧觀》第 2 期（111.05），客家委員會客家發展中心，經授權收入本書。。
2　客家委員會客家文化發展中心研究發展組副研究員。

的宗教活動，討論新馬客家社會裡客家人與其周邊人群的關係。

關鍵詞：客家、信仰、廟宇、人群關係

一、前言

　　當代談論移民離開家鄉，來到人生地不熟的異地，心理上會經歷從失去地方感（displacement）到重建地方感（enplacement）的過程。為了在異鄉安頓下來，必須建立起新的在地網絡連結關係。這些在當地的工作環境、組織團體或教會等地搭建出不同形式或深淺的社會關係，都影響移民鑲嵌、整合進入在地的不同程度 (Wessendorf and Phillimore 2019)。儘管 Wessendorf 及 Phillimore (2019) 文中討論的案例聚焦於現代英國的移民，與本文所要處理 18 至 20 世紀初之新馬華人社會有別，兩人卻提出了重要的參考論點，移民在不同場域與自己所屬的族群團體以外人們互動所建立的社會關係，將有助於移民產生在地歸屬感。這個洞見幫助我們思考，移民在他鄉與周邊人群的關係對於建立地方感的重要性，即便建立地方感的方式隨著時間與空間的差異會有所不同。

　　建立地方感的過程中，透過日常生活裡的信仰儀式實踐，像是集資買地建廟，或者是死後世界安置的義山，都可能涉及與當地馬來族群以及華人內部不同幫群內部的合作或競爭關係，這些都是影響移民能否順利整合進入在地社會的重要因素。換句話說，欲觀察新馬客家社會裡客家人與其周邊人群的關係，我們也可以藉由探究移民在地適應或幫群衝突中創造出來的神祇，甚至從當代新創造的宗廟儀式傳統裡，看見社會裡的人群關係。

二、新馬客家人的移民脈絡

　　大量客家人向海外遷移，與中國內部動亂以及整個世界發展脈絡息息相關。1850 年代，清朝政府咸豐、同治年間，內亂頻仍、天災人禍不斷，在中國南方兩廣蔓延的本地人與客家人之間規模龐大的土客械鬥（1855-1867）以及太平天國（1850-1864）的動亂，直接、間接地促使大批廣東以及鄰近地區

的客家人選擇離開家鄉,避居海外尋求發展。19世紀中葉同時也是歐洲列強資本主義在全球擴張的年代,加上清朝政府開放通商口岸,客家人得以跟隨著國際資本主義移動的潮流,因應殖民國家繼開採礦業、開拓大型種植園而來,大量廉價勞動力需求,加上英屬殖民地給予華工的待遇較荷屬東印度群島與菲律賓等地為優,促使大量華南地區的華工前往英屬馬來半島(古鴻廷1994:1-4)。這些從中國移出的客家人,主要是透過「賣豬仔」或稱苦力貿易的方式來到東南亞。所謂「豬仔」,指的是被販賣的契約華工,當時香港、澳門、汕頭等地都是「豬仔」的販賣市場。

英國的殖民政策同時深刻地影響新馬社會與經濟結構,展現在為了因應國際市場的需求,英國殖民政府特別重視開採錫礦與橡膠相關農業種植產業,並且刻意在海峽殖民地(馬來亞、新加坡、檳城與馬六甲)採用分而治之的殖民統治模式,將不同族群分配到不同的經濟領域,以及安排族群分居的居住策略,以最小統治成本獲取最大經濟利益。例如將引進的華人勞工安排到霹靂、雪蘭莪、森美蘭等地的錫礦場開採錫礦,華人因此多居住於礦區或城市,而馬來亞的原住民則被禁止種植相關商業農作物,並且居住在未開發的鄉下地區(張翰璧2013:23-25)。早期客家人從事的經濟產業多以開採錫礦為主,因此客家聚落主要集中於礦區周邊。礦區聚落的移民往往特別重視強韌的地緣與血緣紐帶,亦有較高的自治與合作團結的能力。從事農耕的客家人耕植區則普遍靠近礦區,主要提供礦區所需農產品(顏清煌2017:144-145)。

語言的共通性經常是凝聚地方社群最重要的媒介,透過相通的語言,人們可能順利在移居地重建社會組織互相幫助。因為經由賣豬仔來到新馬地區的客家華人主要是未受教育的低技術勞工階級,所能掌握的語言能力亦有限,透過共同的地緣連結(祖籍)與方言連結,更有互助保障同屬群體的功能。由於新馬華人多數來自中國的閩粵兩省,根據方言差異大致區分為以福建漳、泉為

主，說福建話的福建幫、潮州方言的潮幫，來自廣府、肇慶，說粵語的廣幫，
以及主要來自廣東嘉應五屬、惠州、豐順、大埔，福建永定的客幫，與瓊州的
海南幫。顏清煌（2017）指出，客家人在新馬地區所創建的會館是東南亞華人
地緣組織的先驅。1801 年嘉應籍客家人成立的客家方言組織「仁和公司」，
是第一個在新馬成立的方言組織。這類地緣性會館組織，並非出現於客家人占
多數的礦區，而是客家人占少數的港口城市。這是因為身為相對少數方言群體
的客家人，面對語言無法彼此溝通理解又強勢的潮州與福建社群時，選擇超越
過去以血緣擬親屬的姓氏組織方式，改採新創祖籍地緣與方言連結的會館擴大
結盟的策略，適應海外新環境需求。

　　東南亞華人群體間的結盟合作展現在幫群建立會館組織，同時也展現在廟
宇與義山組織的建造。鄭莉（2016）從東南亞現存華人宗教碑銘推斷，大約從
17 世紀開始，馬來西亞就陸續在港口城市出現華人廟宇與義山。1600 年以前
的馬六甲已有華人墓地。1673 年馬六甲第一任華人甲必丹創建青雲亭，不僅
成為華人事務總部，同時也管理東南亞華人最大墳山三保山。廟宇不僅是人們
宗教、心靈生活上的信仰寄託，同時也與當地的華人社群密切相關。因為一座
廟得以建立，往往需要累積一群人的共同努力，從共同籌資、覓地、建造廟宇，
乃至管理廟務等等，寺廟往往是社群或社區結合的展現，隨著廟宇公共事務活
動的結合，廟宇的運作與功能也更為擴張；例如調解華人社群內部糾紛、開設
學堂辦義學等，成為當地社群生活的軸心。檳城著名的廣福宮，除了奉祀觀音
菩薩之外，也在當地華人社會扮演領導中心的角色，擔任寺廟管理或領導者，
自然成為當地華人社會的實質領袖（張曉威 2007：110-111、125）。藉由觀察
客家民間祭祀的神祇，一方面能夠看見人的「需要」如何轉化為信仰守護客家
人，另一方面能看見新馬社會裡客家人群的邊界，以及客家與周邊人群間的關
係和變化。接下來探討的信仰部分，將以華人民間信仰為主，天主教、基督教

等制度性宗教暫且不列入本文討論範圍。筆者認為,隨著客家移民在地化,當客家人成為當地社會的一部分,有些原先屬於客家移民的信仰逐漸成為與其周邊人群共同分享的信仰,甚至當代新創造出來的「儀式傳統」可能因此凝聚更大的社群,同時也反映擴大社群認同社會的形成。

三、移民社會裡的幫群合作、衝突與結盟關係

當客家移民來到新馬社會,宗教信仰提供移民心靈的安頓與盼望,具體展現在移民的日常生活中。從遷移、開墾定居,移民身上承載著原鄉信仰來到在地社會,在當地起造原鄉神祇,祈求神明護佑,乃至紀念移民開墾過程、移民幫群衝突戰爭的新造神祇,以及處理移民死後安葬的義山組織。從生前到死後,客家移民建立的廟宇組織可說是移民社會的縮影,分別處理移民的不同需求。一般來說,最早是承繼奉祀原鄉信仰的廟宇與義山組織結合,像是 1673年馬六甲的青雲亭與其轄下的三保山墳山。其次是紀念開墾的神祇,以及因應幫群共同事務管理的廟宇,再者是移民社會裡幫群衝突下產生紀念或修復族群關係的神祇。最後隨著移民在地化,原先專屬於移民的信仰逐漸成為周圍族群所共同分享的信仰。接下來本文將逐一討論。

(一)移民幫群之間共同事務管理

首先是承繼原鄉信仰的廟宇。新馬早期建立的華人寺廟,主祀神以觀音菩薩居多。例如,1673 年馬六甲的青雲亭,1800 年建立的檳城廣福宮、1894 年極樂寺,以及馬來西亞各地都有的水月宮觀音,都指向強調大慈大悲救苦救難、撫慰眾生的觀音信仰,滿足移民祈福消災的需求,因此在東南亞華人移民社會占有重要的地位。其中,在檳城華人廟宇中香火最盛的,就是清嘉慶 5 年(1800)由閩、粵兩省人士共建的廣福宮,也是最早的華人社團,除了庇佑信

眾平安以外，還有主持公道，扮演華人政務、法庭、宗教中心的角色。例如，
人民發生糾紛時會到廣福宮，在觀音面前發毒誓、砍雞頭，勾消恩怨。廟宇即
扮演提供雙方公平解決事端的平台角色（張雲江 2017：96）。

　　根據廣福宮《重建廣福宮碑記》的記載：「廣福宮也，閩粵人販商此地，
建寺觀音佛祖者也，以故宮名廣福。」從名稱即反映了廟宇組織的管理組成，
基本上是由閩粵兩幫推舉人數對等的董事負責處理閩粵移民間的糾紛，直到
1881 年檳城平章會館建立後，權力才逐漸轉移。但不論是廣福宮，或者是後
來新建的平章會館，大總理和副總理的職位都是由閩粵兩幫代表輪流擔任，以
維持兩幫的勢力均衡（聶德寧 2001：128-130）。

（二）死後世界的人群結合與分幫

　　過去在移民的想像裡，總是期待有朝一日能夠返鄉安葬，落葉歸根。然而
事實上客死異鄉的移民者眾，能夠有親友協助送骨灰回鄉安置者稀；他們既無
能力購買葬地，也沒有親人協助料理後事。有血緣或者地緣團體遂有集資買
地、供移民安葬使用的義舉，因此墳山又被稱為「義山」（宋燕鵬、潘碧絲
2017：29）。義山組織的建立，讓這些「回不去的人」能在當地入土為安，是
移民社會在地化的重要標誌。新馬地區的義山主要分 3 種性質，一是血緣性的
義山，以單一姓氏血緣為主，例如士乃的黃氏江夏堂義山；其次是地緣性的
義山，以特定地緣團體組織為主；最後是跨地緣性的義山，例如吉隆坡的廣東
義山，即涵蓋不同幫群。義山的組成性質可說是檢視當地幫群關係的指標（白
偉權、陳國川 2014：22）。因為墳山購置與經費來源，都涉及墳山的組織管
理，19 世紀華人墳山組織的董事或總理，往往是幫群的領導者。墳山的利用
對於使用者所屬的幫群有著明確的限制，具備鮮明的幫群屬性，一方面滿足本
幫群移民的身後葬地需求，亦有促進整合幫群內部社群、促進社群凝聚與認同
的功能，另一方面亦在幫群外部界定移民所屬幫群的界線（曾玲 2001：32；

2007：84-85）。

新馬移民社會的幫權政治，充分展現在當地的義山組織與管理。張曉威（2007：134-136）指出早期檳榔嶼的閩南幫群排外性強烈，組成限定閩南幫群使用的義塚，非屬閩南幫群的廣府、客家、潮州與海南幫群只好合作另組聯合的義塚組織以處理身後事，奠定後續「廣東」幫聯的聯合基礎。另一方面，相較於經濟實力龐大的閩南幫，這幾個勢力較為單薄的幫群組織，也期待透過聯合陣線的力量與閩南幫抗衡，並且有分享檳榔嶼華人社會領導權力之意味，例如透過廣客兩幫的合作，爭取向來是閩南幫勢力獨大的廣福宮之領導權。

新加坡移民幫群間的關係更是完全體現在墳山組織系統裡。早期因為福建幫群是新加坡勢力最大的華人幫群，恆山亭是福建幫處理墳山的組織，有著鮮明的幫群屬性，限定福建幫群使用。勢力較小的廣客兩幫因此合力建立青山亭埋葬廣客兩幫去世的移民，成為兩幫第一個聯合總機構，頗有合作抗衡強大的福建幫之意味。廣客兩幫之間的聯合關係，直到 19 世紀的 80 到 90 年代，新加坡華人各幫群力量消長下，福建幫與其他幫群的對立減弱，廣府與客家兩幫才因此分幫發展。客屬的惠州與廣府、肇慶結合成立碧山亭，成立廣惠肇聯合組織。客幫則分成嘉應五屬與豐永大（豐順、永定、大埔）兩小群，前者在雙龍山購地，設置五屬義山與義祠；後者則成立毓山亭，各自提供所屬幫群的人使用（曾玲 2001：32）。

整體言之，現實社會裡人群組織的結合與分裂，如實反映在死後世界的組織排列上。後續研究者透過義山的研究考證，即能推敲該地方的人口組成與幫群結構，勾勒出地方移民社會的面貌，尤其是在欠缺早期資料的地方，義山研究成為考察地方族群關係的重要補充。例如，陳愛梅（2017）透過檳城義山墓碑的考察，推測早期美湖的族群關係，由於客家與海陸豐人的關係沒有資源競爭，因此能夠跨越方言群的差異在義山和平共處；相反的，福建人在美湖屬於

少數族群，再加上方言群差異，即不被允許在此地安葬。直至今日，馬來西亞華人的籍貫意識逐漸被在地化認同取代後，美湖的義山才開放給所有的華人居民安葬，不再有籍貫與方言群的區分。

（三）移民脈絡新創造的神祇

這個部分主要指涉移民社會在開墾、幫群衝突過程中被「創造」出來，回應人們需求的神祇，既協助凝聚移民社會裡的信任基礎，整合客家人群的社會關係，同時也反映著移民所想像的「社會」。

1. 拓墾神：大伯公

位於檳榔嶼丹戎道光（Tanjung Tokong）的海珠嶼大伯公，相傳是馬來西亞最早成立的大伯公廟，也是檳城客屬人士最早成立的總組織，1799 年由惠州、嘉應、大埔、永定、增城五屬的客家人共同建立，奉祀張、邱、馬 3 位大伯公（吳華 1980：19）。關於大伯公是什麼神，有各種不同的傳說與解讀，有說是水神，也有說是土地神，甚至「大伯公」是誰都有著不同的說法。傳說大伯公是廣東大埔縣人張理，在 18 世紀中葉與同鄉邱兆進、福建永定人馬春福乘船南來檳城落腳。某日張理坐化於海珠嶼的石岩上，義弟邱氏、馬氏就地葬之。待邱氏、馬氏過世，村民們紀念 3 位開拓者，即共同祭拜，並尊為大伯公（鄺國祥 1953：53）。也有認為大伯公就是張理，並且與「天地會」有關。但並非所有的大伯公都是張理，例如西加里曼丹的羅芳伯。唯一可確定的是，大伯公屬於東南亞特有的神祇，與華人在南洋的移民經驗有密切關聯，是開墾先驅的象徵（張翰璧、張維安、利亮時 2014：117-118）。

1810 年海珠嶼大伯公廟在檳榔嶼市中心的大伯公街興建了分祠，方便民眾拜祭，但仍歸客家社群嘉應、增龍、惠州、大埔和永定五屬管轄。儘管五屬各自成立了祭祀大伯公的神緣組織（如嘉德社、永安社等），祭拜大伯公的時程各有差別，但五屬人士同時也組成「海珠嶼大伯公廟董事會」，每年舉行連續

3 天聯合拜祭酬神的活動，以強化客家社群的整體認同（張禹東 2011：11）。

　　除了客家社群內部既分立又合作的關係，大伯公廟也涉及閩人與客人幫群間的競爭關係。例如，坊間傳說閩人與客人曾經爭奪大伯公廟權，甚至訴訟到英國樞密院，最後判決結果是客家人贏得廟宇產權，但每年農曆正月十五必須讓出來給福建人請火使用。寶福社是福建人的團體，其社員解釋由於早期福建人曾借用大伯公廟進行祕密會社的入會儀式，如今每年舉行的請火儀式即是為了紀念這個宗教儀式，甚至轉化成為馬來西亞華人所關注的活動盛事，連帶影響客家 5 個團體原先預設這只是所屬會員參與大伯公廟廟慶的活動。客家五屬亦開始參與原先由寶福社主辦的花車遊行、大伯公廟的修繕與擴建，並且舉辦建廟紀念活動等等，以宣示客家五屬擁有海珠嶼大伯公廟的主權。這也反映出儘管當代馬來西亞華人面對強勢的馬來族群，強調華人大團結下壓抑了亞族群認同，事實上，在某些場域裡這些族群團體之間仍進行隱微的競爭角力（利亮時 2018）。

2. 幫群衝突與和解的神祇：仙四師爺

　　仙四師爺廟奉祀仙師爺盛明利與四師爺。最早是在 1861 年芙蓉的千古廟供奉仙師爺，而開始將仙師爺與四師爺合併供奉的則是吉隆坡的仙四師爺廟。仙四師爺廟信仰的建立與吉隆坡的開埠者葉亞來有密切的關聯。相傳盛明利是惠州客家人、海山黨的領袖，在森美蘭內戰中遭受敵人背後突襲，頸上飛濺了白色鮮血。村民無不感到震驚，相信盛公「已登仙籍」。傳說裡的盛明利曾多次托夢給繼任者葉亞來指點迷津，在海山與義興間的會黨苦戰中鼓舞低迷的士氣。捧著盛明利靈位出戰的葉亞來，總算藉其神力光復吉隆坡，並興建仙四師爺廟來感念有恩先人。

　　至於四師爺的身分，則有不同的說法，有認為是葉亞來的前輩葉四（或有稱葉石），也有說是葉亞來的手下猛將鍾來或鍾炳。無論是哪種說法，兩種版

本都有重要的象徵意涵，一種是葉四是對葉亞來有知遇之恩的前輩，由於被敵
對陣營殺害，迫使葉亞來立誓為其報仇，也讓「惠州客」與「嘉應客」間的械
鬥因此「師出有名」。戰後建廟感懷盛明利與葉四，同時確認葉亞來繼位的合
法性基礎。另一種版本則是葉亞來藉由感念出身嘉應籍的部下鍾來，作為戰後
修復客家內部族群關係與重建吉隆坡的期待。由於葉亞來、盛明利是因為錫礦
產業發跡起家，仙四師爺廟因此發展成為馬來西亞錫礦工的守護神，在馬來西
亞各地錫礦產地都可以看見仙四師爺廟的蹤影（張維安、張容嘉 2011：355-
357）。張曉威（2013：54-57）亦從葉亞來作為一個新任領導者，需要有效掌
握吉隆坡華人社會的角度出發，解釋葉氏透過尊奉一位曾擔任管理華人事務的
甲必丹，又是礦業主的盛明利，以及曾是葉亞來在雪蘭莪內戰[3]所仰賴的軍事
幹部，扮演類似師爺角色的鍾來，以修復吉隆坡客家幫群內部團結，投入戰後
吉隆坡的重建，並奠定了仙四師爺信仰在馬來西亞發展的基礎。

　　從一開始，葉亞來奉祀仙四師爺廟的目的，即與修復客家內部幫群間的衝
突及和解有著密切關係。到了當代，隨著客家移民的在地化，原先與客家人密
切相關，沿著錫礦產地周圍香火興盛的仙四師爺廟，逐漸跨越方言群的限制，
成為當地華人共同分享的仙四師爺信仰。例如，吉隆坡的仙四師爺廟受託人
代表即包含各屬華人（廣府人、惠州人、福建人、大埔人、海南人、潮州人、
嘉應州人代表）共同管理，照章支配入息用度，舉辦死難同僑超度、仙四師爺
鑾駕出巡，藉以消災降福等事務，這樣的現象在麻六甲等其他仙四師爺廟，都
有類似的狀況，顯示仙師爺已跨越原屬惠州客的方言群信仰（張維安 2017：
250-252）。

3　1866 年在吉隆坡爆發長達 8 年王室諸侯間的內戰，同時也影響牽涉到客家幫群內部鬥爭。

四、走向在地社會——創新的傳統與人群整合

涂爾幹（2006：327-399）在《宗教生活的基本形式》指出宗教的社會性，認為宗教表現就是集合群體的集體表現，並且是社會集體思想的產物，透過宗教集體性的狀態，維繫社會的整體感。儀式就是在集合群體之中產生的行為方式，用以激發、維持或重塑群體中的某種心理狀態。透過宗教儀式將分散的個體聚集起來，加深人與人之間的關係，使彼此更加親密。當人們擁有共同的觀念和情感，「神聖存在」才能達到最大強度。換言之，儀式是社會群體定期重新鞏固自身的手段，通過定期舉行儀式讓人們更新與強化個人與群體之間的情感，透過共同行動確認集體的情感，也意識到自己的存在。雖然涂爾幹（2006）對於儀式與社群間的集體情感及意識之討論主要是關注同一族群內部次單位社群（或個人）與社會整體關係，與本文所關心族群內部的族群間（華人內部各幫群）甚至與族群外部間（華人與馬來）的競合關係有所差異，但是華人內部各幫群間，卻可能透過新興儀式的復興以及傳統的再創造，衍生出新的人群結合關係，甚至透過發展跨國華人社群的聯繫，達到整合華人幫群、凝聚「華人」認同的目的。從這個角度來看，隨著客家移民在地化，馬來西亞社會當代民間信仰傳統儀式的新創造，儘管當認同提升到華人認同層次時，客家元素在其中即不再明顯，卻真實反映著當代馬來西亞客家人與其他幫群共同合作的需求和其社會處境。

（一）柔佛遊神

移民社群落腳於當地社會，不同方言群之間的關係，事實上會受到當地的政治結構與統治政策所影響。以新山為例，柔佛王國是最後一個被英國人殖民的馬來幫國，在 19 世紀中期，柔佛馬來統治者天猛公依布拉欣（Temenggong Ibrahim）推行港主制度，主要靠新加坡義興公司招引華人移殖拓墾，廣泛種植甘蜜和胡椒。義興公司不僅開拓柔佛有功，也曾協助平定麻坡內亂，因此成

為獲得馬來統治者認可的唯一合法組織。在柔佛當地開發歷史中「獨尊義興」
的法令,使得早期移入柔佛的華人以潮州幫為主,後續移入的其他幫群,都須
納入義興公司之下,有效減緩華人幫群內部的族群矛盾,形成閩粵幫群「五幫
共和」的歷史傳統(安煥然 2009:88-89)。

　　位於新山市區最古老的直律街(Jalan Tuas)、帶有中國潮州式建築風格
的柔佛古廟,相傳建立於 1870 年,廟裡所奉祀主神都是原鄉帶來的神祇,具
有地方幫群團結的象徵意義。五尊主神依序是元(玄)天大帝、洪仙大帝、感
天大帝、華光大帝和趙大元帥,由潮州幫、福建幫、客家幫、廣肇幫及海南幫
各自供奉一尊主神共同祭祀,並且發展出每年舉辦柔佛古廟遊神「五幫共慶」
的傳統活動。以柔佛古廟為核心,整合閩粵五幫社群的格局,可說是新馬極為
少見的特例。儘管古廟遊神儀式由來已久,卻曾經在戰時沉寂多年,今時我們
看到盛大的柔佛古廟遊神活動,事實上是在 1970 年代再次受到華人社會重視,
1980 年代開始成為新山華人社會的盛事。莊仁傑(2016:258-259)指出柔佛
古廟遊神活動的再興其實與馬來西亞華人政治社會密切相關,新山中華公會面
對 1969 年馬來西亞政府在 513 事件[4]後,扶持馬來人的單元化政策,加上古廟
面臨可能被拆遷的命運,決議改造古廟遊神活動,將遊神活動塑造為華人文化
復興的舞台,用以凝聚華人各幫群與認同的行動。

　　現今的古廟遊神於每年農曆正月 18 到 22 日舉行,分別有亮燈儀式、洗街、
出鑾、夜遊與回鑾活動。其中眾神夜遊遶境為期一週,是最多人熱烈參與的遊
神活動,最後一天眾神從行宮回到古廟,遊神結束(莊仁傑 2016:259)。這
個活動甚至成為新山華社的兩大節慶之一,是凝聚新山華人的精神力量。

4　1969 年發生的華人與馬來人間的種族衝突事件,主因是各族間政治經濟能力的差異與不平等,
　　後續馬來西亞政府採取新經濟政策,影響甚鉅(參閱維基百科 https://reurl.cc/RrjO3x)。

（二）大伯公節

新馬華人信仰裡，大伯公是民間普遍供奉的神祇。早期分布在馬來西亞各地的大伯公廟之間並沒有聯繫，到了 20 世紀末期，才有相當不同的發展。其中，砂拉越詩巫的永安亭大伯公廟扮演了相當重要的推動角色。2007 年該廟配合重建 110 週年慶典時，永安亭領導人召集了砂拉越州內大伯公廟的負責人舉辦聯席會議，共商推廣大伯公信仰與彼此合作交流，會議中決議將每年的農曆 3 月 29 日訂為「砂拉越大伯公節」，而後成立「全砂大伯公廟暨福德祠聯誼會」，由砂拉越州內各廟宇輪值舉辦每年的大伯公節慶典。這個慶典後來擴展延伸到沙巴、西馬各州，甚至印尼，邀集更多大伯公廟參與。到了第 4 屆（2012 年）更名為「馬來西亞大伯公節」，第 9 屆（2017）更擴大規模更名為「世界大伯公節」，邀集各地大伯公金身與團體參與，成為人神共慶的節日。隨著規模擴大，大伯公節的活動日漸豐富，除了慶典本身的祭拜，也包括遊神、宴會、在地旅遊、各地大伯公廟負責人的聯席會議，甚至舉辦研討會、專題講座與出版刊物等等（陳亞才 2018：329-331）。藉由共同的大伯公信仰，創造大伯公節，邀請各地的大伯公廟，甚至是各國大伯公廟宇參與節慶活動、集體聚會，大伯公節的意義展現在年復一年的儀式性集體歡騰過程裡，既強化砂拉越華人社群內部幫群的聯繫，更促進本地華人與跨國華人社群間的連結關係，並且巧妙地提升當地華人的能見度。

五、結語

移民日常的信仰生活，不論是在地適應或幫群衝突中創造出來的神祇，或是當代新創造的宗廟儀式傳統，其實都是社會裡人群關係的縮影。本文藉由討論新馬客家人的信仰，討論新馬客家社會裡客家與其周邊人群的關係，看見客家移民經歷早期的拓墾、幫權政治，形成了廟宇組織與義山，從建立「神權」

威信，進一步累積「紳權」，最後回頭鞏固領導「幫權」，決定掌握幫權實力
的社會領袖，一方面透過決定拜祭什麼神、葬在哪裡，確認幫群之間的界線。
另一方面，社會領袖也透過創造祭祀神祇，達到團結、修復幫群內部整合的效
果。隨著客家移民的在地化，原先專屬於特定族群的信仰，也可能成為跨族群
共同信仰。

　　馬來西亞華人面對外部政治社會環境的不友善，遭到政治與文化權利排
除，因此在 1970 年代開始爭取華社權益，並催生了華人大團結運動。人們透
過儀式復興甚至新創傳統，創造出新的人群結合關係，甚至發展跨國華人社群
的聯繫，整合華人幫群、強化華人社群的認同，例如新興華人社群舉辦的柔佛
五幫遊神活動，或是砂拉越大伯公節新傳統儀式的創造，都有透過一次次的集
體活動，凝聚召喚、團結當地華人社群集體意識的功能。儘管這其中跨族信仰
裡的「客家性」不再明顯，卻真實反映當代新馬社會客家華人的社會處境——
客家人與當地華人共享華人身分，並與其他華人社群在當地社會共同爭取華人
的權益。

參考文獻

古鴻廷，1994，《東南亞華僑的認同問題（馬來亞篇）》。新北：聯經。

白偉權、陳國川，2014，〈認識早期華人社會面貌的視角：新山綿裕亭義山墓碑普查
　　的研究〉。《馬來西亞人文與社會科學學報》3（1）：53-75。

安煥然，2009，〈馬來西亞柔佛客家人的移植及其族群認同探析〉。《臺灣東南亞學刊》
　　6（1）：81-107。

利亮時，2018，〈從海珠嶼大伯公廟的祭祀儀式看客閩社團的競合關係〉。頁 243-259，收錄於徐雨村、張維安、羅烈師編《土地神信仰的跨國比較研究：歷史、族群、節慶與文化遺產》。苗栗：桂冠。

宋燕鵬、潘碧絲，2017，〈生命回歸：東南亞華人籍貫與鄉土認同演變：以吉隆坡福建義山墓碑資料爲考察中心〉。《哲學與文化》44(5)：25-42。

吳華，1980，《馬來西亞華族會館史略》。新加坡：新加坡東南亞研究所。

張禹東，2011，〈海外華人傳統宗教與社會和諧：以東南亞爲例的觀察與思考〉。《華僑大學學報》3：8-13。

張雲江，2017，〈觀音信仰在新馬華人社會網絡構建中的作用〉。《平頂山學院學報》32(1)：95-100。

張維安，2017，〈從馬來西亞客家到華人的在地信仰：仙師爺盛明利〉。頁 237-255，收錄於蕭新煌編《臺灣與東南亞客家認同的比較：延續、斷裂、重組與創新》。桃園：國立中央大學出版中心。

張維安、張容嘉，2011，〈馬來西亞客家族群信仰〉。頁 339-366，收錄於蕭新煌編《東南亞客家的變貌：新加坡與馬來西亞》。臺北：中央研究院人文社會科學研究中心、亞太區域研究專題中心。

張曉威，2007，〈十九世紀檳榔嶼華人方言群社會與幫權政治〉。《海洋文化學刊》3：107-146。

_____，2013，〈客家人與馬來西亞仙四師爺信仰的關係：以吉隆坡仙四師爺宮爲探討中心〉。頁48-58，收錄於林開忠編《客居他鄉：東南亞客家族群的生活與文化》。苗栗：客家委員會客家文化發展中心。

張翰璧，2013，《東南亞客家及其族群產業》。桃園：國立中央大學出版中心。

張翰璧、張維安、利亮時，2014，〈神的信仰、人的關係與社會的組織：檳城海珠嶼大伯公及其祭祀組織〉。《全球客家研究》3：111-138。

陳愛梅，2017，〈馬來西亞福佬人和客家人的關係探析：以濱城美湖水長華人義山墓碑爲考察中心〉。《全球客家研究》9：183-206。

莊仁傑，2016，〈柔佛古廟遊神中的新山客家公會與感天大帝〉。《全球客家研究》6：253-278。

陳亞才，2018，〈世界大伯公節〉。頁325-336，收錄於徐雨村、張維安、羅烈師編《土地神信仰的跨國比較研究：歷史、族群、節慶與文化遺產》。苗栗：桂冠。

曾玲，2001，〈「虛擬」先人與十九世紀新加坡華人社會：兼論海外華人的「親屬」概念〉。《華僑華人歷史研究》4：30-39。

_____，2007，〈墳山崇拜與 19 世紀新加坡華人移民之整合〉。《思想戰線》33（2）：
　　83-90。

涂爾幹（Émile Durkheim）著，渠東、汲桔譯，2006，《宗教生活的基本形式》。上海：
　　上海人民。

鄭莉，2016，〈明清時期海外移民的廟宇網絡〉。《學術月刊》48（1）：38-48。

聶德寧，2001，〈新馬早期華人社會的民間信仰初探〉。《廈門大學學報》2：127-
　　134。

鄺國祥，1953，〈檳榔嶼海珠嶼大伯公〉。《南洋學報》13（1）：53-58。

顏清煌，2017，《海外華人世界：族群、人物與政治》。新加坡：八方文化工作室、
　　新加坡國立大學中文系。

Wessendorf, Susanne and Jenny Phillimore, 2019, "New Migrant's Social Intergration,
　　Embedding and Emplacement in Superdiverse Contexts." Sociology 53(1): 123-138.

梁燊南與《馬華日報》的創辦與停刊

陳愛梅[1]

摘要

《馬華日報》創辦人是客家人梁燊南（Leong Sin Nam），雖說這是一份跨區域和方言群的報紙，實際上支持者還是以霹靂州及客家人為主。《馬華日報》從 1937 年 11 月 1 日出刊，到 1940 年 7 月 15 日停刊，發行時間不足 3 年，可惜報紙今已佚失。本文嘗試從當時的其他報章中，梳理《馬來日報》創辦和停刊始末，並提出停刊的原因。此外，本文分析出版於二戰前的《馬華日報》，某種程度闡述了二戰前「馬華」——馬來亞華人——概念的成熟。

關鍵詞：梁燊南、馬華日報、客家

1　馬來亞大學歷史博士，現任馬來西亞拉曼大學中華研究院副教授、中華研究中心馬來西亞華人與文化研究組組長。

一、前言

　　20 世紀 1920 年代始至二戰前，梁燊南是霹靂州最具影響力的華人領袖。他是典型白手起家的華人，生於中國梅縣，客家人。父母在梁燊南少年期間雙亡，他靠自己的力量在南洋發光發熱，成為備受尊重的華人領袖。他在生命的最後幾年，毅然創辦了《馬華日報》，雖說這是一份跨越區域和方群的報紙，但支持者還是以霹靂州及客家人為主，可惜這報紙在他過世後就停刊。本文是一項歷史學研究，從史料上去建構《馬華日報》創辦和停刊的始末，並論述「馬華」概念之成熟。

　　葉鍾鈴在 1986 年發表了〈吉隆坡《馬華日報》發軔史〉，這是討論《馬華日報》的第一篇學術論文，文中主要使用當時的《星洲日報》和《南洋商報》來建構《馬華日報》的發展史。最為珍貴的是，作者在附錄中整理了《馬華日報》發起人的簡介，包括所屬的州和籍貫。不過，作者在文中說，《馬華日報》至 1941 年日軍南進才停刊（葉鍾鈴 1986：97）。此外，Lim Pui Huen 在 1992 年出版的新加坡、馬來西亞和汶萊報章目錄中，也將《馬華日報》停刊年分定在 1941 年 (Lim 1992)。其實不然，在日軍攻入馬來亞的前一年，《馬華日報》已停刊，這因此引起了筆者的研究興趣，《馬華日報》是否與梁燊南同亡？或是什麼因素導致《馬華日報》發刊不足 3 年就停刊了？原不二夫（Hara Fujio）在 An Alternative View of Tun Sir H. S. Lee: The Anti-Japanese Movement and His Dedication to China 論文中提到，《馬華日報》曾出版華人抗日救亡的特刊 (Hara 2013)。可惜的是，《馬華日報》現已佚失，筆者僅在臺灣的國民黨黨史館發現由《馬華日報》所出版（1940）的《第二期抗戰第二宣傳：國民總動員特刊》。

　　梁燊南是二戰前霹靂州極為重要的華人領袖，論及霹靂州，尤其是近打縣或客家人研究都會談到他，本文不再贅述尚未正式出版的會議論文、學士或碩

士論文。A. Azmi Abdul Khalid(1992)、邱家金 (Khoo 1999) 在談論錫礦業、橡膠經濟時，都提到這位在霹靂州舉足輕重的華人領袖。以「梁燊南」為主題的學術著作，可見拙作（陳愛梅 2013）。王賡武 (Wang 1970) 在 Chinese Politics in Malaya 一文中，將馬來亞華人的政治參與分為三大類型。建立在前人基礎之上，筆者將梁燊南分為第四類型，即同時效忠並替兩個政府（中華民國政府和英國殖民政府）服務的領袖。

　　本文的部分內容，取自筆者的博士論文 *The Making of Chinese Society in Perak 1874-1941*(Tan 2015)。誠如上段所述，梁燊南同時替馬來亞英國殖民政府及中華民國政府服務，因此，有關他的資料不僅見於英國殖民檔案，也包括國民政府的檔案庫。本文是以史學為基礎的研究，從梁燊南的生平及當時的環境，嘗試去理解梁燊南為何在風雨飄揚的時代創辦《馬華日報》，以及《馬華日報》撐不到 3 年就停刊的原因。

二、梁燊南與霹靂州華人社會

　　梁燊南，客家人，1880 年 4 月 20 日生於廣東梅縣大竹堡，1940 年 1 月 20 日歿於森美蘭州波德申。於塵世 60 年的生命中，他的人生可劃分為 3 個時期：前 30 年（1880-1910）從底層攀爬；中 10 年（1910-1920）奠定事業根基；後 20 年（1920-1940），光輝的政治生涯，領導華人社會。

　　19 世紀中葉，霹靂州拉律發現豐富的錫苗後，吸引檳城的商賈和資本家投入巨額金錢，並且引入大量的勞力，開採錫礦。華人之間幫派的械鬥，影響了海峽殖民地的經濟營生。於此同時，馬來皇室的皇位之爭為英國殖民政府打開了介入馬來州屬事務的一扇門，殖民政府在 1874 年分別與馬來統治階層和華人幫派領袖簽署《邦咯約定》（Pangkor Engagement）。根據前者的合約，由英國委派參政司（Resident）管理霹靂州屬事務，除了攸關回教和馬來習俗

事務外，蘇丹必須聽取參政司的意見；後者的合約內容主要是恢復州內的和平。隔年，霹靂州第一任參政司畢治（J. W. W. Birch, 1826-1875）遭到暗殺。1877 年，英國殖民政府在霹靂州推行州議會（State Council），這是一個混合議會（mix council），議會成員除了蘇丹及馬來領袖、參政司和英國官員外，也有華人代表。從 1877 到 1941 年間，霹靂州議會共有 11 位華人。在梁桑南於 1920 年被委為州議員之前，受委任霹靂州華人州議員的社交圈和經濟活動，主要是在檳城和霹靂州拉律縣。至於梁桑南的經濟產業和公眾事務參與則以近打縣為核心，他的崛起代表霹靂州發展的南移，由毗鄰檳城的拉律縣轉移到近打縣。

梁桑南的父親梁珍秀是第一代下南洋者。梁桑南 3 歲那年，父親把他帶到檳城，卻在他 11 歲時過世。他和母親帶著父親骨灰返回中國，不料其母在途中離世。雖然如此，年幼的他還是成功將父母帶回梅縣安葬 (Ho 2009: 442-443)。1898 年，他從中國返回馬來亞後，就直接在怡保落腳。他先是在祖籍客家的錫礦家梁碧如（1857-1911）的錫礦場工作，累積資本和經驗。1910 年，開始經營自己的錫礦業和橡膠業。梁桑南雖是同盟會成員，但並不活躍於同盟會活動，直到 1920 年，遞補胡子春（1869-1921）的霹靂州議員之職 (Federated Malay States 1920: 306) 後，才成為官方認可的華人領袖。

在 1920 年之前，英國殖民政府對馬來亞的華文學校採取「放任自由」（laissez fair）的態度，不支持也不反對。不過，1919 年五四運動使反帝國的情緒滲透新馬華文學校，殖民政府惟恐反帝國的情緒繼續擴大，故推行《1920年教育法令》，規定所有教育機關必須向政府註冊，並且賦予政府可關閉任何被認為具威脅性學校的權利。馬來亞華人社群普遍抗議這項法令，梁桑南成為「霹靂華僑教育會」的代表之一，嘗試從中斡旋，雖然最終並無成果，但他的立場和努力受到肯定。

當時，鄭大平（1879-1935）也是英國殖民政府認可的華人領袖，其出生於富裕之家，且接受英文菁英教育，立場和梁燊南完全不同。鄭大平的父親鄭景貴於 1901 年過世後，英國殖民政府就再沒有對霹靂州賜予甲必丹的頭銜，一直到 1921 年才把這項殊榮給予鄭大平——這位在學校註冊法令上和英國政府站在同一陣線的領袖，對支持政府政策的領袖採取懷柔之舉，對反對者則行高壓。例如，英國殖民政府將反對《1920 年教育法令》的陳新政（1881-1924）等人驅逐出境，並且勒令關閉「霹靂華僑教育會」。務實的梁燊南，小心翼翼地帶領霹靂州華校維護者度過這段高壓時期。兩年多後，即 1924 年，他組織「霹靂華僑學校校董聯合會」，成立時邀請督學參與，並且在章程中註明不涉及任何政治活動，以消除英國殖民政府的疑慮。

梁燊南可能也是國民黨員，但他對中國的政治並不熱衷。雖然如此，他的一舉一動仍受到馬來亞共產黨員（馬共）的關注。例如，在 1930 年初經濟大蕭條時，他要求政府增加對華校的撥款，這項舉措就被馬共視為「走狗」(Monthly Review of Chinese Affairs March 1933: 27-29)。

1937 年是梁燊南處於榮譽高峰的一年。是年 5 月，他接受英政府的「大英帝國優等名譽勳位」（O.B.E）封賜，8 月在英屬馬來亞和中北婆羅州舉行的僑選國大，他又以第一高票當選「中華民國國民大會馬來亞華僑代表」。可惜的是，中日戰爭中斷了他履行政治職責。也是在這一年，他開辦以霹靂州及客家人為主的《馬華日報》（Malayan Chinese Daily）。

三、《馬華日報》的籌備與刊行

1815 年，由傳教士在馬六甲所創的《察世俗每月統記傳》是馬來亞最早的中文報刊。在 1828 到 1929 年間，馬六甲也出版了《天下新聞》，可惜出版形式不詳。到了 1881 年，新馬出現了第一份中文報《叻報》。19 世紀在新馬

出版的中文報尚有《檳城時報》、《廣时日報》和《天南時報》。到 20 世紀 1930 年代之前刊印的報紙有《南洋總匯報》、《星洲晨報》、《光華日報》、《橋聲日報》、《四州日報》、《四州七日報》、《吉隆坡日報》、《南僑日報》、《國民日報》、《華僑日報》、《南洋商報》、《南洋時報》、《濤聲周報》、《益群報》、《中華日報》、《中華商報》和《竹報》。[2]

1929 年末，美國華爾街股市崩盤，經濟風暴席捲全球。馬來亞高度依賴錫礦和橡膠業出口的經濟形態首當其衝。1929 至 1933 年的經濟大蕭條導致許多人失業，治安不靖，自殺人口也增加了。礦場的華工尤為悲淒，英殖民政府遣送大量華工返回中國，同時制定相關法律，控制進入馬來亞的華工人數（陳愛梅 2006）。

那段時間是各行各業的寒冬時期，包括報業。在新加坡創立的《叻報》，是新馬地區最早的中文報，也躲不過這場經濟風暴，在 1932 年停刊。1925 年於吉隆坡創立的《中華商報》也在同一年停刊。另一家在吉隆坡創辦的報紙《益群報》，創立於 1919 年 3 月，到了 1935 年 8 月改組為《新益群報》，但在隔年 10 月隨即倒閉。在《新益群報》停刊之後，吉隆坡就沒有中文日報，只能仰賴新加坡出版的《南洋商報》、《星洲日報》和《星中日報》等報紙，早上在新加坡出版後，約下午 5 時才能送抵吉隆坡，這使「新聞」都快變成「舊聞」了。馬來聯邦之首府竟連一家中文報社都沒有，因此，梁桑南創辦中文報是有社會的需求和意義（葉鍾鈴 1986：93）。

其實，更早之前，根據《華民事務每月評述》（Monthly Review of Chinese Affairs）的報告，梁桑南、王振東這兩位霹靂州的礦家，對於在檳城開辦的《華僑日報》興趣盎然，該報的合夥人也都是客家人。[3]《華僑日報》

2　筆者滙整自 P. Lim Pui Hue (1992) 和陳俊林（2012）。

3　例如社長吳少初、攝影師李彩生及發生人梁漢生，都是客家人。資料取自 CO273/ 572, Monthly

1920 年創立於檳城，現已佚失，停刊年分不詳 (Lim 1992: 99)。梁桑南開辦報章的願望，到了《馬華日報》出現後才得以實現。

1937 年 1 月，梁桑南在吉隆坡中華總商會召開會議，定報名為《馬華日報》（Malayan Chinese Daily）。當時已籌得 2 萬資本，只要再籌得 10 萬，即可出版發行。籌備委員會（以下簡稱籌委會）有 23 人，詳如表 1。

表 1　《馬華日報》各埠籌備委員

地區	姓名	人數
吉隆坡	張郁才（廣東新會）、曹堯輝（廣東岡州）、李孝式（廣東信宜）、黃重吉（福建永春）、陳占梅（廣東順德）、張崑靈（廣東梅縣）、林眉五（廣東梅縣）、陳仁塽（福建永春）、郭義齋、陳本初（廣東潮安）	10
霹靂州	梁桑南、王振東（廣東梅縣）、王振相（福建南安）、曾松壽、張珠（廣東新興）	5
檳城	王景成（福建同安）、藍僑渭（廣東大埔）	2
新加坡	楊溢璘	1
馬六甲	何葆仁（福建廈門）、岑會朝（廣東瓊東）	2
文冬	高耀其	1
芙蓉	鍾吉南	1
柔佛	張開川	1
小計		23

資料來源：筆者匯整自南洋商報（1937 a,b）；葉鍾玲（1986：97-99）

Review of Chinese Affairs, June (1931: 64)。

在這 23 名籌備委員中，以吉隆坡的人數最多，共 10 人，占了 43%。這也是一份嘗試跨越籍貫和方言群的華文日報，包含廣東（廣府）、福建（閩南）、客家、潮州和海南 5 大方言群。

2 月最後一天，籌備處租定吉隆坡老巴剎（Central Market）25 號 2 樓，但早先舉辦的首次籌委會會議，卻是在吉隆坡商會舉行。籌委會當時已籌得 5 萬元，其中梁燊南和張郁才各捐 2 萬，兩人分別獲選為籌委會主席和財政。（南洋商報 1937 c, d）到了 4 月，籌委會已籌得 9 萬餘元。中國駐馬來亞領事呂子勸在致詞中說：

> 梁君 × 寓怡保，此次特發起組織馬華日報，在吉隆坡出版，梁君不辭勞瘁，為華僑文化而奔波，其熱誠與毅力，誠足敬仰，查吉隆坡初有益群報，繼有新益群報，均受不景氣而倒閉，今者，馬華日報已成功，但此種成功，並梁君之成功，實即華僑文化之成功……。
>
> （南洋商報 1937 e）

梁燊南的辦報計畫，最後獲得 73 位英屬馬來亞不同方言群的支持。《馬華日報》部分合夥創辦者的州屬和方言群見表 2。

《馬華日報》總部設在吉隆坡，籌備委員也以吉隆坡人占多數。比較表 1 和表 2 可發現，吉隆坡的籌備會委員並沒有積極替《馬華日報》招攬合夥者，平均每人僅招攬 0.8 人。相較之下，霹靂州的籌備委會非常積極，平均每人招攬 4.2 人。此外，柔佛、彭亨和新加坡完全沒有增加新的合夥人。梁燊南的人際網絡雖然遍布新馬，但霹靂州才是他的根基地。在籍貫方面亦然，《馬華日報》雖得到馬來西亞和新加坡各方言群的支持，但主要支持者還是客家人，尤其是梅縣客家人。梁燊南是梅縣客家人，又是霹靂州領袖，因此他帶領開辦的《馬華日報》，取得故國原鄉（梅縣）和移國在地（霹靂州）的大力支持。

表 2　《馬華日報》部分合夥創辦者的州屬和方言群

方言群		霹靂	吉隆坡	檳城	馬六甲	柔佛	森美蘭	彭亨	新加坡	總數
客家	梅縣	5	6	1	1	--	1	--	1	15
	其他	1	--	2	1	--	1	--	--	5
福建		3	3	3	1	1	--	--	--	11
廣東		4	3	--	--	--	--	--	--	7
潮州		/	2	--	--	--	--	--	--	2
海南		1	--	--	1	--	--	--	--	2
未知		7	2	--	--	--	--	1	--	10
總數		21	16	6	4	1	2	1	1	52

資料來源：葉鍾鈴（1986：97-99）

　　《馬華日報》原定在 1937 年 8 月發刊（The Straits Times 1937），後來在 11 月 1 日才正式刊行。不過，發行兩個月，就在隔年 1 月整頓經編部，李孝式被委為董事部副總經理，全權負責報務事務以及人員的聘辭事宜（南洋商報 1938a）。

　　七七事變之後，星馬中文報紙大多刊登地方籌賑新聞。1938 年 2 月，《馬華日報》出現刊錯地方上雪蘭莪少女籌賑祖國難民遊園藝劇團新聞，導致該組織召開緊急會議討論。出席者非常踴躍，共有 91 人聚集在吉隆坡最榮劇閣樓上商討此事（Ibid. 1938b）。《馬華日報》發行不到 4 個月就發生這種事，可謂出師不利。

　　這段期間，《馬華日報》內部在物色合適的主編人選。1938 年 5 月，檳城《光華日報》主編鄭紹崖辭職，南下吉隆坡擔任《馬華日報》編輯主任（Ibid. 1938a）。11 月，《馬華日報》再傳整頓，總經理一職原由董事長梁燊南擔任，

為了該報的發展，董事會議決改由常駐者擔任，委任陳濟謀兼任總經理，梁燊南、李考式仍是正、副董事（Ibid. 1938b）。

《馬華日報》發行部也是風波不斷。1939 年 3 月，一名吉隆坡乒乓選手假冒《馬華日報》向訂戶收取報費，結果被控上庭，判處半年有期囚刑（Ibid. 1939a）。此外，《馬華日報》成為吉隆坡的文教景點，例如加影華僑中學 1939 年 6 月的吉隆坡 2 日遊行程中，其中一站就是參觀《馬華日報》（Ibid. 1939b）。

四、梁燊南病逝與《馬華日報》停刊

《馬華日報》在吉隆坡慶祝成立 2 周年之際，病塌中的梁燊南已無法出席。總經理梁本源在致詞中表示：

> 該報南董事長梁燊南君，為提高聯邦文化水準，消除此間消息隔閡，
> 故特創馬華日報成立以來，雖歷兩年，依然似小孩一樣，故深望此
> 間同僑，多多賜教，加以愛護……（星洲日報 1939a）

此時的梁燊南生命已近尾聲，他將最後的餘力獻給霹靂州議會。他上呈備忘錄，希望州政府能讓各族的失業勞工獲得土地耕種稻米。參政司認為如此一來將會引進更多中國勞工，所以不接受他的建議。梁燊南在議會上替自己辯護，表示這是多元種族的公司。[4]在病榻中，他透過霹靂州華民保護司（Protector of Chinese）A. B. Jordan，上呈備忘錄給海峽殖民地輔政司（Colonial Secretary,

---

4　資料取自 1938 年 10 月 20 日霹靂州議會會議紀要（Minutes of a Meeting of the Perak State Council, 20th October 1938）附錄 B 和 1939 年 5 月 9 日霹靂州議會會議紀要（Minutes of a Meeting of the Perak State Council, 9th May 1939），附錄 A。

Straits Settlements），要求設立彩券，以資助英方與德國的戰役，但這項建議也沒有獲批。根據霹靂州華民保護司的報告，當時梁燊南已病危。

　　《馬華日報》管理高層人事異動頻密，1938 年 5 月上任的編輯主任鄭紹崖只工作了 1 年就離職。梁燊南在 1939 年 6 月改派梁偉華任編輯部監察，同時進行改組，取消主編，改設編輯委員會。為了徹底改革《馬華日報》，梁燊南的次子梁應良被委為經理。不過，《馬華日報》2 周年的慶典剛過，就傳出梁偉華離職的新聞。表面上是因為梁燊南要刊登徵聘編輯主任，梁偉華向梁應良表示，倘若《馬華日報》徵聘主編的啓事登出，他就立刻辭職。顯然地，梁燊南沒有接受梁偉華的要脅，仍在 1939 年 11 月 6 日刊登徵聘編輯主任的啓事，尋找學識豐富且有辦報經驗者，月薪從優。梁燊南也在文告上澄清他與梁偉華非外界所傳聞的叔侄關係，兩人是經由中國駐吉隆坡領事介紹而認識（星洲日報 1939b）。梁燊南對梁偉華有所保留，以改革之名不設編輯主任之職，觀察了他半年後，毅然登報徵聘編輯主任，這無疑是對梁偉華的不信任。梁燊南在文告中語辭犀利：

> 余現命襄理傅紫曦兼代編輯主任，余與梁偉華之關係，亦止於此，
> 外人傳聞失實，恐生誤會，余特鄭重聲明，今後梁偉華行動，與余
> 及馬華日報無涉。

這番聲明，無疑是與梁偉華切割，此時的梁燊南也已沒有精力再管理《馬華日報》。1940 年 1 月 20 日，梁燊南在森美蘭波德申（Port Dickson）與世長辭，遺體移回怡保。他在霹靂州華人社會的地位極為崇高，出殯當天，華人商店關門以表尊重。中國、英國及馬來官員都出席葬禮，還有成千上萬的人民送他最後一程，送殯隊伍長達兩英哩（陳愛梅 2014）。《馬華日報》所出版的《第二期抗戰第二宣傳：國民總動員特刊》記錄了梁燊南最後的語言：

吾儕僑居海外，對於國民總動員之物質動員，如捐資籌賑，募集寒
雨衣，組織機工服務等，雖已不恤物力人力，踴躍進行，然求其能
竭全力，捐軀救國，毀國紓難，充量發揮愛國精神者，實不多覯。
撫心自省，良用漸悚，此後宜以精神總動員，互相策勵，父詔其子，
友勖其儕，妻勉其夫，務使抗戰意志，日以堅強，物力人力，日以
集中，庶日副最高領袖謀國之誠，而收國家民族復興之效與僑眾共
勉之。（梁桑南 1940）

在梁桑南離世後半年，《馬華日報》在民國 29 年（1940）7 月 15 日宣布
停刊。文告曰：

本報因感紙張來源困乏，迫得自動收盤，自七月十六日停止出版，
必纂營業以來，與各商號來往帳目甚多，自應清理，以清手續，本
報如有欠各商號數目者，請于停版日起一星期內，攜單前來向收，
至各商號欠本報報費及廣告印刷等費者，當由本報派人鳩收，掣給
正式收據，否則無效，倘收數員抵步望即如數惠交爲荷，特刊通告
週知。（南洋商報 1940）

這是梁桑南所創辦的《馬華日報》最後的啓事。二戰結束後，《馬華日報》
之名再次出現，不過，這與梁桑南完全無關。馬華公會成立後，1951 年就組
成林慶年、劉伯群、李孝式和吳德文的 4 人小組委員，商討出版刊物。馬華中
央會議討論商辦《馬華日報》的建議，作爲該黨機關報，但州代表並不同意（星
洲日報 1952a、b）。在這 4 人小組成員中，李孝式曾是梁桑南所創的《馬華
日報》的籌備委員，此事最後不了了之。1953 年，馬華公會英文黨報 *Malayan*

Mirror 出版，爾後出版中文版，名為《馬來亞鏡報》，[5] 而不使用《馬華日報》。《馬華日報》不論是實體，或是名字，消失於歷史的舞台。

五、《馬華日報》歷史上的意義

《馬華日報》現已失佚，在歷史中也只是曇花一現。不過，其名稱「馬華」卻意義非凡。馬來亞華人，或「馬華」的概念形成於何時？史學界並沒有針對這個問題多加著墨，一般都以為華人的本土意識主要發生在二戰後。日本學者原不二夫（2006：206）表示，「馬華」一詞，普遍上是在戰後擁有馬來亞認同傾向者使用，其實並不然，《馬華日報》的出現是最好的證明。

回歸史料，「馬華」或馬來亞華人一詞，20 世紀 1930 年代已在馬來亞或新加坡中文報章使用，例如馬華運動會、馬華男籃、馬華選手、馬華健兒、馬華排球和馬華足球等。中日戰爭爆發不久後，梁桑南創辦中文報章《馬華日報》；回到中國就學的華人學生，被稱為「馬華學生」，從馬來亞滙到中國的款項稱為「馬華賑款」；馬來亞的南僑機工[6]稱「馬華機工」；還有「馬華愛國」、「馬華教育」等等。不過，當時，「馬華」所愛之國，指的是中國；「馬華之教」，指的是馬來亞華人的華文教育；另有「馬華戲劇」全馬巡迴演出籌款。中國國民政府所推動的「國民精神總動員」，到了馬來亞則變成「馬華精神總動員」。

至於「馬華」的本質，抗敵後援會黃耶魯以筆名李秋，在〈論馬華民族屬性的問題〉中寫道：

5　感謝賴俊嵐提供有關 *Malayan Mirror* 的資料。

6　南洋華僑機工服務團。

我們認為馬華的民族根源，無疑是屬於中華民族的；可是因為我們
的祖先，已經在馬來亞建立下堅實的基礎，因為我們日常主要地是
受馬來亞的政治經濟生活的支配，所以我們已構成了一種殊特性，
已經形成了一支特殊的派生的隊伍。這支隊伍就叫「馬來亞的中華
民族」（Malaysian Chinese），簡稱「馬華」，它一方面是中華民
族特殊的支脈，同時又是當地一個重要基幹的民族；它對於中華民
族的關係，主要地是在民族的範疇內，部分地也才是在國籍的範疇
內……。（李秋 1941）

黃耶魯是戰前抗日和馬共的活躍分子，被稱為馬共的一支筆（謝詩堅
2005）。在他的這篇文章裡，直言在民族醒覺過程中出現似是而非的論調，認
為馬華只是居住在別人土地上的僑民，來馬來亞純為賺錢，榮辱生死要由中國
決定，而對馬來亞的大小事，都採取「各人自掃門前雪，莫管他人瓦上霜」的
態度。文章裡強調，在客觀現實中這種態度是不能容忍的，因為馬來亞的政經
等各方面，深深影響著馬來亞華人。黃耶魯在報館工作，長期筆耕，他的這篇
文章可說匯當時「馬華」概念之大成。

　　梁桑南是親國民政府的右翼領袖，他所創辦的報紙取名《馬華日報》；黃
耶魯是左翼，他的文章將「馬華」概念具體化。易言之，二戰前的馬來亞華人
社會，本地意識已然成形。

六、結論

　　梁桑南這位廣東梅縣客家人創辦了《馬華日報》，嘗試建立一個跨越區域
和方言群的中文報紙，在成立籌備委員會之時就可看出他的企圖心。梁桑南人
脈廣闊，不過熱絡支持他辦報的，主要還是「移國」的同州霹靂人，以及「故

國」的同鄉梅縣客家人。只是他的報紙總社設在吉隆坡。

《馬華日報》在 1937 年 11 月 1 日正式刊行，至 1940 年 7 月 15 日停刊，共計 2 年 9 個月 15 天。創辦的原因是因為當時吉隆坡沒有中文報刊；停刊的原因，依照停刊說辭是印刷成本太高，其實就是資金問題。《馬華日報》是一份壽命極為短暫的報紙，本文將其歸為幾項原因：

第一，管理不當。《馬華日報》發刊不久，就發生錯置新聞以及遭冒名收取報費之事。而且，不到 3 年更換數個編輯主任，1937 年 11 月成立之初的編輯主任不詳，1938 年 5 月，鄭紹崖從《光華日報》離職，接任《馬華日報》編輯主任之職，不過大約 1 年就離開了。1939 年 6 月，梁桑南親點梁偉平接任，卻不給他編輯主任之職。推測梁偉平的表現極為不佳，因此才出現他為梁桑南之侄，才有機會挑起報館運作及出版大梁的傳聞。梁桑南最後與梁偉平近乎決裂，並且發表梁偉平從此與《馬華日報》無關的聲明。目前，我們尚不清楚誰是《馬華日報》的末代編輯主任，但其管理層級更換頻密是不爭的事實。

第二，資金問題。創辦之初，梁桑南以個人領袖魅力及人際網絡取得創報資金，但時逢中日戰爭，馬來亞各階層的華人都熱衷賑災工作，包括梁桑南本人亦然，他自己次子的婚禮也一切從簡，但卻捐出叻幣兩千助賑。《馬華日報》管理不當，使其面臨財務上的困境，包括梁桑南在內的創辦合夥人，或已無心再投入更多的資本。

第三，梁桑南離世。梁桑南在 1940 年 1 月逝世，約半年後，《馬華日報》就宣告停刊。梁桑南在離世前，雖然派遣次子擔任該報董事，但也回天乏術，無法拯救發育未全就面臨垂亡的《馬華日報》。

假設梁桑南活得更長久，《馬華日報》是否能避免不到 3 年就停刊的命運？歷史沒有假設，實際上是《馬華日報》因梁桑南而產生，也隨著梁桑南離開而結束。創辦於二戰前的《馬華日報》，因其「馬華」之名，在馬來（西）亞華

人歷史上意義深遠，代表了「馬華」，即二戰前馬來（亞）華人概念已具體形成，而非普遍認為在二戰後的馬來亞華人才具本土意識。

參考文獻

李秋，1941 年 4 月 20 日，〈論馬華民族屬性的問題〉。《南洋商報》15。

南洋商報，1937a，〈籌備中之馬來亞日報發起人大會中公定資本二十萬收足十萬即出版推舉籌委廿三人負責籌辦聞主編人已請中宣部介紹吉隆坡長途電話〉。《南洋商報》，1 月 19 日。

_____，1937b，〈梁燊南說：擁護中央為宗旨〉。《南洋商報》，1 月 20 日。

_____，1937c，〈馬華日報籌備處已租定吉隆老巴塞二十五號二樓〉。《南洋商報》，1 月 29 日。

_____，1937d，〈馬華日報首次籌委會議推舉梁燊南為籌委會主席各聞人認股額將達五萬元〉。《南洋商報》，2 月 15 日。

_____，1937e，〈梁燊南宴佳賓，報告：馬華日報籌備經過現已招到股份九萬餘收足十萬元 可開辦〉。《南洋商報》，4 月 15 日。

_____，1938a，〈吉隆馬華日報集議整頓經編部將改組〉。《南洋商報》，1 月 7 日。

_____，1938b，〈雪少女籌賑游藝團開緊急聯席會議商馬華日報刊錯該團新聞串〉。《南洋商報》，2 月 26 日。

_____，1938c，〈檳光華日報主編辭職改就馬華日報〉。《南洋商報》，5 月 18 日。

_____，1938d，〈陳濟謀兼任馬華日報總經理〉。《南洋商報》，12 月 7 日。

_____，1939a，〈隆乒乓冠軍陳官友等騙收馬華日報報費二人各被判罰半年苦監〉。《南洋商報》，3 月 24 日。

_____，1939b，〈加影華僑中學簡易師範生將到吉隆巴生參觀學校工廠〉。《南洋商報》，6 月 1 日。

_____，1940，〈吉隆馬華日報自動收盤今日起停刊〉。《南洋商報》，7 月 16 日。

星洲日報，1939a，〈吉隆馬華日報 紀念二週年〉。《星洲日報》，11 月 2 日。

_____，1939b，〈馬華日報主編易人〉。《星洲日報》，11 月 22 日。

_____，1952a，〈馬華工會本坡分會 創辦馬華日報 待總會決定〉。《星洲日報》，4 月 12 日。

_____，1952b，〈馬華中央會議 將商創辦馬華日報 若干州代表不表贊同〉。《星洲日報》，4 月 13 日。

原不二夫著，劉曉民譯，2006，《馬來亞華僑與中國：馬來西亞華僑歸屬意識轉換過程的研究》。泰國：曼谷大學出版社。

陳俊林，2015，〈馬來西亞華文媒體對中華文化傳承的貢獻〉。《東南亞縱橫》5：56-59。

陳愛梅，2006，〈經濟大蕭條時期霹靂的社會及礦場華工狀況，1929-1933〉。《馬來西亞華人研究期刊》9：19-33。

_____，2014，〈二戰前華人政治參與模式：以霹靂州之鄭螺生、許武安、鄭大平和梁燊南為例〉。《馬來西亞華人研究學刊》16：105-128。

葉鍾鈴，1986，〈吉隆坡《馬華日報》發軔史〉。《亞洲文化》7：97-99。

謝詩堅，2005，〈解讀陳平《我方的歷史》（二）：陳平故事帶出的人和事〉。《馬來西亞著名評論家 ── 謝詩堅 ──「飛揚網絡」》，2 月 28 日。http://seekiancheah.blogspot.com/2005/02/blog-post_7867.html

Azmi Abdul Khalid, A., 1992, "The Social Organization of the Mining Industry during the Depression, 1929-1933* in Mayaya." Journal of the Malaysian Branch of the Royal Asiatic Society 65-2(263): 85-98.

Fujio, Hara（原不二夫）, 2013,"An Alternative View of Tun Sir H. S. Lee: The Anti-Japanese Movement and His Dedication to China." *Journal of Asia-Pacic Studies* 20: 53-63.

Ho, Tak Ming, 2009, *Ipoh: When Tin Was King*. Malaysia: Perak Academy.

Khoo, Kay Kim（邱家金）, 1999, "Developments Relevant to Malayan Agriculture in the Post-rubber Crisis Era (1920-1921)." *Journal of the Malaysian Branch of the Royal Asiatic Society* 72-2(277): 17-47.

Lim, P. Pui Hue, 1992, Singapore, Malaysian and Brunei Newspapers: An International Union List (Revised and Enlarged Edition). Singapore: Institute of Southeast Asian Studies.

Tan, Ai Boay（陳愛梅）, 2015, *The Making of the Chinese Society in Perak*, 1874-1941. PhD thesis, University of Malaya.

The Straits Times, 1937, "New Malayan Chinese Paper." The Straits Times, 17th April.

Wang, Gung-Wu（王賡武）, 1970, "Chinese Politics in Malaya." *The China Quaterly* 43: 1-30.

印尼後蘇哈托時期的
華人政治參與和性別秩序：
以山口洋市長蔡翠媚的從政之路爲例[1]

蔡芬芳[2]

摘要

身爲「他者」的印尼華人在其所生活的大環境之中，尤其在蘇哈托
（Soeharto）「新秩序」（New Order）時期（1966-1998），不僅生
命受到威脅，華人文化亦不見容於印尼社會而遭致抹滅。自 2005 年，
印尼開始地方直選，華人參政加速，於 2017 年當選山口洋市長的蔡
翠媚（Tjhai Chui Mie）繼首位客家華人市長黃少凡（Hasan Karman，
任期 2007 至 2012 年）之後，成爲印尼地方政治史上首位客家華人女
性市長。她在族群權力合作上有別於以往華人與達雅人的合作模式，
與馬來與武吉斯混血的穆斯林 H. Irwan, M.Si 搭檔，創造族群政治新
典範。蔡翠媚目前仍在任期當中，她不僅爲山口洋的族群關係帶來新

1　本文初稿發表於國立交通大學通識中心於 2020 年 10 月 16 至 17 日所舉辦的「客家與周邊人群
工作坊」，由衷感謝當時的評論人劉堉珊教授，以及兩位匿名評審人的寶貴意見與修正建議，
使本文臻於完善，惟文責筆者自負。
2　國立中央大學客家學院客家語文暨社會科學學系副教授。

面貌，也因為過去山口洋的客家女性多為嫁至臺灣或其他國家的婚姻移民，因此蔡翠媚的當選，更賦予山口洋客家華人女性新意象，亦可作為觀察後蘇哈托時期西加里曼丹客家華人與周邊族群關係，以及印尼性別秩序的指標。

關鍵詞：印尼後蘇哈托時期、山口洋、客家、性別秩序、族群與
　　　　政治

一、前言

　　山口洋（Singkawang）對臺灣桃竹苗與南部六堆的客家家庭來說並不陌生，因為家中媳婦可能就是來自於山口洋，或來自西加里曼丹（West Kalimantan）其他城鎮，抑或是印尼其他客家人居多的地區，例如邦加—勿里洞（Bangka Belitung）。在山口洋以客家話稱呼 *Amoy* 的女性，大多是指該女性透過婚姻向外移動，因此讓人們產生一種既定印象，許多山口洋的女性會為了改善家中經濟而遠渡臺灣與臺灣人結婚。不過，跨國婚姻的形成有許多原因，像是追求自我實現，也有人是自由戀愛，或是原本到臺灣當移工，在臺灣認識丈夫後而成為外籍配偶。

　　2017 年當選山口洋市長的蔡翠媚（Tjhai Chui Mie）打破了山口洋 *Amoy* 的形象，她是首位印尼客家華人女性市長，對於印尼華人參政來說，不僅具有族群的意義，更讓我們重新思考印尼社會性別秩序之意涵。更甚者，由於蔡翠媚是客家人，在她的政治生涯中，客家的意義何在亦值得探究。

　　印尼社會在荷蘭殖民時期採取「種族隔離政策」，華人不僅無法融入當地社會，更被標示為「外來東方人」（"Vreemde Oosterlingen", "Foreign Orientals"）(Coppel 2005: 1)，成為「華人少數族群」(Anderson 1998: 320)，還因為被賦予某些經濟商業特權，自此無法擺脫控制經濟的形象（雲昌耀 2012：41）。日本占領印尼時期，將華人與當地原住民及歐洲人區隔（雲昌耀 2012：45；廖建裕 2007：31）。印尼獨立之後，華人的地位在蘇卡諾時期（Soekarno，印尼首任總統，任期 1945 至 1966 年）的公民身分政策與歧視性經濟政策之下受到影響。到了蘇哈托（Soeharto）「新秩序」（New Order）時期（1966-1998），華人在政治、社會與文化方面皆被「他者化」與「邊緣化」，但印尼政府卻希冀透過華商力量改善印尼經濟，因而賦予華商特權。

　　由於殖民政策（荷印時期）、民族國家（印尼獨立之後）的政策造成印尼

華人掌控經濟的刻板印象，同時亦將華人置於特殊且「被排除」的位置上，如此情形直到哈比比（Bacharuddin Jusuf Habibie，印尼第 3 任總統，任期 1998 年 5 月至 1999 年 10 月）任內，華人始被納入印尼社會，並且開始獲得參政權。華人在印尼參政並非易事，因為會受到以下幾個因素的影響：就選舉層級來說，端視地方性抑或是全國性的選舉；至於族群關係，則與候選人自身的宗教信仰有關，以及搭檔人選是否跨族群，是與哪一個族群搭配；在參選或任職中是否引發族群與宗教議題。

　　然而，本文以蔡翠媚作為研究對象，除了族群與政治之外，更關心性別秩序在印尼政治中所扮演的角色，以及對於女性參政的影響。由於蔡翠媚是印尼首位客家華人女性地方首長，她的當選有助於我們了解印尼的性別秩序、族群與政治之間的關係。為達此研究目的，本文首先介紹蘇哈托時期的政治發展與華人參政情形，以提供身為華人的蔡翠媚何以能夠參政的政治背景。其次，根據孫采薇（2019）的研究，本文從制度性的選區規模、開放式名單、黨內競爭與金權政治，以及非制度性因素，從印尼社會對於女性參政的支持度，探究印尼女性政治參與的過程及挑戰。最後，由於蔡翠媚出身於西加里曼丹山口洋，因此在理解她何以邁向參政之路時，有必要先勾勒她所處的社會脈絡，之後再詳述其參政過程。

二、後蘇哈托時期政治發展與華人參政情形

　　身為「他者」的印尼華人生活在大環境之中，尤其在蘇哈托「新秩序」時期，不僅生命受到威脅，華人文化亦不見容於印尼社會而遭致抹滅。蘇哈托以國家安全、秩序與穩定為目標，強力推行「建國五原則」（Pancasila），實行同化政策，抹滅華人文化 (Budiman 2005: 98-99)，並將華人標示為「華人問題」（Masalah Cina）（雲昌耀 2012：52），主要作為是消滅華人文化的 3 個支柱，

分別是媒體（1965 年禁止華文報紙）、組織（1966 年禁止華人組織）與學校（1966 年關閉所有華文學校）。此外，「鼓勵」華人捨棄中文名字而更改為印尼名；限制使用華文與方言；禁止華人公開慶祝傳統與宗教節慶 (Suryadinata 2006: 213)。

　　1998 年 5 月蘇哈托下台之後，印尼在政治與社會進入混亂狀態，卻隨著政治改革（reformasi）而進入民主化，例如 1999 年哈比比開放黨禁與報禁；2000 年瓦希德（Abdurrahman Wahid，印尼第 4 任總統，任期 1999 年 10 月至 2001 年 7 月）廢除宣傳部，進一步進行媒體自由化；2002 年梅嘉瓦蒂（Megawati Sukarnoputri，印尼第 5 任總統，任期 2001 年 7 月至 2004 年 10 月）規定總統直選並取消國會中兩百位非民選議員席次（孫采薇 2014：153）。

　　至於與華人相關的政策轉變則從哈比比開始，歷經瓦希德到梅嘉瓦蒂，皆曾公布取消對華人歧視的法令，然而後兩者並沒有太多實質作為，直到 2008 年 10 月才真正通過《反種族歧視法》。重要法令略舉如下（孫采薇 2014：154）；包括哈比比在位時，1998 年 9 月第 26 號總統令中要求官員停止歧視華人為「非本土族群」（non-pribumi）的稱呼；1999 年 5 月第 4 號總統令取消禁止華語的規定，並宣布成立「五月暴動調查委員會」，10 月開放華語補習班並允許華人組織政黨與民間團體 (Betrand 2004: 70，轉引自孫采薇 2014：154)。哈比比任內重要的作為在於肯認華人身為印尼的一分子，不再被視為外來者；其次是恢復華語，除了開放補習班之外，華人學習華語的機會也不再受限。更重要的是，設置「五月暴動調查委員會」釐清真相，以及開放華人參政，落實華人公民權。[3]

3　在 1998 年蘇哈托新秩序結束之前，大多數印尼華人擁有印尼國籍，具公民身分且有投票權。然而，印尼政府曾在 1979 年開始限制華人申請公民身分，申請程序不僅不同於當地族群，而且更困難，並且在華人的身分證上標示特殊記號，使其因此遭受不公平待遇（孫采薇 2014：145）。

雖然瓦希德與梅嘉瓦蒂並沒有太多廢除實際歧視的作為，但仍頒布了重要法令。瓦希德任內的 2000 年 1 月第 4 號與第 6 號總統令，分別廢除了不准華人慶祝傳統節日以及不准華人辦報的 1967 年第 14 號禁令，華人因而在 2000年 2 月可以公開慶祝新年，當時瓦希德並率領內閣參加雅加達的華人新年慶祝活動，後於 2001 年 1 月，宣布農曆新年為選擇性假日；2001 年廢除 1978 年起禁止華文展示與書刊進口的禁令（孫采薇 2014：154）。瓦希德肯認華人文化傳統而開放新年慶祝，甚至成為選擇性假日，並且更進一步讓華人不需要隱藏自己的文字，有機會接觸到華文。梅嘉瓦蒂重要的作為在於 2001 年 11 月國會修憲時，明言任何公民皆可參選總統，而不再是過去被認可的「本土族群」才能成為總統候選人 (Betrand 2004: 70，轉引自孫采薇 2014：154)。此舉應可說是前述哈比比時代要求官員停止歧視華人為「非本土族群」的稱呼之延伸，確實因此讓華人得以參政的層級達到最高的元首職位。其他重要規定大多是延伸哈比比或是瓦希德的作為，例如宣布支持中文教學與研究，以及 2002 年將華人農曆新年定為公定假日。其他具有劃時代意義的作為包括頒布《新國籍法》（2006）及《反種族歧視法》（2008），在法律上保障與改善華人地位。

在上述民主化的過程中，與本文所要探討的華人參政息息相關者，為後蘇哈托時期政治改革中的「地方主義」（*daerahisme*），是維持印尼國家整合的重要元素（戴萬平 2014：59）。時至今日，印尼國內局勢雖有改變，尤其是依據 2004 年第 32 號法令，從 2005 年開始地方直選之後，華人參政加速，在後蘇哈托時期極具突破意義，一方面是因為華人從過去的「經濟動物」轉變為可以參與印尼政治，某個程度上意味著華人地位提升；另一方面，參選人的形象打破了昔日對於華人的刻板印象，例如山口洋前任市長黃少凡（Hasan Karman，客家人，任期 2007 至 2012 年）以及現任市長蔡翠梅，有別於西加里曼丹住在鄉村與貧窮的華人形象，兩人皆是大學畢業的白領階級，

黃少凡且為律師。2017 年當選市長的蔡翠媚是印尼地方政治史上首位華人女
性市長，也是繼首位華人市長黃少凡之後的第二位華人市長 (Dewi 2019)。
除此之外，其他參政華人還包括出生於山口洋市的西加里曼丹副省長黃漢山
（Christiandy Sanjaya，任期 2008 至 2018 年）、雅加達省長鍾萬學（Basuki
Tjahaja Purnama）等。

　　雖然華人已經參政，但常因為「宗教」與「族群」議題而未能真正順遂。
印尼雖未將伊斯蘭定為國教，亦不凸顯「族群」（sukubangsa），但事實上在
選舉時，卻相當受到宗教（穆斯林與非穆斯林之間的界線）與族群（華人）的
影響。首先，印尼雖以建國五原則作為國家和諧的意識形態基礎，其中認可的
5 個宗教包括：伊斯蘭教、基督教（包括基督新教與天主教）、印度教、佛教
與孔教，並認為具平等地位。實際上，伊斯蘭教最為重要，而且是印尼日常生
活的準則 (Prasad 2016: 125)。其次，在印尼的歷史脈絡下，由於華人自荷蘭殖
民時期以來的定位問題，再加上蘇哈托時期的消滅華人性，都在後蘇哈托時期
已多有改善，但華人仍可說是印尼政治與社會中被凸顯的族群。綜上，在印尼
政治論述中，華人與穆斯林皆具特別意涵 (Prasad 2016: 125)。以下陳金揚、鍾
萬學、黃少凡的經歷可茲說明宗教與族群在選舉時所產生的作用力。

　　蘇門答臘棉蘭（Medan）華人陳金揚（Sofyan Tan）於 2010 年 5 至 6 月
參加市長選舉，這是首次有華人參選該市市長，雖然他的搭檔是穆斯林女性
Nelly Armayanti。第一輪投票時與對手差距不到 2%，但在第二輪時，由於對
手屬原住民穆斯林陣營，其運用族群與宗教因素動員，並且攻擊身為佛教徒陳
金揚之正當性（邱炫元、蕭新煌 2014：6），致使陳金揚落選。而華人在印尼
參政面臨挑戰的例子，以鍾萬學最具代表性，因為他在 2014 到 2017 年間擔任
雅加達省長，印尼首都由華人主政，意味著華人不僅已是印尼公民，更透過政
治參與，盡己之力，擺脫以往印尼社會認為華人對國家不忠誠的印象。然而，

鍾萬學於 2017 年遭誣陷褻瀆古蘭經而入獄服刑兩年，於 2019 年期滿出獄。由此依舊可見華人參政之路仍有阻礙。

黃少凡雖是印尼首位客家華人市長，但在其從政過程中亦曾引發族群衝突。黃少凡在 1962 年出生於山口洋市，在雅加達完成學業之後擔任律師。他受到總部設在雅加達的山口洋地區鄉親會（Perkumpulan Masyarakat Singkawang & sekitarnya, Permasis / Greater Singkawang Region Community Association）的支持，回到山口洋開始參政之路。2007 年參加市長選舉時，與聯合發展黨（Partai Persatuan Pembangunan, PPP / the United Development Party）的馬來人 Edy Yacoub 搭檔，獲得 41.8% 的選票順利當選。黃少凡畢業於印尼大學法律系，攻讀生態環境領域博士學位，父親黃振華是山口洋當地名人，在 1950 至 60 年代開設「自由書店」，曾任自由青年會主席（李曉渝 2011）。由於黃少凡是首位華人市長，在 2007 年 12 月 17 日的宣誓就職典禮中曾動員 780 位警衛參與維持秩序。山口洋市的人口經濟狀況普遍不佳，人民大多貧窮，因此黃少凡曾立志剷除嚴重的赤貧問題，吸引企業家投資建設有「千廟之城」之稱的山口洋。

雖然黃少凡當上印尼首位華人地方首長，但是印尼政治中族群與宗教的界線仍舊敏感，稍有不慎即容易引發衝突。黃少凡曾因昔日發表的學術文章中提及「17 世紀三發（Sambas）與蘇卡達納（Sukadana）馬來人是強盜」(Prasad 2016: 136)，引發馬來人抗議示威、縱火，並嘗試推倒矗立在市中心路口的龍之雕像。

由此可知，縱使華人在印尼已經開始參政，但仍容易因族群與宗教議題引發衝突，這也是華人在印尼的政治圈大多擔任副手的原因之一。再加上華人必須加入其他主流政黨，以及在選舉搭擋皆須考慮族群因素，方能勝選；甚至華人內部亦有派系與分裂問題，因此當黃少凡於 2012 年尋求連任時，因華人內

部無法團結，各自推出候選人，導致連任失敗。綜言之，儘管華人在後蘇哈托
時期的參政機會提高，仍須面對外在的族群與宗教因素，內部則是華人是否能
夠團結一致的問題。

三、印尼女性政治參與

　　蘇哈托下台之前的政治混亂，以及聯合國 1995 年在北京召開的第 4 次婦
女大會 (Davies 2005: 234)，為後蘇哈托時期打開了印尼女性爭取平權之路。
其中相當重要的是為了落實聯合國於 1979 年決議、1981 年生效的「消除對
婦女一切形式歧視公約」（The Convention on the Elimination of all Forms of
Discrimination Against Women, CEDAW）第 3 條「國家應在政治、社會、經濟、
文化方面確保女性的基本人權與自由」。[4] 與本文相關的女性政治參與權利即
屬其一，根據 2012 年 8 月《選舉法》第 55 條，印尼在促進各級議會女性代表
比例的選舉制度採用政黨比例代表制，且明定政黨名單代表須達 30%，亦即
在代表名單中每 3 人須有 1 人為女性。

　　根據聯合國開發計畫署（United Nations Development Programme, UNDP）
的 2018 年《人類發展報告》與世界經濟論壇（World Economic Forum, WEF）
2018 年《全球性別差距報告》，在東南亞 11 個國家[5] 的女性政治參與情況中，
印尼的表現僅次於菲律賓與東帝汶。孫采薇（2019：245）點出一個相當值得
注意之處，東南亞 11 個國家之中整體發展程度較高的國家，例如新加坡、汶
萊同為高所得與高度發展國家，但是女性在國會議員兩性比例、部長兩性比例
為指標之政治參與，以及屬於管理與專業技術的高階經濟參與方面，都與男性

4　原文為 Article 3 requires states parties to guarantee basic human rights and fundamental freedoms to
　　women "on a basis of equality with men" through the "political, social, economic, and cultural fields."
5　分別為新加坡、汶萊、馬來西亞、泰國、菲律賓、印尼、越南、東帝汶、寮國、柬埔寨、緬甸。

有極大差距，反而是所得水準與發展程度排名較為落後的國家，如印尼、越南、菲律賓、東帝汶、寮國、柬埔寨、緬甸，女性的政治參與反而較高。

印尼女性政治人物應以 2001 年到 2004 年擔任印尼第 5 任總統的梅嘉瓦蒂最為著名。雖然如此，她依舊遭受許多批評。梅嘉瓦蒂是蘇卡諾的女兒，她之所以竄起，與當時在蘇哈托執政末期動盪的政治與社會環境有關。由於她是印尼獨立後首任總統的女兒，相當能夠代表民主改革的力量，並且被塑造為「人民之母」。至於女性形塑為國家基石之母親形象，正是她父親蘇卡諾的政策，因為母親的責任在於教育孩子，國家存亡操在母親手中，因此身負重任的母親需要偉大美德 (van Wichelen 2006: 49)。梅嘉瓦蒂所屬的印尼奮鬥民主黨（Partai Demokrasi Indonesia Perjuangan, PDI-P/ Indonesian Democratic Party of Struggle），[6] 是足以對抗蘇哈托政府的反對黨 (van Wichelen 2006: 41)，[7] 政黨形象較為世俗性的國族主義政黨，支持者為一般大眾，即所謂的「名義上的穆斯林」或是稱為「掛名穆斯林」(*abangan*)，然而蘇卡諾本身並不熱衷伊斯蘭，梅嘉瓦蒂亦然。梅嘉瓦蒂的性別、自身對伊斯蘭的態度及其政黨與支持者屬性，皆是伊斯蘭保守派與自由派知識菁英反對她的原因，他們始終認為她不適任總統，尤其不斷以《聖訓》為依據，提出女性不適合領導社群，再加上梅嘉瓦蒂不屬於「伊斯蘭社群」(*kalangan Islam*, the Islamic community)，所屬政黨由非伊斯蘭力量引導 (Sen 2002: 5)。保守伊斯蘭勢力對於梅嘉瓦蒂的批判皆來自於「否定」邏輯，例如她「不是」男人、「不是」真的穆斯林 (Sen 2002: 5)。

從 19 世紀末到 20 世紀初女性爭取受教育權益開始，印尼女性運動至今已

---

6 蔡翠媚亦屬此政黨。

7 1996 年 7 月 27 日印尼軍警攻擊該黨位於雅加達的總部，造成死傷。此事獲得大眾同情且將之視為蘇哈托政府的瓦解，自此之後，印尼奮鬥民主黨自視為最能抗衡蘇哈托政權的政黨 (van Wichelen 2006: 47-48)。

有百年歷史 (Arivia, Subono 2017: 9)，對於女性地位的改革持續進行中，但是始終有保守宗教勢力對抗，一般社會大眾的觀念也仍趨於保守。例如，在女性參政上，雖規定政黨名單中女性代表須達 30%，實際情況卻是當選的國會代表僅達 20%。孫采薇（2019：258-263）認為，可以從制度性因素與非制度性因素分析印尼女性參政代表權為何受到侷限的原因。

（一）制度性因素：選區規模、開放式名單、黨內競爭與金權政治

依據 2019 年選舉結果，對於提升印尼女性國會代表權最不利的因素似乎是選區規模。由於印尼地廣島多，全國共 80 個小選區，各選區規模僅能有 3 到 10 席。眾多政黨競爭之下，大型政黨僅能在 6 席以上且為該政黨傳統勢力範圍的選區內分配到 2 席以上席次，中型政黨僅能在零星選區獲得 1 席，因此除非女性候選人的排名在第一或第二順位，否則難以獲得機會當選。

開放式名單亦有礙女性當選。多數人認為 2008 年的選舉法從原來的「封閉式名單」改變為「開放式名單」比例代表制：允許選民在選擇政黨之後，可以不受限於原來名單上既定排名，而可在該政黨的名單中，選擇偏好的候選人。然而，開放式名單卻造成黨內候選人相互競爭，且在金權政治與侍從網絡之下，尤其在地方選舉上，賄賂與椿腳（tim sukses）聘僱不可或缺，但這需要大量金錢。再加上印尼政黨普遍財政困窘，無法金援候選人。基於這些情況，在家庭與社會中處於相對經濟弱勢的非菁英印尼女性無法獲得資源參選，因此，能夠參選的女性大多已有強力後盾，例如 2009 年的女性國會議員中，41.7% 的女性來自政治世家，2014 年則有 46.8% (Hillman 2017: 43，轉引自孫采薇 2019：259)，且大多為政治人物的妻子，她們之所以參選，多半是為了填滿前述 30% 配額要求，當選後往往未能發揮應有功能，而僅扮演橡皮圖章之角色。

（二）非制度性因素：印尼社會對於女性參政的支持度

由於印尼父權文化及男性沙文主義之故，女性參政深受限制。主流宗教政黨的繁榮正義黨（Partai Keadilan Sejahtera, PKS/ Prosperous Justice Party），擁有目前印尼伊斯蘭宗教政黨中對於婦女參政相關議題最為詳細的討論平台。該政黨的支持者 54% 為女性，對於女性各級代表候選人的甄拔亦有制度化標準，候選人多半來自印尼國內重點大學，並在學生時代積極參加社會運動。然而，該黨在甄拔婦女幹部時，仍以「是否治家良好」為首要標準。其次，根據黨章規定，女性被推薦人必須提交家中男性成員（父親或是丈夫）的書面同意參選書，方始獲得政黨正式提名。該黨黨章對於女性的限制還包括：在日落之後女性應以家務為重，不得出外活動，這項規定造成女性候選人極大不便。此外，許多內部核心會議皆在晚間舉行，形同將女性排除在黨內核心之外。

上述繁榮正義黨對於女性的限制與一般民眾的看法相符合，例如根據印尼智庫戰略與國際研究中心（Centre for Strategic and International Studies）2012年民調，86.3% 受訪者雖同意女性出外工作，但首要責任應依舊以照顧家庭為主；39.6% 受訪者認為政治污穢，因此不適合女性參與，但 83.6% 的人同時認為女性不應在夜晚外出工作，還有 92% 認為女性應該夫唱婦隨 (Hillman 2017: 41-42，轉引自孫采薇 2019：262)。由此觀之，在印尼社會與傳統文化的影響之下，人們對於女性參政的支持度相當低。根據亞洲基金會（Asia Foundation）2013 年選前民調，僅有 3% 選民偏好女性候選人，卻有 44% 偏好男性，其餘 48% 無性別偏好。

印尼雖然走向民主化，然而男性沙文主義伴隨著偏激保守言論，再加上透過具有影響力的宗教或社群領袖公開傳播，質疑女性領導的道德合法性，並且隨著民主轉型過程中因權力從中央下放地方，導致在地方政治層次上，女性反而因宗教與道德之名遭受許多歧視性法律之害。例如根據官方機構「反對對

女性施暴委員會」（National Commission on Violence Against Women）報告，
相較於 2009 年 154 項、2015 年 389 項地方法規或條例直接或間接地對女性造
成歧視，至 2016 年 8 月止，已多達 422 項，表示情況日趨嚴重 (Gibson 2017;
Human Rights Watch 2017，轉引自孫采薇 2019：263)。

四、蔡翠媚的參政之路

　　前述印尼後蘇哈托時期的華人參政與印尼女性參政，呈現了蔡翠媚之所以
能夠當選山口洋市長的巨觀政治脈絡。為了更了解蔡翠媚的背景，接下來介紹
她的出生地西加里曼丹山口洋，以勾勒她所處的社會脈絡。

（一）西加里曼丹山口洋的族群關係

　　早在 15 世紀，亦即 19 世紀中期華人大量移民之前，華人已透過貿易與印
尼群島產生關係。18 世紀中期，在當地酋長或蘇丹招募之下，來自嘉應州、
惠州、潮州的客家華人踏上了西婆羅洲的土地，開始了採礦生涯。他們跨越血
緣與地緣結社成立公司（kongsi），[8] 其中以羅芳伯 [9] 集結其他公司而創立的蘭
芳公司最值得注意，因其除了團結鄉親、增進效率，以及與馬來統治者進行交
涉之外，成員間互助合作，共同管理公共事務，具民主意涵，故有蘭芳共和國
（1777-1884）之稱（張維安、張容嘉 2009）。[10] 由於當地華人留下定居，因
此形成「華人區」（Chinese District），其中以客家人居多 (Heidhues 2003: 13;
Carstens 2006: 89)。

8　「公司」是一種獨立經營礦業的經濟組織。公司成員共同承擔開採任務，共同養豬、種菜和冶
　　製工具，年終時均分採出的金沙（巫樂華 1995：25）。

9　廣東嘉應州人，生於 1738 年，卒於 1795 年。清乾隆 37 年（1772）與親朋結伴前往婆羅洲，
　　於坤甸（Potianak）上岸，初期以教書與採金礦為業。

10　然而當時荷印殖民政府認為公司是祕密會社，因此以武力征服。

　　西加里曼丹在人口結構上，馬來人、達雅人與華人為當地三大族群，此外，尚有馬都拉人（Madurese）、武吉斯人（Buginese）、爪哇人（Java）與巴達克人（Batak）。在新秩序時期，各個不同族群之間頻繁發生衝突，如 1967 年印尼軍方因「反共」策動達雅人攻擊華人，[11] 達雅人與馬都拉人在 1969 到 1983 年之間發生 5 次衝突 (Davidson 2008: 89-90，轉引自 Prasad 2016: 135)，1999 到 2000 年則是馬來人與達雅人為了競爭原居身分（indigeneity）的正當性，而與馬都拉人之間發生衝突。

　　西加里曼丹客家人採礦伊始，在異鄉生存，可說是「邊緣地帶拓荒者」（borderland frontiersmen）(Kuhn 2008: 39)，在面對周圍的馬來人、達雅人時，一方面要維持原來的文化，另一方面要與當地人通婚並建立經濟活動關係 (Heidhues 2003: 12-14)，因此有別於中國或其他海外地區的客家人。在從中國移民至西加里曼丹的開墾歷史過程，以及長久以來在印尼被排除的公民身分，還有生命受到威脅的生活中，宗教信仰對於此處華人具有相當的重要性。尤其是山口洋有「千廟之城」稱號，可知信仰在華人生活中扮演重要角色。山口洋宗教與社會緊密相關，凸顯華人宗教信仰深受當地族群社會環境影響 (Hui 2011)。移民初期藉由宗教凝聚社群內部，同時具有經濟、政治與管理的功能 (Chan 2014: 143)。

　　在當代，宗教繼續扮演著安頓身心的角色，從山口洋市人口 222,910 人的規模觀之，根據 2019 年統計，佛寺（Vihara）計 60 間、神壇或佛堂（Cetya）789 間、華人廟宇（*Klenteng*）92 座 (Badan Pusat Statistik, Kota Singkawang 2020: 235)，數量驚人。山口洋當地與宗教相關的最大節慶非元宵節（*Gap Go Meh*）的乩童遊行莫屬，該遊行自 2008 年（黃少凡任內）開始大規模慶祝，不論是乩

11　當時信仰天主教且與 1945 年創立 Daya in Action 的領袖 F.C. Palaunsoeka 站在同一陣線的達雅人，避免參與攻擊。

童或是觀眾，皆有達雅人與少數的馬來人參與。從宗教人口可看出佛教徒占第
2 位（參閱表 1），比例為 33.81%，穆斯林占 52.91%、基督新教 5.37%、天主
教 7.43%、印度教 0.02%，其他則為 0.44%。[12]

表 1　山口洋市 2019 年的宗教人口　　　　　　　　　　　　　單位：人

	伊斯蘭	基督新教	天主教	印度教	佛教	其他
Singkawang Selatan 南區	20,843	3,933	4,502	30	26,015	418
Singkawang Timur 東區	6,960	3,065	7,866	6	6,074	31
Singkawang Utara 北區	25,729	322	187	1	4,149	118
Singkawang Barat 西區	16,905	3,311	3,487	13	32,410	357
Singkawang Tengah 中區	55,187	2,140	1,608	5	11,636	121
總數	125,624	12,771	17,650	55	80,284	1,045

資料來源：Badan Pusat Statistik, Kota Singkawang (2020: 233)

　　宗教對於山口洋人民來說極為重要，姓氏宗親會及客家組織在生活中亦同
樣具有意義，這兩種組織可說是移民祖籍彈性運用的展現。正統親緣經由同姓
氏標示，但也可能並無直接親屬關係，而是同姓與方言群組織成為移民間彼此

12　依據 Badan Pusat Statistik, Kota Singkawang (2020: 233)，各宗教人口數相加總數為 237,429 人，
　　與前述 222,910 人數有差距。文中的百分比由筆者計算所得。

結合的橋梁，以達到團結群體內部與互助目的，共謀生計 (Kuhn 2008: 42)。山口洋的姓氏宗親會，包括張氏公會、江夏公會（黃姓）、太原公會（溫姓）、貝氏公會、林氏公會、陳氏公會、彭氏宗親會等。由於目前宗親會成員多為老年人，因此公會的活動多為幫會員處理喪事。[13] 此外，山口洋原本有印尼西加山口洋客屬聯誼會，但在 2015 年分出成立客家公會，由蔡翠媚擔任首任主席，背後意涵為客家人在西加當地政治、經濟或社會實力競逐與網絡的建立。

（二）蔡翠媚的政治養成與勝選背景因素

在蔡翠媚 2017 年就任前的市長分別是 Awang Ishak（2001 至 2002 年，擔任代理市長，正式擔任時間為 2002 至 2007 年）、Awang Ishak（2002 至 2007 年）、黃少凡（2007 至 2012 年）、Awang Ishak（2012 至 2017 年）。2017 年蔡翠媚及搭檔 Irwan 獲得 42.6% 選民的選票，以及國民民主黨（Partai NasDem, Nasional Demokrat/Nasdem Party）、人民良心黨（Partai Hati Nurani Rakyat/Democratic Hanura Parties）的支持 (Endi 2017)。當時與他們競爭的 3 組候選人，分別是 Tjhai Nyit Khim/Suriyadi、Abdul Mutalib/Muhammad 與 Andi Syarif/Nurmansyah，各自背景、政黨與得票率如下：

Tjhai Nyit Khim 為前任市長 Awang Ishak 之妻，本身為華人，受到「戈爾卡」黨（Golkar）、[14] 聯合發展黨及印尼正義與統一黨（Partai Keadilan dan Persatuan Indonesia, PKPI/ Indonesian Justice and Unity Party）的支持，得到13.5% 選票。獲得次多選票的是當時的副市長 Abdul Mutalib/ Muhammad，

13　筆者與李先生的訪談（2014 年 8 月 14 日）。

14　Golkar 為 GolonganKarya 的簡稱，直譯為「功能性組織」，即臺灣慣稱的各種「職業團體」（孫采薇 2016：35，註解4）。該黨實質優勢的「政黨」地位在蘇哈托時代確立，其組織與勢力深入印尼社會各層面（孫采薇 2016：33）。然而「戈爾卡」黨在 1999 年國會大選時僅獲 22% 支持率，退居全國第二大黨（討論見孫采薇 2016）。

他們受到民族覺醒黨（Partai Kebangkitan Bangsa, PKB/ National Awakening Party）、the Gerindra Party、國家委任統治黨（Partai Amanat Nasional, PAN/ National Mandate Party）、繁榮正義黨的支持，獲得 26.7% 選票。與其他候選人不同的是，Andi Syarif 為獨立候選人。

表 2 中 5 個區域的得票率，反映出不同族裔的居民對不同政黨與族裔背景候選人的支持度。蔡翠媚在華人較多的南區與西區，以及達雅人集中的東區獲得多數支持，至於在馬來人集中的中區 (Chai 2017:10)，選票雖比馬來人 Abdul Mutalib 少，但差距甚少，在北區則幾乎僅有 Abdul Mutalib 的一半票數。從數據看來，蔡翠媚可說是除了華人之外，亦獲得達雅人與馬來人支持，因此才能勝出。

蔡翠媚在選戰中主打大山口洋地區之「官僚改革」，打擊貪腐。民主與和平研究所（Setara, Institute for Democracy and Peace）在 2015 年將山口洋市選為印尼第 3 個最包容的城市，但在選舉過後，各界領袖仍對於蔡的當選是否會引發衝突謹慎以對。例如華人方面認為仍須注意因為蔡翠媚當選而引發的潛在衝突，達雅人希望蔡公平地對待所有市民，包括那些沒有投票給她的人，馬來人則呼籲人民接受選舉結果並尊重多元 (Endi 2017)。

印尼華人女性通常經歷雙重歧視，第一種歧視來自華人內部，因為傳統華人社會是父權社會，女性居於從屬地位。第二種歧視則來自華人外部，由於華人在印尼屬少數族群，國家與社會的態度影響著華人的社會位置 (Dewi 2019: 54)。身為華人女性的蔡翠媚能在地方政治中竄起，相當不易，因為身為少數且非原住民 (Dewi 2019: 54) 的華人女性容易成為仇恨與犯罪的目標，就如同 1998 年發生的「黑色五月暴動」。因此，蔡翠媚的當選可說是觀察後蘇哈托時代華人在印尼政治地位變動的最好指標。

表 2　2017 年市長選舉的四組候選人得票數

	Tjhai Nyit Khim/ Suriyadi	Tjhai Chui Mie/ Irwan	Abdul Mutalib/ Muhammad	Andi Syarif/ Nurmansyah
Singkawang Selatan 南區 華人集中 有投票權 33,159	3,300	10,137	3,822	2,577
Singkawang Timur 東區 達雅人集中 13,476	1,777	4,683	1,115	1,496
Singkawang Utara 北區 馬來人集中 17,745	1,234	3,232	6,393	2,463
Singkawang Barat 西區 華人集中 46,428	3,000	11,405	3,327	2,022
Singkawang Tengah 中區 馬來人集中 45,706	2,928	9,029	9,584	6,763
總數	**12,239**	**38,486**	**24,241**	**15,321**

資料來源：Badan Pusat Statistik, Kota Singkawang (2020: 90)

　　蔡翠媚之所以能成功當選，Hui Yew-Foong(2017) 認為關鍵是獲得雅加達地區華人的支持，前任市長黃少凡在 2007 年當選與 2012 年落選皆與此因素相關，雅加達人不只是選舉資金的來源，更進一步對山口洋的生意往來對象、親朋好友的投票行為產生影響。此外，也歸功於在蔡翠媚與 Irwan 搭檔競選的過程中，有效打擊惡意抹黑。由於兩人的族群與宗教身分各自遭受不同的

攻擊，蔡的華人身分被攻擊其父母與共產黨有關，這是印尼華人常遭受的污名；Irwan 則因為身為穆斯林，被控訴為激進宗教組織「伊斯蘭防衛者陣線」（Front Pembela Islam, FPI）的領導。事實上，FPI 與 Irwan 真正領導的「退休軍警子女溝通論壇」（Forum Komunikasi Putra-Putri Purnawirawan dan Putra Putri TNI-Polri, FKPPI）的縮寫 FKPPI 相似，對手利用組織名稱縮寫的相似性攻擊 Irwan，所幸 FKPPI 成員透過示威凸顯他們與 FPI 是不一樣的。

　　除了前述兩個因素讓蔡翠媚與 Irwan 勝出之外，根據 Kurniawati Hastuti Dewi(2019) 的分析，尚有幾項獲勝因素：首先，蔡興起的過程可說是順應民意，她受到曾擔任西加里曼丹 PDI-P 黨部主席、同時擔任過兩屆西加里曼丹省長的 Cornelis 支持，[15] 也得到曾擔任山口洋市長的黃少凡支持。兩位有力人士的支持，讓蔡翠媚更有信心參選，再加上蔡與 Cornelis 的關係，可說是傳統上達雅人與華人之間合作的展現。其次，還有堅強的社會資本助蔡翠媚勝出，例如她參加許多宗教社團，廟裡有慶典必參加，因為唯有到寺廟，才能讓華人社群留下印象，再次凸顯宗教之於山口洋市民的重要性。另外一個更重要的社會資本是不同社群網絡的支持，從慶賀她當選的海報或看板可看出她的人脈極廣，包括華人、非華人、女性商人或男性商人皆有。再者，族群認同在印尼是個政治類別，後新秩序時代的族群政治以族群「權力共享」為主。長期以來，西加里曼丹的選舉通常是華人與達雅人搭配、達雅人與馬來人合作，蔡翠媚卻打破傳統，選擇武吉斯馬來混血穆斯林的 Irwan 當副市長。Irwan 是年輕人，擔任退休軍警子女溝通論壇主席，加上父親身為南山口洋指揮官的關係，有許多華人朋友，吸引了馬來人與華人的支持，因此，這個組合的成功更在於跨越單一族群界線，也與達雅人與馬來人的關係良好。換言之，在政治上的族群平衡相當

15　任期分別是 2008 至 2013 年、2013 至 2018 年。

重要，蔡翠媚成功地在族群政治上將過去華人與達雅人之間的權力共享，轉移到華人與馬來人之間。

從蔡翠媚能夠獲得各界支持而當選，以及上任後的施政，可以觀察她的多重身分與兼顧多方的作為。身為客家人的她不僅擔任山口洋客家會的主席（在2020年7月續任），也善用語言力量。山口洋大多為客家人，雖有部分潮州人，但通行語言為客家話，蔡在選舉時能以客家話溝通，特別是與上了年紀的客家人，因為他們大多不會印尼文（印尼客屬聯誼總會 2020）。當然她亦具華人身分，在華人認同的宗教、廟宇、姓氏組織中皆見到她的身影。同時她以山口洋人自居，長期投入當地公共事務，為民喉舌，上任之後，致力維繫文化包容與發展當地經濟，一方面成立山口洋文化中心以維護並促進山口洋藝術與文化，另一方面則是邀請在地與地區企業共同投入興建機場和城市公園，以促進山口洋的經濟發展，帶領山口洋走向更具前景的未來 (UCLG ASPAC 2019)。在擔任市長的層次上，她以全體市民的利益為重。

最後，蔡翠媚的當選鼓勵了其他華人女性，且賦予華人女性新意，同時給予當代新啟示：華人女性可以打破族群與宗教的藩籬，在公領域中發揮影響力 (Dewi 2019)。至於前述印尼女性參政所受到的非制度性因素，是否對於蔡翠媚有所影響，則可從 Dewi 的文章中略窺一二。Dewi(2019) 在探究蔡翠媚所代表的性別意涵時，以「新性別敘事」（new gender narrative）作為定位，她從後蘇哈托時期重新定義性別角色的角度出發，包括印尼整體社會的性別秩序歷經改變，從 1970 年代強調家庭主婦的概念，到了 1990 年代轉變為在政治、文化與經濟論述中的「職業婦女」（working women）(Dewi 2019: 67)。Dewi(2019) 除了以印尼社會來談蔡翠媚所處的宏觀性別秩序之外，也一併思考蔡翠媚身為客家華人女性，儒家思想中以父系家庭、男尊女卑為核心的性別秩序。蔡翠媚的當選改變了儒家所強調的性別角色：女性的場域限於家中私領域內。值得注

意的是，根據 Dewi(2019: 68) 在 2017 年與蔡所進行的訪談中提到，蔡自己本身認為雖然她是山口洋市長，這是屬於對外的角色，但當她回到家中，作為一個女人的天性（nature, kodrat）是無法改變的，仍有生育、哺乳、養育孩子、做個好妻子的責任與義務。因此，蔡翠媚認為在家庭內外的角色是明顯不同的。換言之，在公共領域中，她是山口洋市長；但在家庭私領域內，她依舊遵循著華人傳統的生活方式。

　　雖然蔡翠媚對於自己的內外角色有明顯的區分，但是不可否認，她的當選鼓舞了其他華人女性投入公領域，她也希望未來能夠有愈來愈多的華人女性站出來，同時期許人們的想法能夠有所改變，以有利女性出線 (Dewi 2019: 68)。由此可見本文前述的非制度性因素依舊存在，華人女性投身政治，一方面受到印尼當地社會因父權文化及男性沙文主義對於女性參政的限制，另一方面則受華人遵循的儒家性別秩序所影響，仍需面臨各種挑戰。

五、結論

　　蔡翠媚本身的教育程度及境遇，皆有別於遠嫁臺灣，或是中國、馬來西亞、新加坡的山口洋女性，蔡翠媚認為她們為了改善家庭狀況而渡洋結婚，而將之稱為「家庭英雄」（pahlawan keluarga）。雖然如此，在華人儒家社會中的性別秩序上，蔡翠媚與「家庭英雄」在家庭中都扮演著華人文化中所期待與刻劃的性別角色，前者雖為市長，但在家庭中依舊是妻子與母親，後者雖被譽為家庭英雄，但到了臺灣亦扮演著多數臺灣客家家庭中期望的媳婦、妻子與母親的角色，因此就這個部分看來，不論是從政或遠嫁他鄉或任何身分，華人文化的性別秩序依舊在大部分華人女性身上發生作用。然而，當性別秩序與族群、政治相互交織，我們得以看到雙重少數──長期被排除在印尼政治參與之外的華人女性──進入政治場域，雖然可能因此鼓舞其他華人女性投身政治，但是

當制度性與非制度性因素依舊無法改善時，不僅是印尼女性，對於華人女性亦然，參政之路依舊充滿挑戰。

　　身為山口洋市長的蔡翠媚，不論在競選時或上任之後，皆可見到她多重身分的展現，包括女性、客家人、華人、山口洋人與印尼人。由於新冠肺炎疫情之故，筆者在撰文此時無法前往印尼進行田野調查，只能依靠次級資料、既有研究或是新聞報導探析蔡翠媚如何與客家組織、姓氏公會（包括她所屬的蔡氏公會）、宗教組織，以及其他族裔群體、企業界等不同群體互動，這是本文的限制，希冀未來能夠補足實證資料，以便更清晰地勾勒出蔡翠媚如何運用多方資源、建立不同人際網絡、累積政治與社會資本，進而當選為印尼首位客家華人女性市長。未來能夠進行田野調查時，可將議題延伸至分析蔡翠媚在參選過程及當選之後的政策作為，並且近距離觀察山口洋的變化。此外，更可以繼續深入探究不同社群／族群、性別與世代者對蔡翠媚參選的態度，例如，他們是從女性參政的立場出發，或是從華人、客家人參政的視角切入，如此或許更能突出印尼區域／地方政治的特色。

參考文獻

李曉渝，2011，〈印尼首位華人市長黃少凡：山口洋的發展需要全世界華人的支援〉。《華僑華人風雲錄》，2 月 16 日。http://www.chineseoverseas.org/index.php/article/show/id/136。

巫樂華，1995，《南洋華僑史話》。臺北：商務印書館。

邱炫元、蕭新煌，2014，〈導論：後蘇哈托時代的印尼鉅變及其與臺灣的交流〉。頁 1-23，收錄於蕭新煌、邱炫元編《印尼的政治、族群、宗教與藝術》。臺北：中央研究院人文社會科學研究中心亞太區域研究專題中心。

孫采薇，2014，〈制度與族群關係：論國家制度與政策對印尼本土族群與華人關係的影響〉。頁131-182，收錄於蕭新煌、邱炫元編，《印尼的政治、族群、宗教與藝術》。臺北：中央研究院人文社會科學研究中心亞太區域研究專題中心。

_____，2016，〈印尼民主化：優勢政黨的式微與多黨政治的發展〉。《民主與治理》3(1)：31-61。

_____，2019，〈印尼女性政治參與的發展現況與展望〉。頁237-270，收錄於施正鋒編，《千禧年來的印尼》。臺北：臺灣國際研究學會。

張維安、張容嘉，2009，〈客家人的大伯公：蘭芳公司的羅芳伯及其事業〉。《客家研究》3(1)：57-88。

雲昌耀，2012，《當代印尼華人的認同：文化、政略與媒體》。臺北：群學。

戴萬平，2014，〈後蘇哈托時期印尼地方自治回顧與評析〉。頁59-92，收錄於蕭新煌、邱炫元編，《印尼的政治、族群、宗教與藝術》。臺北：中央研究院人文社會科學研究中心亞太區域研究專題中心。

Anderson, Benedict, 1998, *The Spectre of Comparisons: Nationalism, Southeast Asia and the World*. London: Verso.

Arivia, Gadis and Nur Iman Subono, 2017, *A Hundred Years of Feminism in Indonesia. An Analysis of Actors, Debates and Strategies*. Jakarta: Friedrich-Ebert-Stiftung.

Badan Pusat Statistik, Kota Singkawang (Statistics of Singkawang Municipality), 2020, *Kota Singkawang Dalam Angka, Singkawang Municipality in Figures*. Singkawang: BPS Kota Singkawang.

Budiman, Arief, 2005, "Portrait of the Chinese in Post-Soeharto Indonesia." Pp. 95-104 in *Chinese Indonesians: Remembering, Distorting, Forgetting*, edited by Tim Lindsey and Helen Pausacker. Singapore: Institute of Southeast Asian Studies; Clayton: Monash Asia Institute.

Carstens, Sharon A., 2006, *Histories, Cultures, Identities: Studies in Malaysian Chinese Worlds*. Singapore: Singapore University Press.

Chai, Elena, 2017. *Of Temple and Tatung Tradition in Singkawang*. Kota Sarawak: UNIMAS Publisher.

Chan, Margaret, 2014, "The Spirit-mediums of Singkawang: Performing 'Peoplehood'." Pp. 138-158 in *Chinese Indonesians Reassessed: History, Religion and Belonging*, edited by Siew-Min Sai and Chang-Yau Hoon. London: Routledge.

Coppel, Charles A., 2005, "Introduction: Researching the Margins." Pp. 1-13 in *Chinese Indonesians: Remembering, Distorting, Forgetting*, edited by Tim Lindsey and Helen Pausacker. Singapore: Institute of Southeast Asian Studies.

Davies, Sharyn Graham, 2005, "Women in Politics in Indonesia in the Decade Post-Beijing." *UNESCO* 2005: 231-242.

Dewi, Kurniawati Hastuti, 2019, "Chinese Indonesian Women in Local Politics: The Political Rise of Tjhai Chui Mie in Singkawang." *Asian Women* 35(2): 53-74. http://doi.org/10.14431/aw.2019.06.35.2.53

Endi, Severianus, 2017,"Tjhai Chui Mie, Singkawang's first female mayor."In *The Jakarta Post*, https://www.thejakartapost.com/news/2017/02/18/tjhai-chui-mie-singkawangs-first-female-mayor.html (Date visited: November 8, 2020).

Heidhues, Mary Somers, 2003, *Golddiggers, Farmers, and Traders in the "Chinese Districts" of West Kalimantan, Indonesia*. Ithaca, NY: Cornell University.

Herry Barus, 2020, "Tjhai Chui Mie Walikota Singkawang Terpilih Sebagai Ketua Perhimpunan Hakka Indonesia Sejahtera Kota Singkawang." In ingustrycoid, https://www.industry.co.id/read/70194/tjhai-chui-mie-walikota-singkawang-terpilih-sebagai-ketua-perhimpunan-hakka-indonesia-sejahtera-kota-singkawang (Date visited: November 9, 2020).

Hui, Yew-Foong, 2011, *Strangers at Home: History and Subjectivity among the Chinese Communities of West Kalimantan, Indonesia*. Boston: Brill.

_____, 2017, "Decentralization and Chinese Indonesian Politics: The Case of Singkawang, West Kalimantan." *ISEAS Perspective* 19: 1-10.

Kuhn, Philip A., 2008, *Chinese Among Others. Emigration in Modern Times*. Lanham, MD: Rowman and Littlefield Publishers.

Perhimpunan Hakka Indonesia Sejahtera（印尼客屬聯誼總會）, 2020, "Penyanyi Cipta Lagu Hakka Dukung Penyembuhan Walikota Singkawang, Tjhai Chui Mie." https://hakkaindonesia.com/2020/09/30/penyanyi-cipta-lagu-hakka-dukung-penyembuhan-walikota-singkawang-tjhai-chui-mie/ (Date visited: November 9, 2020).

Prasad, Karolina, 2016, *Identity Politics and Elections in Malaysia and Indonesia: Ethnic Engineering in Borneo*. London: Routledge.

Sen, Krishna, 2002, Gendered Citizens in the New Indonesian Democracy. *Review of Indonesian and Malaysian Affairs* 36 (1): 51-65.

Suryadinata, Leo, 2006, "Ethnic Relations and State Policies: The Case of Contemporary Indonesian Chinese." Pp. 211-225 in *Demarcating Ethnicity in New Nations: Cases of the Chinese in Singapore, Malaysia, and Indonesia*, edited by Lee Guan Kin. Singapore: Konrad-Adenauer-Stiftung; Singapore Society of Asian Studies.

van Wichelen, Sonja, 2006. "Contesting Megawati: The Mediation of Islam and Nation in Times of Political Transition." *Westminster Papers in Communication and Culture* 3(2): 41-59.

UCLG ASPAC, 2019, "Singkawang: Towards a Better City." In *United Cities and Local Governments Asia-Pacific*, https://uclg-aspac.org/en/singkawang-towards-a-better-city/ (Date visited: November 9, 2020).

Wahyu Sabda Kuncahyo, 2020, "Tjhai Chui Mie Terpilih Kembali Sebagai Ketua Perhimpunan Hakka Singkawang." In *ASKARA*, https://www.askara.co/read/2020/07/11/6533/tjhai-chui-mie-terpilih-kembali-sebagai-ketua-perhimpunan-hakka-singkawang (Date visited: November 9, 2020).

牙買加客家族群的
經濟營生與網絡建構的一種媒介：
以雜貨店經營爲例

黃信洋 [1]

摘要

加勒比海諸國之中，原先隸屬英國海外殖民地的國家有圭亞那、千里達與牙買加。從 19 世紀中期開始，這 3 個地區都有華人移民移入，其中前往牙買加的華人移民大多數都是客家人，卻因為加勒比海地區的客家族群選擇快速融入在地的文化之中，也幾乎看不到客家社團的存在，因此即便客家族群向來熱衷於全球客家社團聯結的活動，這個地區的客家族群文化卻一直處於缺乏關注的懸缺狀態。是故，加勒比海地區的客家研究，更有值得深入了解之處。

由於地緣、血緣與語言的多重因素，從 20 世紀初期開始，牙買加全國各處都可以看見客家人經營的各式雜貨店，可以說客家族群幾乎主導了牙買加全國的零售行業發展。在這個客家族群幾乎是「掌櫃」代名詞的國度，雜貨店經營是體現客家族群發展族群網絡與進行跨族群

1 國立臺灣科技大學通識教育中心專案助理教授。

交流的媒介。本文將深入探討牙買加客家族群的雜貨店經濟營生與網絡建構的方式。

關鍵詞：跨族群互動、族群網絡、掌櫃

一、前言：加勒比海的客家人形象

羅漢娜（Hannah Lowe），一位金髮白皮膚的當代英國詩人，她的母親是白人英語教師，父親（亦即她的詩集《雛雞》（Chick）的主角）是客家人與牙買加黑人的混血後代。她的父親是晝伏夜出的賭徒，電話另一頭的賭友們以"Chick"、"Chin" 或 "Chan" 等名字稱呼他，曾是羅漢娜因為種族差異而難以啟齒的恥辱，因為她看起來像白人，父親卻看起來像黑人 (Lowe 2020)，日後成為她在創作中想要重新描述形象的主角。

羅漢娜的父親留下一本筆記本，描述英屬牙買加殖民地時期的自身鄉村生活經驗，內容描述祖父因為麻將而失去財富的悲慘故事，必須不斷搬遷與接受商店關門的事實 (Lowe 2020)。不過，她的父親很喜歡在祖父的雜貨店「唐鋪」（Chiney shop）[2] 服務顧客並與他們說話。唐鋪是一種社區型雜貨店（community grocery stores），販賣各式各樣的零售商品，常常必須爬上架子才能取得高處的商品，也會有黎巴嫩與敘利亞的小商人前來兜售商品 (Lowe 2020)。

一名白人詩人，卻有著客家人與黑人的血統；一間社區雜貨店，卻有著類似社區交流中心的功能。牙買加曾經有一段時間到處都有客家人經營的雜貨店，並且形成以這些雜貨店為核心的「擬聚落」。就羅漢娜的例子來說，她的父親生活在一個牙買加村落，而他的父親為客家人、母親為黑人，這似乎是牙買加客家人的典型處境，在一種血緣與文化都必須混種的環境中尋求安身立命之道。

2　「唐鋪」是牙買加客家人經營的雜貨店通稱，也是加拿大客籍紀錄片導演江明月的一部紀錄片的名稱。零售業的類型眾多，包括百貨公司、超級市場、量販店、購物中心、便利商店與雜貨店。在中低度開發中的國家，特別是鄉村地區，零售業大多是以雜貨店的形式存在，而就本文論及的牙買加客家族群的經濟營生來說，零售業基本上就是雜貨店的同義詞，因此本文會交錯使用這兩個詞彙。就語境上來說，「雜貨店」這個詞彙比起「零售業」更具有華人文化的親和性，因此本文傾向於使用雜貨店一詞。

　　羅漢娜在殖民母國英國長成，客家族群的身分對她來說是一種具有公民意涵的「新族群性」（new ethnicity）(Novak 1977, 1996)，這個故事後續的研究待後文說明。反之，她父親的客籍身分則是一種殖民地生活下的「老族群性」（old ethnicity）故事 (Novak 1977, 1996)，一種族群身分不受原生國與所在國的完整保護，必須依靠族群關係與秘密結社來維生和相濡以沫，而本文便是嘗試說明這一群生活在牙買加「老華客」族群的故事。

二、牙買加客家族群研究的初步嘗試

　　本研究原本預定於 2020 年夏天前往牙買加進行田野考察，受到新冠肺炎疫情全球流行的影響，規劃不得不中斷。因此緣故，筆者運用次級資料的文獻回顧方式進行牙買加客家族群的初探性研究，由於這個領域的相關研究仍有頗多值得深入研究之處，有待研究人員的開展與拓深，因此本文的初步性探討仍舊有研究上的貢獻。

　　就目前的牙買加客家相關研究來說，基本上是以華人作為研究的基本單位，以客家族群為討論基準的研究則不多見，而其相關的學術性華人研究則是可以分成歷史性或文學性兩大類。基於此，本研究針對相關的歷史與文學研究成果，以及文學紀錄文本進行資料彙整與分析，並從社會學的角度切入，期望可以看見其背後預設的社會結構或社會網絡的相關影響力。然而，由於無法至牙買加當地進行實質上的田野觀察，因此本研究僅能停留在初步探索的層次，這是本研究的遺憾之處，期盼未來可以到田野地再做觀察。

三、牙買加的客家人

從 1834 至 1918 年期間，共有 536,310 人的勞動力人口移入中南美洲，其中 80% 是印度人，其次是葡萄牙人占 7.5%，華人則不到 3.5%(Lai 1989: 120)。此種「苦力系統」的出現主因是非洲奴隸貿易的終結，種植園主再也不能將黑奴作為勞動力的首選，必須尋求其他區域的勞動力人口來補足騰出來的人力空缺（胡其瑜 2015：81）。在招募自歐洲的契約工，以及東印度的苦力之後，中國華南地區的華人成為勞動力人口的徵集對象（李安山 2005：39）。

1794 年海地的奴工反抗行動成功之後，英國殖民當局開始倡議華人可以成為加勒比海區域一股較為穩定的勞動力量 (Lowe 2006: 86)。華人移民的勞動力起初不過是英屬圭亞那與千里達等西印度群島種植園其中一種引入的勞動力實驗方案，其他的勞動力還包括印度與其他國家的勞工 (Lai 1989: 119)。

英國殖民當局採取的是相對溫和的招募政策，由國家介入來徵集華人契約工，同時搭配基督教差會與中國地方當局的協助，而不是單獨依靠中國在地的人力媒介系統 (Lai 1989: 125)。英國殖民當局的華人契約工招募系統相對來說比較制度化，就華人契約工航運前往加勒比海的死亡率，遠比前往古巴／祕魯的華人契約工低 (Lai 1989: 132)。

雖然說前往英屬西印度群島的華人契約工受迫害的程度比私人企業召募的南美國家低，華工被剝削的情況還是時有所聞。又因為北美是英語系國家，這些華工後人的再次移民國家大多是英國、美國與加拿大。

在英國殖民當局的官方報導中，華人的形象是「勤勉、簡樸且守秩序的民族」(Lai 2010: 3)。此外，青睞華人勞動力並非完全出自於經濟動機，有些人是把華人視為白人與黑人之間的緩衝器，從而避免出現諸如海地黑人革命的事件 (Lai 2010: 3)。以華人為中介來避免黑人與白人領導者之間的直接衝擊，確

實在後來發揮了成效，特別是在華人幾乎主導零售業發展之後的牙買加，族群衝突的焦點轉移到了華人身上。

英屬西印度群島的客家人主要是分布在圭亞那、千里達與牙買加等 3 個國家，其中牙買加是客家人最集中、數量最多的國家。1854 年，客家人乘船到達牙買加，開啟了客家族群於牙買加的發展史 (Lee 2006: 76)，這是英國殖民政府開啟的一項勞動力實驗，目的是為了接替黑奴勞動力撤出牙買加種植園之後的勞力空缺 (Lee 2006: 77)。主要的客家移民潮則是發生在 1884 年，這群人多數是來自東莞、惠陽和寶安等區域的客家人，總共 680 人（包括 501 名男性、105 名女性、54 名男孩、17 名女孩與 3 名嬰兒）從澳門登上「鑽石號」輪船；後來的牙買加客家移民都是這群人的宗親或親友，於是客家人成為當地華人的主軸（李安山 2005：40）。從 1854 到 1884 年，這一段時間可以視為客家契約工陸續前往牙買加發展的重要時期。

（一）華人都是客家人

21 世紀之前，絕大多數移往牙買加的華人都是客家人 (Lee 2006: 76)，因此我們可以更簡化地說，牙買加的華人都是客家人。這些原籍東莞、惠陽和寶安等縣的客家人，生活區域是鄰近的縣市，操持的語言是相同腔調的客家話，這是他們之所以可以在牙買加成功發展零售業的因素之一 (Lowe 2006: 89)。此外，由於他們都源自相同區域的客家族群，在牙買加並沒有以客家為名的相關社團，也沒有明顯的客家族群聚落出現。

基本上，就一般歷史發展脈絡來說，客家契約工在 1854 到 1884 年期間陸續前往牙買加發展，可分為 1854 到 1884 年的契約工時期，以及 1880 到 1960 年的自主移民時期。在自主移民的階段，客家族群網絡已經在牙買加社會扎根，也有某種程度的資本觀念，此時具有經營觀念的客家人把中國本地的經商概念帶往牙買加一試身手。

從華人移民中南美洲的歷史來看，一旦原有的農業經濟開始轉向市場經濟，華人商號與店舖就會捷足先登（胡其瑜 2015：29）。就牙買加的例子來說，客家族群的「雜貨店經濟」之所以能在當地獨占鰲頭，主要的原因是：「第一，他們的店舖大多位於更加有利的商業地段，尤其是京斯頓的華人商業區。第二，也是更重要的一點，他們成功地打入批發貿易領域，一方面從國外進口各種食品，一方面將國內的特色商品銷往國外」（胡其瑜 2015：172）。這個由市區往鄉村蔓延發展的雜貨店網絡，不管是否具有明確的實質合作關係，卻都具有相同的地緣關係與語言，而這個由客家文化構成的共同文化背景，為社群的社會關係發展提供了某種有利的背景因素。此種以族群關係與社會網絡為基礎的客家人雜貨店網絡，展現了「老族群性」觀念——把族群關係視為經濟營生與網絡拓展的工具。

（二）華人／客家人／掌櫃（shopkeeper）[3]

在西印度群島的小說中，華人商舖是描述西印度群島諸國的必備場景，就如同加勒比海的棕櫚樹與太陽一樣常見，而在日常生活中，牙買加人習慣稱呼華人族群為「陳先生」或「陳小姐」（Mr. / Miss Chin），就是認定他或她應該是雜貨店掌櫃，由此可看出，牙買加人往往視華人與掌櫃是一個同義詞 (Lee-Loy 2007: 7)。再加上牙買加的華人幾乎都是客家人，因此華人、客家人與掌櫃這 3 個名詞也就被劃上等號。

相較於非裔與印度裔的加勒比海後裔，加勒比海的華人後裔雖然人數相對較少，華人掌櫃的形象卻在這個區域的文學中隨處可見 (Goffe 2014)。客家族群主導了牙買加雜貨零售業的發展：例如 1954 年時，在 1,250 家由華人經營

3　"shopkeeper" 這個詞彙有「店主」與「零售商」的意思，由於本研究強調的是牙買加客家族群站立或安坐在結帳櫃台前的意象，因此採用「掌櫃」這個詞彙描述，不過，在不同的語境之下，也會交叉使用這幾個詞彙。

的商行中，有 1,021 家是零售店，單就牙買加島上的 46 家批發商，就有 38 家
是由客家人經營（李安山 2005：45）。位在都會的大型批發商供貨給小型零
售商或批發商，小型批發商則向農村更小型的零售商提供商品，此種商品流通
網絡直接涉及資金與人力的流通（李安山 2005：45），意味著客家族群的社
會網絡持續往偏鄉發展，以及客家族群與其他族群的接觸範圍日益擴大。此種
座落於牙買加各處的社區雜貨店，透過日常生活中的雜貨商品販售過程，自然
產生跨族群的互動機會。

　　客家人在牙買加開始經營雜貨店的時候，剛從殖民地解放出來的黑奴普遍
沒有經營商店需要的商業能力，其他族群則認為從事雜貨店工作多少有點損害
尊嚴，因此客家人在這個行業的競爭者不多，而客家族群又有眾多同血緣或地
緣的親友可以從事長時間的低薪資配合工作，於是在客家族群建構出來的批發
業與零售業的社會關係網絡協力之下，客家族群遂壟斷了牙買加的零售業（李
安山 2005：45）。相同語言與地緣的文化網絡讓客家族群生活在一個分散的「客
家聚落」之中，而此聚落的節點則是一個一個看似社區交流中心，由客家人開
設的大大小小雜貨店。

　　農業生產需要長時間的投入才能有經濟上的利益，對於想要快速獲利、衣
錦還鄉的客家人來說，成本低卻能快速流通而獲益的零售業是值得嘗試的工作
選擇（李安山 2005：46），投入門檻不高也讓客家人紛紛加入經營雜貨店的
行列，成就了客家族群的雜貨店掌櫃形象，而客家人靈活變通的經營模式，讓
自身的雜貨店即便是座落於消費能力不高的村落，依舊可以從事小成本的商業
性零售業活動：

　　　初時他們的雜貨店一般不超過 20 至 30 英鎊的成本，售賣商品乏善
　　可陳，大米和食糖等生活用品考慮到當地黑人可憐的購買力，還分

拆成半磅或一磅的小包裝販售。這種不拘小節、靈活變通的經營方
式，使華商很容易在競爭並不激烈的零售領域成為脫穎而出的「佼
佼者」。（羅敏軍 2015：44）

（三）信用賒帳

客家族群能在牙買加的零售業取得大幅進展，與「信用賒帳」的方法有所
關聯：他們願意讓登門消費的顧客「記帳」，之後再於約定時間繳清，無須支
付額外利息。牙買加客籍作家 Victor Chang 於 1997 年發表的短篇小說《店裡
的光》（*Light in the Shop*）中，就以自己親哥哥的雜貨店經營為例，說明透過
記帳的行為來與其他族群建立長期的社會關係（蘇娉 2016：113），而此種多
少帶有人情味的雜貨店經營模式，除了有助於長期經營，似乎對於跨族群的交
流互動也有某種正面效果。

（四）教育作為族群自我提升之道

華人族群向來看重教育，客家族群更是有過之而無不及。原先由父執輩經
營雜貨店，其後輩透過教育的提升而紛紛在醫生、律師、會計師、建築師、工
程師與科學等領域揚名 (Lowe 2006: 90)，也有不少人將原本經營的零售事業轉
型為超級市場，幾乎各種經濟領域都有客家人涉足 (Lowe 2006: 93)。過去由於
客家族群壟斷零售業，客家人在當地的文學中常常被描述成是擅於剝削他人的
店主，但隨著客家族群教育水準提高，後代逐漸透過主流的語言來重新定義與
翻轉在文學描述中的負面形象。

四、雜貨店生活及其自我安頓之道

前已提及，雜貨店的社會位置既是客家群族分散又聚合的場所，也是客家

族群產業發展網絡的一個社會節點。由於雜貨店同時結合住家與產業發展的特點，家庭關係就會融入商業互動的過程，產業發展的消費關係則會影響家族成員的日常生活。這種結合生活起居與事業發展的組織單位，把客家人、家族與族群以特殊方式安頓在牙買加的社會生活中。

（一）雜貨店與其家族

在 19 世紀末，有眾多的客家人看見經濟發展機會，紛紛在牙買加開起雜貨店，事業有成的客家人接著從華南接來親友來擔任學徒，日久學成後，這些學徒會創業經營自己的雜貨店 (Bryan 2004: 16)。實際上，一旦某個客家人的雜貨店事業開始擴張，就會需要人力來協助營運，並且遵循華人傳統經營模式，從華南引入親友來幫忙與見習，並在店內提供生活住所 (Lee 2006: 77)。隨著這些親友學徒習得相關經營知識、累積營業相關的社會網絡之後，就會開啟自己的雜貨店營運生涯，透過親屬關係讓客家人經營雜貨店的網路再進一步擴展出去。

牙買加的客家人在事業有成的時候，原鄉的家長通常會幫其尋找妻子並送至牙買加，但因為原住在牙買加的客家人已與當地黑人婦女結婚或同居，因此有時一個家庭會出現同時擁有黑人妻子與客家妻子的情況。這是因為在洗衣店與平價餐館充斥牙買加的時候，從事雜貨店工作的客家族群需要在地族群的幫忙，亦會獲得原鄉族群的人力網絡支援。於此，胡其瑜（2015：176）認為，客家族群很努力地想要理解在地文化並期望被當地人接受，只不過，原因不是為了了解在地文化，而是為了謀生的需要；之所以會選擇與當地黑人婦女同居，是因為隻身前來而必須如此；此外會急於在當地結婚生子，也是因為需要廉價勞力的協助，好讓整個家庭成員都能投入雜貨店的分工體系。

（二）雜貨店與其他組織

　　對海外的華人來說，加入以姓氏、商業與慈善為名而組織的社團，是非常聰明的選擇：「以血緣關係或出生地為紐帶的內聚力減輕了移居他鄉的心理壓力和實際困難，增加了經濟成功的可能性。在這種情況下，自強自立是生存根本，適應環境是應變之道」（李安山 2005：41）。就牙買加的華人組織來說，「中華會館」與「致公堂」是兩個最重要的組織。

　　中華會館是牙買加唯一一個為全體華人服務的華人組織，乃是華人社區與當地政府的溝通橋梁，作用是「組織集體行動保護社區利益、傳播來自中國的各種新聞、相互援助、照料年長力弱者、制定相關規章以及協調不同集團的利益」（李安山 2005：41），在處理華人內部之間的利益衝突問題時，其作用特別顯著。華人的行會主要提供的協助在經濟方面，特別是在保護專利與避免同行相爭方面特別有用，如此才能免除他人競爭，排除他人的加入（顏清湟 2010：38），而避免會員之間的同行相爭，乃是華人行會的重要功能（顏清湟 2010：36）。就牙買加中華會館的例子來說，在處理「移民上岸、商業機會、融資借貸或內部衝突」（羅敏軍 2015：63）等重大問題時，成效良好。

　　中華會館旗下有 5 個組織單位，分別是學校、醫院、養老院、墓地和報社等（李安山 2005：41），因此在商業之外還具有社會功能，幾乎照顧到在地華人從出生到死亡的各階段需求。由於牙買加的華人絕大多數是客家人，都來自於華南的鄰近客家村落，因此無需特別強調祖籍或族群的重要性，相關社團也就很少（李安山 2005：43）。

　　一般來說，海外的工匠行會之所以會出現壟斷特定職業的狀況，起因與獨特的勞工招募制度有關，亦即「學徒制」（顏清湟 2010：39）。勞工與雇主之間的關係，類似於傳統華人社會的師徒關係，雇主採用家長式的嚴苛管理方式，學徒則必須展現出虔敬與順從，兩者之間最終會有如父子關係一般（顏清

湟 2010：46）。此種獨特的學徒制度，讓低薪資與長時間勞動體系得以建立，特別是在牙買加的雜貨店發展事業上，此種體制的發展有利於客家雜貨店提升競爭力，也因為此種師徒制度有著宛如父子關係一般的師承效果，學徒在學會所有營業技能並取得族群社會關係網絡的資源之後，就有可能在其他地方自立門戶，或是直接接手店主的商店，或是成為商店的分支機構。

　　除了像中華會館這樣的正式華人行會，另外還存在著一種私會黨，亦即「致公堂」。就東南亞的情況來說，行會與私會黨宛如銅板的正反面，為特定族群壟斷行業的利益服務，唯一的差別在於行會是合法組織，私會黨則是非法組織（顏清湟 2010：39）。致公堂是華人祕密幫會「洪門」的海外分支組織，於 1876 年在檀香山首創，之後致公堂的堂口在美洲各地活躍發展。牙買加的致公堂則是 1887 年於首府京斯頓設立（羅敏軍 2015：59-60），由於致公堂透過幫規教義在成員之間形成約束力，自然會比著重商業性質的中華會館更有約束力（羅敏軍 2015：62-63）。

　　在中華會館與致公堂的正式、非正式組織的協力之下，牙買加客家雜貨店的發展建立了龐大且獨占的社會網絡，最終讓客家人的外在形象等於掌櫃，或者說，雜貨店已經成為牙買加客家族群的行業「原型」。

（三）雜貨店與廟宇

　　傳統中國的行會以商業行會居多，通常稱為會館，主要是由離鄉到外地的商人所設立，因此具有鮮明的地域性格，而這些組織通常會與政府保持緊密關係，會自定商品價格，以保護成員的利益，同時，這些會館也會祭拜特別的神祇（顏清湟 2010：35）。牙買加的中華會館供奉關公神像，期待以關公忠義與誠信的象徵，強化成員之間的相互關係與彼此約束。

　　致公堂則以「義氣團結、忠誠救國、俠義除奸」為信條，新成員入會時必須在關公神像之前發誓，展現兄弟義氣與義結金蘭的入門儀式，表明未來會以

兄弟相稱、相互扶持（羅敏軍 2015：61）。牙買加客家族群之所以能夠以雜貨店為核心，發展出龐大的社會網絡，父子關係般的師徒制是重要因素，而以關公信仰為核心的義結金蘭兄弟情誼，則是另一個關鍵因素。

（四）雜貨店與祖先

牙買加客家族群的祖籍地都是今日屬於深圳地區的客家區域，在首都京斯頓的華人公墓中（20 世紀初期為了客死此處無法重歸故里的華人而建），安睡的大多是在牙買加發展的客家族群，前 8 個姓氏分別是陳、李、張、曾、鄭、黃、劉、何（李安山 2005：41）。而建此公墓也可說是某種「義氣」的展露，同時體現出客家族群的遷徙記憶

除了公墓之外，致公堂的成員以兄弟相稱，因此成員會把客死他鄉的弟兄安葬於自家的庭園之中，恪守幫規，守護義結金蘭的幫會兄弟（羅敏軍 2015：62）。此處，雜貨店成員之間的「兄弟關係」，雜貨店內部的「父子關係」，讓客家族群主導的零售業網絡基底染上了某種情感約束力與羈絆，成為解釋客家族群之所以能夠主導牙買加零售業的重要原因。

五、雜貨店作為一種跨族群交流組織

前已提及，客家族群幾乎主導了牙買加在地的零售業發展，作為客家人代表形象的雜貨店，本身就是客家族群的重要原型象徵，值得進一步說明與討論。雜貨店既是一個客家家庭的生活起居之處，也是客家族群與其他族群的互動交流場所，某種程度上更是一種社區的交流中心，家族聚會在此處聚集，客家族群的社會網絡似乎也能在此處體現出某種效應。就筆者的角度來看，雜貨店實際上可以視之為一種「另類聚落」。

（一）雜貨店作爲一種「另類聚落」

　　身為一群源自華南的客家人，客家人意識在牙買加仍舊十分鮮明 (Shibata 2005: 53)，於日常生活中，其他族群習慣用 "Mr. Chin" 或 "Miss Chin" 來稱呼客家人，或是用 "Chiney"、"Chiney-man"、"Chiney-bwoy"、"Chiney-gal" 來稱呼客家男性與女性 (Shibata 2005: 60)。Victor Chang 教授認為華人商鋪的櫃檯乃是跨文化交流發生與維繫之地，不同族裔的人在此相互打量，而此處也是兩造雙方形塑依賴與敵意關係的地方（引自 Lee-Loy 2007: 1）。換句話說，雜貨店有可能是善意的發芽之處，亦有可能是敵意念頭的肇生之處。

　　雜貨店這種多數牙買加客家人都曾加入的行業，十分有助於家庭成員的聚合分工：夫妻共同工作，子女是助手，協助貨品包裝、上架與擺設，家庭成員就居住在店鋪後方或樓上，除了子女到學校上學之外，全家人都生活在一起 (Lowe 2006: 91)。大城市或其他村莊的家族成員則在週日聚集在某一個店鋪／家庭中，一起進行娛樂活動，如打麻將或打牌。同時，這個地方也是家族成員了解城市大小事的地方，因為有些店鋪也販售披薩與調酒，非常適合閒聊，[4] 有助於各種資訊的收集與流通 (Lowe 2006: 91)。依據 Lowe 的描述，週日的雜貨店是家族聚會的地方，平日則是各種言論與資訊流通之地，雜貨店就像是一個「另類族群聚落」或「社區交流中心」。

（二）掌櫃及其家族的生活節奏

　　作家 Easton Lee 的第一部詩集《櫃檯後：一個牙買加鄉下人的經歷》（*From Behind the Counter: Poems from a Rural Jamaican Experience*）裡的〈每天〉（Everyday）、〈整個星期〉（All Week）、〈每晚〉（Every Night）等詩作，

4　加勒比海的華人雜貨店為了滿足跨族群的不同需求，通常發展出雜貨店結合類披薩吧與調酒吧的形式，而其實質運作更像是一個跨族群交流與互動的場合或社區中心。

描述了客家雜貨店日常的店鋪勞動與生活（蘇娉 2016：113）。

此外，依據 Winston Chang 的散文書寫〈客家掌櫃的一日生活〉（A Day in the Life of the Hakka Shopkeeper），我們可以把 1950 年代客家雜貨店的日常生活節奏，以表 1 呈現出來。

表 1　客家掌櫃的日常生活節奏

時間	活動內容
上午 6:00	掌櫃夫妻起床
上午 6:30	掌櫃下樓、孩子去學校、兩位學徒來到店鋪
上午 9:00	兩名當地僱用的幫手來到店鋪
上午 10:30	店員與買東西的太太們嘈雜地詢問貨品或閒聊
上午 10:45	男掌櫃在店鋪後方的房間稍事休息、喝熱茶
上午 11:00	店鋪勞動力達到高峰
上午 12:00	男掌櫃準備關門，顧客卻在最後一分鐘湧入
下午 12:00 至 1:45	掌櫃夫妻午休至下午 1:45
下午 2:00	店鋪重新開啟
下午 4:00	整個店鋪成為活動交流中心（a hub of activity） 店鋪持續忙碌，叫囂聲與咒罵聲不斷
下午 4:30	東印度人小販拉著驢子來販賣椰子汁給店鋪的顧客
晚間 7:30	人群逐漸減少，購買食材回家製作晚餐
晚間 8:00	男掌櫃關上店門
晚間 8:30	最後一名顧客離開
晚間 10:00 以後	家人一起聽華人音樂 子女準備就寢 掌櫃夫妻與學徒討論當日店鋪相關事件後準備就寢

資料來源：筆者整理自 Chang (2006)

客家掌櫃的日常生活節奏有固定的時程安排，除了可以看出客家族群的勤懇特性，了解雜貨店為何能成為類似社區活動交流中心的據點，更可以理解雜貨店如何成為跨族群互動的交流組織。

（三）雜貨店的正面與負面意涵

從文學呈現的角度來說，在過往西印度群島的文學作品中，客家店主很容易被描述成剝削者與壓迫者的樣貌，因而具有負面意涵 (Lee-Loy 2007: 3)。然而，在 Easton Lee 的鄉村生活作品中，客家店主的形象卻是值得歡慶的文化資產 (Lee-Loy 2014)。Lee-Loy(2007: 5) 認為，客家雜貨店是一個體現國族意涵的場所，其呈現出來的混血文化（creolism），直接涉及客家族群是否被納入國族身分的考量之中，亦即是否被當成國家公民來看待。是故，客家族群的正負面印象，其實涉及其他族群對於他們的刻板印象，從而也涉及客家族群融入國家發展的社會歷程。

客家族群的順應性，幫助他們快速地融入牙買加社會，被接納的程度比被排斥的程度高許多 (Lowe 2006: 91)。誠如前述提及的牙買加雜貨店生活的例子，倘若這些雜貨店已經演變成供應在地各族群的日常生活所需與休閒的場合，代表雜貨店經營者是一種可以接受的族裔身分，特別是在經過百年以上的社會融入過程之後。

相較於生活在牙買加的歐洲人、猶太人與黎巴嫩人，客家雜貨店店主在日常生活中與窮人、工人階級有常態性面對面互動的經驗，而這些貧苦者大多是黑人的後裔 (Lowe 2006: 93)。然而，由於客家族群的形象並非與種植園契約工的工作聯結，而是與零售相關產業聯結在一起，而且是個具有較高社會經濟意涵的職業類別，長期以來都與一般黑人族裔的共同利益有所隔閡 (Lee-Loy 2014)。儘管如此，由於遷徙到牙買加生活的男性人數遠高於女性人數，迫使客家男性必須與在地族裔的女性組合成家庭，因而會出現能夠體現「全球親密

關係」（global intimacies）的新一代混血客家人 (Goffe 2014)。是故，除了日常生活中所需的互動之外，跨血緣共組家庭的關係更讓客家族群融入社會的進程加速。在這個父親客家人、母親黑人的雜貨店基本組成結構中，男性掌櫃富有人情味的傳統華人待客之道，讓雜貨店經營不僅是一種經濟利益，更是一種綿密的社會融入過程：

> 但他深諳和氣生財的道理，上門便是客，不管買賣成不成，都一視
> 同仁、笑臉相迎。日常除了在店內盤點商品、計數作帳，與隔壁客
> 家同鄉們聊聊家常外，祖父經常與居住在小店周圍的本地人搭訕、
> 交流。一杯熱熱的茶水、一粒小小的糖果，Samuel Lowe 的「中國
> 商店」迷住了不少小鎮上的牙買加大人、孩子。（羅敏軍 2015：
> 48）

（四）族群抗爭的對象

同樣是村莊裡的雜貨店經營，黑人與客家人的經營理念和做法有所差異，經營願景也十分不同：

> 20 世紀 50 年代，一個牙買加小村庄裡，有兩家相距不過 200 米的
> 小賣鋪。黑人的店鋪作息時間嚴格，每天太陽一落山就關門，星期
> 天不營業，還經常無法給顧客找零錢。而華人開的店鋪幾乎可以在
> 任何時間去買東西，而且總是有零錢找，不會讓顧客為難。20 年過
> 去了，黑人的店鋪仍然在那裡營業，店鋪擴建，還新刷了漆。而華
> 人店鋪卻成了長滿荒草的廢墟。為什麼呢？原來那家華人夫妻已經
> 成為一家大型連鎖超市的老闆了。（羅敏軍 2015：54）

客家人的店舖經營方式，似乎可以用一條簡易的公式來描述：雜貨店→小批發商→大批發商。在鄉村生活的雜貨店營生模式中，小商店由於兼具服務社會底層人士的功能，比較不會激起族群的階級差別意識。不過，一旦這間雜貨店逐漸往大批發商的路徑邁進、且整個商業網絡都是由客家人主導時，商業利益的層面就會被凸顯出來，反而比較不會看重社會融入的效益，故將客家族群描述成剝削者，是站在牙買加社會多數黑人階層對立面的人，為族群衝突的出現找到了社會背景因素。

加勒比海的文學作品中，華人很容易被描繪成當地人的社會進步與利益的迫害者，原因就是來自兩者之間的經濟不平等所造成的矛盾後果（蘇娉2016：110）。就英屬西印度群島的千里達與圭亞那等國來說，牙買加沒有較多的印裔人口來做為族群調節與緩衝，客家族群必須學會與在地黑人的相處之道 (Lowe 2006: 88)，而隨著客家族群經濟地位的日益提升，就容易因為社會不平等意識的浮現而成為受批判對象。牙買加在 1918、1938 與 1965 年發生過 3次嚴重的黑人暴動攻擊客家人店鋪的事件，而牙買加獨立後新政府鮮明的政治立場，更讓客家族群於 1970 年代興起一股大規模的移民出走浪潮。

這一股浪潮讓原先定居於牙買加的客家人再次發動一次大遷徙，只不過，此時的客家人已經是能操持英語的族群，移民城市除了原先殖民母國英國倫敦之外，鄰近的美國紐約及邁阿密，以及加拿大的多倫多，都是移民的重要選項。這些多少帶有黑人血統的客家人，遷徙與安居的經過則是另一個值得訴說的故事。這些往已開發英語國家遷徙的客家族群，開啟的是一個具有公民權意涵的「新族群性」故事，也是筆者未來想要加以研究的客家移民再遷徙的議題。

六、結語：
雜貨店作爲客家族群全球遷徙的在地化家族記憶單元

對於生活於社會底層的某些在地族群來說，客家雜貨店的分裝零售與簿記賒帳，確實有著類似「解憂雜貨店」的意涵。對於那些工作勞動之餘在傍晚時分來此「酒吧」與「披薩吧」吃喝閒聊的人來說，「解憂」的功能則更為顯著。雜貨店不僅是客家族群營生與生活起居之處，更是滿足他們衣錦還鄉夢想的實質單位。這個全然由客家族群主導的雜貨店生意，體現的是客家族群的集體記憶，也是牙買加客家族群的原型象徵。

從模里西斯、大洋洲到西印度群島，一間間由客家人開啟的雜貨店就這樣開散了出去，因此緣故，「雜貨店」營生多少與全球客家族群的形象發生了聯結，只不過，這種鄉里間的小生意，總是會在某些客家人手中達到了十分龐大的規模，在牙買加更是直接成為客家族群的代名詞。若說客家會館乃是客家族群的民間版社會福利機構或是「管理總局」，那麼雜貨店就是總局下面的小分支，只不過這個分支恰好是由一個客家家庭組成。倘若我們不只把雜貨店視為經濟營生單位，而是保存與展示地方性客家文化的單位，那麼不同地區的雜貨店樣態就是不同客家家庭的家族記憶實體化，一幅牙買加客家族群的總體圖像似乎也隨之浮現。對筆者來說，這是進行牙買加客家雜貨店研究最為引人入勝之處。

客家族群的鮮明特性是具備「流動」與「定著」的雙重特性，以會館為例，客家會館於異邦的出現，意味著客家移民聚落的浮現，同時也可能是客家族群往下個空間流動的據點，或可稱之為「空間移動」。[5] 同樣的道理是雜貨店的網絡化發展歷程，也是一種「空間移動」：外觀是一個商店，內在是一個家庭

5　關於「空間移動」這個詞彙，筆者要特別感謝匿名審查人的建議。

組織，透過師徒關係習得商業技術與外部創業的能力，秘密會社的兄弟義氣讓雜貨店能在某個社會網絡環節占有一席之地，最終，會館則負責各種經濟勢力與社會關係的平衡工作。生活在異邦，卻又要維繫原鄉既有的特定價值觀，一個以會館為核心的「國中之國」就這樣被體現了出來。

　　客家人是一個喜歡進行全球聯結的族群，從冷戰時期迄今，客家族群善於透過各種國際集會來促成跨國、跨洲的客家社團聯結。可惜加勒比海的客家社團卻在此處缺席了，對於這個區域客家知識體系的相關研究自然也就十分不足，對此區域的相關客家研究仍是有待發展的處女地。客家族群到加勒比海的發展之所以選擇「沉默」，可能是因為早先由於土客械鬥或太平天國運動失敗而潛逃此地，也可能還有頗多有待解釋的原因。就西印度群島的前英國殖民地國家來說，牙買加是客家族群最為集中的國度，對客家研究來說頗有意義，而幾乎等同於牙買加客家族群原型象徵的「雜貨店」，則是理解當地客家社群的重要概念。因此，本文選擇以這個議題作為理解該處客家族群的一個切入點，期望可以更了解中美洲客家族群的遷徙與發展歷史。

參考文獻

李安山，2005，〈生存、適應與融合：牙買加華人社區的形成與發展（1854 - 1962）〉。《華僑華人歷史研究》1：38-55。

胡其瑜，2015，《何以為家：全球化時期華人的流散與播遷》。杭州：浙江大學出版社。

顏清湟，2010，《海外華人的傳統文化與現代化》。新加坡：八方文化企業。

羅敏軍，2015，《祖父的故事》。西安：世界圖書出版西安有限公司。

蘇娉，2016，〈崛起中的華裔加勒比海英語文學〉。《當代外國文學》4：108-114。

Bryan, Patrick, 2004, "The Settlement of the Chinese in Jamaica: 1854-c.1970," *Caribbean Quarterly* 50(2): 15-25.

Chang, Winston, 2006, "A Day in the Life of the Hakka Shopkeeper." Pp. 362-368 in *Essays on the Chinese Diaspora in the Caribbean*, edited by Walton Look Lai. St Augustine, Trinidad: Department of History, University of the West Indies.

Goffe, Tao Leig, 2014, "Thrice Diasporized: The Emergence of Caribbean Chinese Diasporic Anglophone Literature." In *sx salon* 15, http://smallaxe.net/sxsalon/discussions/thrice-diasporized (Date visited: September 15, 2020).

Lai, Wally Look, 1989, "Chinese Indentured Labor: Migrations to the British West Indies in the Nineteen Century." *Amerasia* 15(2): 117-138.

_____, 2010, "Images of the Chinese in West Indian History." *Anthurium: A Caribbean Studies Journal* 7(1): 1-27.

Lee-Loy, Anne-Marie, 2007, "The Chinese Shop as Nation Theatre in West Indian Fiction," *Anthurium: A Caribbean Studies Journal* 5(1): 1-12.

_____, 2014, "Identifying a Chinese Caribbean Literature: Pitfalls and Possibilities." In *Sx Salon* 15. http://smallaxe.net/sxsalon/discussions/identifying-chinese-caribbean-literature (Date visited: September 15, 2020).

Lee, Patrick A., 2006, "Chinese Arrival in Jamaica." Pp. 76-84 in *Essays on the Chinese Diaspora in the Caribbean.*, edited by Walton Look Lai. St Augustine, Trinidad: Department of History, University of the West Indies.

Lowe, Hannah, 2020, "Windrush Day: Memories of a Chinese-Jamaican Father." In *gal-dem*, https://gal-dem.com/mother-country-windrush-hannah-lowe-chinese-jamaican-father/ (Date visited: September 15, 2020).

Lowe, Keith, 2006, "Reflections on Chinese Settlement in Jamaica." Pp. 85-96 in *Essays on the Chinese Diaspora in the Caribbean*, edited by Walton Look Lai. St Augustine, Trinidad: Department of History, University of the West Indies.

Novak, Michael, 1977, "10: New Ethnic Politics Vs. Old Ethnic Politics." *Center for Migration Studies* 3(1): 121-141.

_____, 1996, *Unmeltable Ethnics: Politics & Culture in American Life*. New Brunswick, NJ: Transaction.

Shibata, Yoshiko, 2005, "Revisiting Chinese Hybridity: Negotiating Categories and Reconstructing Ethnicity in Contemporary Jamaica—a Preliminary Report." *Caribbean Quarterly* 51(1): 53-75.

國家圖書館出版品預行編目 (CIP) 資料

客家與周邊族群關係 / 張維安主編 .
-- 初版 . -- 新竹市 : 國立陽明交通大學出版社，
2022.10
面 ； 公分 . -- (族群與客家系列)
ISBN 978-986-5470-45-6(平裝)

1.CST: 客家 2.CST: 族群溝通 3.CST: 文集

536.21107　　　　　111014114

族群與客家系列

客家與周邊族群關係

封 面 設 計：柯俊仰
美 術 編 輯：黃春香
責 任 編 輯：程惠芳
編 輯 助 理：朱泓諺、詹韻蓉
校　　　對：林軒陞

出 版 者：國立交通大學出版社
發 行 人：林奇宏
社　　長：黃明居
執 行 主 編：程惠芳
編　　輯：陳建安
行　　銷：蕭芷芃
地　　址：新竹市大學路 1001 號
讀 者 服 務：03-5736308、03-5131542 （週一至週五上午 8:30 至下午 5:00）
傳　　真：03-5731764
網　　址：http://press.nctu.edu.tw
e - m a i l：press@nctu.edu.tw
製 版 印 刷：長達印刷有限公司
出 版 日 期：2022 年 10 月一刷
定　　價：400 元
I S B N：9789865470456
G P N：1011101302

展售門市查詢：
　交通大學出版社 http://press.nctu.edu.tw
　三民書局（臺北市重慶南路一段 61 號））
　網址：http://www.sanmin.com.tw　　電話：02-23617511
或洽政府出版品集中展售門市：
　國家書店（臺北市松江路 209 號 1 樓）
　網址：http://www.govbooks.com.tw　電話：02-25180207
　五南文化廣場臺中總店（臺中市中山路 6 號）
　網址：http://www.wunanbooks.com.tw　電話：04-22260330